Catharina Paul

life talk

Catharina Paul

life talk

Ein Tagebuch

DKM
Dr Klein Media

1. Auflage

Umschlagbild: Leonardo da Vinci, Anatomische Studie
eines Embryos (Ausschnitt), um 1510
Bildrechte: akg-images, Berlin
Umschlaggestaltung: Simon Rabenstein, Augsburg
Satz & Layout: Bernhard Heun, Rüssingen
Druck: CPI books – Ebner & Spiegel GmbH, Ulm
Printed in Germany

ISBN 978-3-86949-500-2

Für Dich

Freitag, 22.5.2009

Früher, ganz früher, hatte ich gedacht, dass ich mit dreißig Besseres verdiente. Aber manchmal rächt es sich, das Leben, und wenn es sich rächt, dann rächt es sich unerwartet und spät. Am 29. April – seit dem ist nicht einmal ein voller Monat verstrichen – habe ich noch im Freundeskreis und mit Kollegen meinen Geburtstag gefeiert. Feuchtfröhlich ging es zu, so wie sich das für Menschen gehört, die längst erwachsen sind und sich das dennoch immer wieder selbst beweisen müssen. Das Altern habe ich bis dahin nie gefürchtet, eigentlich immer nur genossen. Denn ich dachte, dass es mir stetig wachsende Freiheit und zunehmende Zufriedenheit schenken würde. Falten machen edel. Und nur im Karneval habe ich jemals Makeup verwendet. So sah ich das mit neunundzwanzig Jahren, bis pünktlich zum 29.4.2009 um kurz nach Mitternacht, als ich dreißig wurde.

Meine Gäste und ich trafen uns schon am Abend zuvor in einer besonders gediegenen Gaststätte, wo ich zwanzig Plätze reserviert hatte. Es war warm und wir konnten auch weit nach Einbruch der Dunkelheit auf der Terrasse sitzen. Alle tranken Wein und Sekt, nicht etwa Flaschenbier. Wir wollten Stil beweisen. Das war es uns wert. Immerhin hielten wir uns ein bisschen für die Elite, immerhin hatten wir etwas erreicht, worauf wir stolz sein konnten. Immerhin, so dachte auch ich, waren wir eine anständige Firma, in der die meisten von uns gute Universitätsabschlüsse und einige sogar einen Doktortitel vorzuweisen hatten. Also suchte ich meinen Spaß, besonders mit Johannes.

Dass er mir eine Papiertüte voll Shampoo, Duschbad und Seifen überreichte, war gewiss verdächtig unverbindlich. Aber obwohl man merkte, wie unklar oder gar belastet unsere Beziehung zueinander war, hatte ich keinen Grund zur Nervosität und wollte mir auf keinen Fall meine Partylaune verderben lassen.

Jetzt, nur wenige Wochen später, hat sich meine Welt plötzlich verändert. Sie ist genauer gesagt so sehr zerstört, dass ich nicht einmal weiß, wo ich anfangen soll, meine Scherben aufzulesen. »Das Glück eines Menschen beginnt, lange bevor er geboren wird, im Herzen von zwei Menschen, die einander sehr gerne haben«, schrieb mir eine Freundin einst ins Poesiealbum. Und ihre Mutter, die den Spruch für mich auswählte, behielt Recht, gerade weil nicht nur unser Wohlbefinden, sondern ebenso unser Unglück gesät wird, bevor wir selbst auf eigenen Füßen stehen und ernten können.

Mit Sicherheit ist nicht einmal der wunderbare Moment unserer Empfängnis unbeeinflusst von menschlichen Abhängigkeiten und Zwängen. Wir sind bereits in ihrer Hand, während wir uns erst Zelle für Zelle entwickeln und weder Freude noch Leid empfinden, bis wir uns schließlich nach unserer Geburt individuell und doch nicht frei bewegen können. Denn oftmals haben sich nicht bloß unsere Eltern weit vor unserem allerersten Schrei ein Leben mit uns ausgemalt, in welcher Weise auch immer, so dass wir ewig Spuren davon in den Seelen tragen. Nicht zuletzt die Kinder stellen schon in ihren unschuldigen Spielen oft die schicksalhafte Frage, wie sie mit Töchtern oder Söhnen umgehen würden, wenn sie selber Väter oder Mütter wären. Wer da schon einmal versucht hat, vor seiner Vergangenheit zu fliehen, der weiß, wie schwer das ist.

Selbstverständlich hatten auch meine Mutter und ich als kleine Mädchen ohne Zweifel schöne Wunschvorstellungen gehabt, als wir für unsere Puppen liebevolle Namen aussuchten, sie im Waschbecken tauften, Wanderungen in den Garten unternahmen oder vor den grünen Aufstelltafeln strengen Unterricht in Deutsch und Mathe gaben. Und obwohl Mamas Lieschen und

Bärbelchen nicht so teuer und hübsch bekleidet waren wie meine Steffis und Jasmins und zumeist auf selbst genähten Deckchen statt in Plastikbettchen MADE IN CHINA schliefen, leiteten sich meine Träume doch ungewollt von ihren ab. Wer Schuld daran trägt, dass wir beide daran zugrunde gingen, vermag ich hingegen nicht zu sagen.

Ich habe deshalb beschlossen zu schweigen und zu schreiben, solange ich nicht weiß, wie es in meinem Leben weitergehen wird. Einschlagende Veränderungen erwarte ich im Grunde nicht und hoffe nur, dass ich mit einer leider unabänderlichen Lage so zu leben lerne, dass ich nicht mehr diese Zweifel in mir trage.

Im Internet habe ich viele Frauenforen und Ratgeberseiten gefunden, auf denen man sich austauschen kann, vorher oder nachher, ganz wie man will. Doch ich denke nicht, dass gerade das richtig für mich wäre. Ich schäme mich und möchte nicht, dass andere mich verspotten. Es wäre nämlich vermessen, wenn ich behaupten wollte, in meinem Leben sei nun alles einzigartig schlimm. Viel eher fühle ich mich all den anderen in Wahrheit unterlegen, die offen und ohne Scham von sich und ihren Fehlern sprechen. Und ich habe Angst vor der gerechten Strafe, die mich treffen könnte, wenn hier schon die, die mir längst nicht so verdorben scheinen wie ich selbst, vernichtende Urteile selbst ernannter Richter hinnehmen müssen.

»Ich habe hier noch nie etwas Derartiges geschrieben, aber bei dir muss ich es loswerden: du bist eine Schlampe!«, schreibt zum Beispiel eine Frau ungeniert an Jessica007, die uns seit vierzehn Tagen eifrig ihr Lebensdrama als geschiedene Mutter berichtet. Ein Einzelfall ist sie leider nicht. Unser gesamter Chatroom ist anrüchig und versteckt. Man findet uns erst nach mehreren Klicks ganz unten auf der Themenliste, weit hinter »Seitensprung« und »Masturbation« in der Schmuddelecke für Erwachsene, obwohl das niemand kontrolliert. »Abtreibung« lautet der Link, der mit abweisenden »Smilies«, die ich »Cryies« nennen würde, gekennzeichnet ist.

Viel zu viele Frauen sind gegen ihren Wunsch und Willen schwanger und müssen oft in wenigen Tagen entscheiden, hin und her gerissen zwischen den eigenen Gefühlen und den materiellen Zwängen, zerrieben zwischen Fronten innerhalb ihrer Familien, bedrängt von amtlichen Beratern, Freunden, Arbeitgebern und Erwartungen ihrer Kollegen. Einige sind noch nicht einmal volljährig und sehen ihr gesamtes Leben von der vorzeitigen Mutterschaft bedroht.

Ich habe Mitleid mit ihnen und weine, auch aus Selbstmitleid natürlich, weil ich eine von ihnen bin. Und wer schreibt, dass er das alles ganz und gar »zum Kotzen« findet, dem stimme ich zu, weil oftmals schon die Ausdrucksweise vieler Schreiber das, was hier besprochen wird, an Bosheit sogar übertrifft. Ich selbst habe bislang nie etwas veröffentlicht und bin auch erst seit vorgestern als Mitglied mit Profil und Pseudonym auf dieser Seite registriert. Als verdeckter Nutzer lese ich mich lediglich still und unbemerkt durch alle Beiträge und denke trotzdem angestrengter nach als viele sonst. Ich lerne da noch einmal sehr viel über mich und unsere Familiengeschichte, und es tut gut, dass ich mich in der Sache nicht einbringen muss, die mich allzu sehr aus meinen Bahnen wirft. Das Leben ist ja dafür da, dass man sich mit Problemen auseinandersetzt und daran wächst. Was sollte ich dem noch hinzufügen? Wahrscheinlich hätte ich gar keinen aufmerksamen Ratschlag zu erwarten, wenn ich den fremden Menschen dort ebenfalls meine Geschichte offenbaren würde. Denn nein, vertrauen kann man da einander nicht. Vielleicht aber, so denke ich mir, finde ich dennoch irgendwann und ausgerechnet in den Weiten des Worldwideweb eine Lösung für mich.

Schließlich habe ich im Forum heute Abend plötzlich Maria del Mar entdeckt. Weil dreizehn Jahre zwischen uns liegen, habe ich im Gegensatz zu ihr vielleicht nur denkbar schlechte Argumente vorzubringen, in meinem Alter und als gut situierte Universitätsabsolventin ein kleines Leben schon im Mutterleib ganz plötzlich zu beenden. Das verschärft jetzt meine Bedenken.

Allerdings habe ich nicht nur ein Studium abgeschlossen, sondern musste auch tagtäglich, um mich selbst zu finanzieren, einem anspruchsvollen Beruf nachgehen. Wie sollte ich mich da untätig zurücklehnen? Wer gerade erst dabei ist, sich einen wirklich festen Job und ein wirklich gutes Einkommen in seiner Branche zu erarbeiten, der darf nicht schwanger werden, sonst fällt das alles weg. Was also bleibt mir jetzt als Alternative? Soll ich mich damit trösten, statt Karrierefrau nun einfach stolze Mutter zu werden und anstelle meines Laptops brav mit Krabbeldecke, Milchfläschchen und Schnuller durch die Stadt zu ziehen?

Leider nur bewegt das Kinderkriegen keinen in den Kreisen, in denen ich mich zielstrebig bewegte; denn Büro und Babywindeln sind nicht annähernd dasselbe.

Ich seufze und sehe mir noch einmal Marias kindlichen Avatar auf dem Bildschirm an. Ein lächelndes Bienchen fliegt mir da entgegen, das wohl nicht nur Blümchensex hatte in seinem jungen Leben. Angeblich geht es schon um tausend Kinder jeden Tag, deren Mütter nicht zu ihnen stehen, und natürlich wünscht sich jeder, der ein Herz besitzt, er könne das ändern. Doch wer kann sagen, ob meine subjektiven Gründe diesmal nicht doch genug für all die unwiderruflichen Schritte sind, die mich derzeit in meinen schlaflosen Nächten quälen?

Am Montag muss ich wieder zur Frauenärztin, die zum Glück viel Geduld mit mir besitzt, und sehen, ob mein Kind nicht von alleine gestorben ist. Wie ironisch und gemein das von mir ist.

Und trotzdem wünschte ich, es wäre so: der leichteste Weg aus meiner Misere. Falls es noch leben sollte, so habe ich einstweilen zehn große Schreibhefte in DIN-A-4 gekauft, damit ich Platz habe für alle Gedanken, die zunächst einmal nur mich allein betreffen werden.

Nicht das klassische Tagebuch einer Schwangerschaft voller liebevoller Dialoge mit dem Kind werde ich verfassen, sondern Selbstgespräche einer traurigen, unfreiwilligen, vielleicht hasserfüllten Mutter. Ich möchte meine Seele frei schreiben, um mir das hoffnungslose Warten auf bessere Zeiten wenigstens schön zu reden. Die ersten sieben Seiten habe ich gerade schon gefüllt.

Und das, was Maria erlebt, das drucke ich aus und klebe ich ein, ab jetzt jeden Tag, als wäre es etwas unwiederbringlich Wertvolles. Vielleicht hilft es mir sogar, wenn ich es nachts unter mein Kopfkissen lege, wie früher die Lateinvokabeln und physikalischen Formeln vor den gefürchteten Schulaufgaben? Die Schnipsel meines Voyeurismus, für den ich mich nicht im Geringsten schäme, zieren gerade noch meinen dreckigen Teppich. Ich möchte, dass sie mich daran erinnern, den Ernst der Lage niemals aus den Augen zu verlieren und nicht leichtfertig zu reagieren, egal was die kommenden Wochen bringen. Den Mut zur Öffentlichkeit, den ich an Maria bewundere, den habe ich nicht. Ich schimpfe mich Diplompsychologin und meine doch, ich sollte selbst zum Therapeuten gehen, um meine krumme Seele wieder gerade zu biegen, die keine Zukunft mehr sieht. Aber beklemmender als die Leere vor mir ist der Schmerz in meinem Rücken.

Nur daher hielte ich es auch für einen Fehler, die Geschichte, die ich hier erzählen will, mit meiner Geburt zu beginnen, oder sie zu allem Übel meine Geschichte zu nennen.

Sie umfasst mehr Menschen, als ich sagen kann. Vielleicht lasse ich sie sogar irgendwann doch noch einen Fremden lesen?

Neues Thema
gesendet am: 22/05/2009 um 19:32
von: mariadelmar

Hallo! Ich bin 17, mein freund wird 20. Wir sind seit 6 monaten zusammen und waren sehr glücklich miteinander. Ich liebe ihn sehr. Nun ist es allerdings passiert, dass ich schwanger geworden bin. Ich nehme nicht die pille, ich vertrage sie nicht. Gummis haben wir benutzt, aber irgendetwas ist schief gegangen. Angefangen hat alles vor ein paar Wochen mit diesem ständigen erbrechen. Vor ein paar tagen habe ich dann einen schwangerschaftstest gemacht, der war positiv. Dann habe ich erstmal beschlossen zum frauenarzt zu gehen, damit er mir hilft, bevor ich es meinem freund sage! War dann in der Praxis und wurde bestätigt. Ich bin in der 8. ssw, weiß aber nicht, ob ich das kind behalte. Denn außer mir will es bestimmt niemand in meiner familie und ich wäre ganz allein. Mein bauch gehört mir, dachte ich immer, aber in mir wohnt jetzt ein Mensch. Das macht mir angst! Ich weiß nicht, ob ich will, dass da jemand in mir wohnt, gerade jetzt. 😐 Einerseits weiß ich, dass ich dafür zu jung bin und das mit schule und ausbildung wahrscheinlich nicht hinkriegen werde. Aber andererseits weiß ich nicht, wie ich mit einer abtreibung klar käme. Mit meinen eltern, die geschieden sind, habe ich noch nicht gesprochen. Ich wohne bei meiner mutter. Meine frage an euch lautet also: was würdet ihr mir, wenn ihr an meiner stelle wäret, empfehlen? Antworten wären sehr lieb. Eure Maria.

Antwort@mariadelmar
gesendet am: 22/05/2009 um 20:27
von: gloriavictoria1978

Doof, doof, doof! Dir sollte man Sex verbieten. Echt, wer so bescheuert ist: unfassbar! Das mit der Pille ist 'ne billige Ausrede, würde ich sagen. Steh' doch wenigstens dazu. Es gibt viele verschiedene Pillen und eine wirst du wohl vertragen. Aber wahrscheinlich hast du nicht mehr als eine Pillenmarke ausprobiert, oder? Wie kann man so verantwortungslos mit dem Menschenleben umgehen? Dir ist echt nicht mehr zu helfen. Nein, verhüten kann man IMMER. Wir sind in einer Zeit, wo frau nicht mehr schwanger werden muss! In vier Wochen lesen wir denselben Blödsinn wieder von dir. Einfach nur DUMM! ☹

Samstag, 23.5.2009

Gloria Victoria ist selber dumm, das sei ihr gesagt. Ich bin ebenfalls schwanger, am 52. Tag nach der Empfängnis, und habe nicht mehr lange Zeit, mich damit auseinander zu setzen, was ich will, obwohl ich fürchte, dass es mir leider bis zuletzt nicht recht gelingen wird. Seit nicht einmal zwei Wochen habe ich nun selbst überhaupt erst Gewissheit. Da solidarisiere ich mich selbstverständlich mit Maria.

Am Freitag, den 8. Mai, habe ich zwei Tests gemacht und beide waren positiv. Zuvor hatte ich zwar vage das Gefühl, dass meine Hormone verrückt spielten, doch erst am Mittwoch, den 13. Mai, war ich in der gynäkologischen Praxis.

Schwanger geworden bin ich genau am 1. April, als ich das letzte Mal Geschlechtsverkehr hatte. Und eigentlich könnte man meinen, es wäre eben nur ein schlechter Aprilscherz gewesen. Zumindest hofft der Vater meines Kindes wohl, es wäre so? Er hat sich auch auf zahlreiche Nachrichten und Bitten hin noch immer nicht bei mir gemeldet, geht nicht ans Telefon, will meine E-Mails nicht lesen und lässt sich von Mitarbeitern verleugnen. Dementsprechend traurig waren die vergangenen beiden Wochen für uns beide, für das Kind und mich, meine ich. Denn ich weiß ja, dass ich bis zur zwölften Woche abtreiben könnte, wenn eine neutrale Stelle mich vorher eingehend berät. Vor allem aber weiß ich nur zu gut, dass der Vater des Kindes und meine Eltern das wissen.

Ich möchte nicht, dass sie versuchen, meine Entscheidungen für mich zu treffen. Und manchmal ist ein Schweigen schlimmer als jede Drohung, oder sogar eine deutliche Drohung in sich. Nicht immer ist es da von Vorteil, wenn Frauen ganz alleine in der Verantwortung stehen und alleinige Gewalt über Wohl und Wehe ausüben müssen. Doch irgendwie bin ich als Frau diesmal recht froh, dass das nun einmal so geregelt ist, von der Natur und dem Gesetz, und dass mir zugestanden wird, mich notfalls zu schützen. Ich nehme nämlich an, es wird nicht einmal in der Zukunft jemals wieder einen solchen Wendepunkt für mich und meine Pläne geben.

Zum ersten Mal in meinem Leben fehlt mir jegliche Perspektive. Es gibt viele Gründe, die für mich dagegen sprechen, gerade im Jahre 2009, nur vier Jahre nach meinem Berufseinstieg, bereits Mutter zu werden. Am meisten sprechen zweifellos Johannes und die Art und Weise, wie er mich behandelt, gegen die Geburt des Kindes.

Am Mittwoch und Donnerstag der soeben vergangenen Woche bin ich deshalb niedergeschlagen und verwirrt gleich wieder bei meiner Ärztin gewesen, und beide Male hat sie angeboten, mir den Beratungsschein zu vermitteln, weil ich jedes Mal so betrübt aussah. Beim ersten Mal habe ich mich mit Händen und Füßen gewehrt und beteuert, es sei alles in Ordnung. Beim zweiten Mal aber habe ich nur noch genickt und die Adresse einer Behörde notiert, von der ich ab sofort betreut werde. Ihr Dokument steckt schon in meiner Tasche, immer an der gleichen Stelle, denn ich bin noch am Donnerstagnachmittag sofort bei ihr gewesen.

Ob ich es wieder herausziehen werde, um damit in die Abtreibungsklinik zu gehen, beschäftigt mich derzeit Tag und Nacht. Bis morgens bleibe ich wach, kann nicht schlafen, schaue mir das allererste Ultraschallbild an und stelle mir nur die eine Frage: »Was soll ich bloß machen?« Weder beruflich noch privat läuft es momentan berauschend. Ich habe nicht einmal eine Mutter oder einen Vater, die sich freuen würden, Oma und Opa zu werden.

Außer meiner Anstellung habe ich soeben auch meine Wohnung aufgegeben und werde in der kommenden Woche mehr als bloß mein Büro räumen und in ein günstigeres Mehrfamilienhaus am Stadtrand ziehen, wo ich ein wenig Erholung und häufiger Gelegenheit zu Spaziergängen im Grünen finden werde. Zwar zahle ich in meiner alten Bleibe noch bis Ende des Monats meine Miete, aber keinen Tag wäre ich länger dort geblieben. Die Bettwäsche und die Matratze, die hätte ich problemlos in den Müll werfen können; doch sein Geruch hing für mich selbst in den Vorhängen und an den Wänden. Das war das Unerträgliche, ganz abgesehen von den Qualen, ihn jeden Tag nur noch von Ferne im Büro zu sehen, wenn er sich nicht sowieso demonstrativ hinter seiner Türe verbarrikadierte. Alte Freunde, zumal aus der Firma, wollte ich vorerst lieber gar nicht mehr vor meiner Wohnung sehen. Die dummen Fragen kreisen zur Genüge durch meinen eigenen Kopf. Da benötige ich nicht auch noch ihre.

Franziska meint, ein weiterer Vorzug meines Neubeginns sei außerdem, dass mein früheres Schlafzimmer für mich und das Kind beziehungsweise seine Wiege auf Dauer einfach zu klein gewesen wäre. Ich musste heiser lachen, als ich das hörte. Sie rät mir also nachdrücklich dazu, das Kind tatsächlich auch zur Welt zu bringen, die gute Seele.

Meinen Verwandten habe ich nicht einmal per E-Mail von meiner Schwangerschaft berichtet und werde das wohl auch so lange bleiben lassen, bis mein Kind so unübersehbar groß und lebendig vor uns steht, dass ich Fotos schicken kann, oder bis ich es getötet habe und niemand es je wieder zum Leben erwecken wird. In jedem Fall hätte ich Angst gehabt, in meinem Zuhause weiterhin mit spontanen Besuchen meiner Familie rechnen zu müssen. Wenn meine Eltern sich streiten oder gemeinsam Streit mit einer dritten Person beginnen, dann geht es oftmals hart zur

Sache, weshalb meine beiden Geschwister und ich beizeiten gerne die Polizei gerufen hätten. Schon seit Jahren bemühe ich mich von alledem Abstand zu nehmen. Nun ist endgültig ein Abschiednehmen daraus geworden.

Zögernd hoffe ich, dass meine Eltern sich beschämt daran erinnern, warum mir meine Not ein sehr willkommener Anlass ist, nun auch das Briefeschreiben einzustellen und für eine Weile einfach zu verschwinden. Hier, wo ich jetzt lebe, kann ein Konflikt mit meinen spießigen Nachbarn ganz gewiss nicht schlimmer werden, falls ihnen demnächst zu Ohren kommen sollte, dass die neue Mieterin in nicht einmal neun Monaten ein Kind gebären könnte. Franziska jedenfalls warnte mich schon augenzwinkernd, dass die Hausgemeinschaft Kinder nicht so gerne sieht, weil durch sie ja meistens nichts als Schmutz und Lärmbelästigung entstehen. Die Klagen, so sagte sie, kämen dann ohngeachtet der Tatsache, dass die kinderlosen Paare 50plus hier selbst alle Hunde haben, die jeden Tag bellen. Haustiere sind laut Hausordnung und Mietvertrag für alle Schwarz auf Weiß erlaubt; nur Kinder werden nicht erwähnt.

Wenn ich abtreibe, erübrigt es sich anderweitig, mich darüber aufzuregen. Und wenn nicht, dann freue ich mich, dass meine Vermieterin die Mutter von Franziska ist, die mich nicht einfach so wieder hinaus werfen wird. In dieser Siedlung hier, wo kaum jemand in meinem Alter lebt und sonntags die Straßen leer bleiben, werde ich in den kommenden Wochen zum Glück wenig Leuten begegnen beziehungsweise eben öfter über mich nachdenken müssen als sonst. Nur die Angst befällt mich, dass ich mich in der Verwirrung verliere, wenn ich nicht alles zu Papier bringe, was mich bestürmt.

Wenn ich abends im Bett liege und weiß, dass ich unter meiner warmen Decke nicht mehr alleine bin, besinne ich mich jetzt viel häufiger, wem ich in meinem Leben etwas schuldig bin oder wem ich etwas zu beweisen habe. Da finden sich auch Gründe, die für eine Mutterschaft sprechen, vor allen Dingen nämlich, dass ich damit gegen die Ansprüche und Ansichten meiner Familie protestieren könnte. Meine Eltern verdienen es nicht, dass ich ihren Namen weitertrage und gewiss hätte meine Familie es irgendwie verdient, einfach auszusterben; aber schade ist es doch, dass ich nicht geheiratet habe.

Weniger Herablassung und Unehrlichkeit in meiner Familie wären beizeiten ganz wichtig gewesen, um mir mehr Selbstbewusstsein zu geben, das ich leider nicht besitze. Nichtsdestoweniger habe ich in gut drei Wochen endgültig alle Weichen zu stellen, denn das ist ja die Frist, die mir die Rechtsprechung gewährt. Da wäre es mir beinahe lieber, wenn ich vielleicht erst viel zu spät von meinem Umstand erfahren hätte. Dann hätte ich mich fügen müssen. Und ich hätte nicht unter den Schuldgefühlen gelitten, wenn ich mir einrede, mein Kind naturgemäß zu lieben, während ich nicht mit Gewissheit sagen kann, ob ich das wirklich so empfinde.

Wenn alles scheitert, soll nicht nur mein Kind wissen warum. Als ich jünger war, wurden mir so viele Geschichten erzählt, dass ich oft verwirrt vor all den Varianten meiner Entstehung, Bestimmung und Beheimatung stand und fürchtete, im Urwald der Berichte nicht mehr die Wahrheit zu erkennen. Da hätte ich lange Zeit am liebsten selbst nie wieder ein Wort über meine Familie und mich verloren. Doch jetzt bin ich schwanger und bin es meinem Kind wohl schuldig, das Erzählen nicht zu unterbrechen, wenngleich ich nichts als immer neue Lügen in die Welt setzen werde. Obwohl ich nämlich Macht habe über mein Kind zu entscheiden, soll es auf keinen Fall mein Eigentum werden. Das ist es, was ich mir niemals verzeihen könnte.

Antwort@mariadelmar
gesendet am: 23/05/2009 um 16:01
von: JeannedArc

Liebe Maria! Ich weiß, es hört sich doof an für Dich, wenn ich das offen sage: aber Du bist selbst noch nicht erwachsen. Du hast keine Ahnung, welche Möglichkeiten es gibt, und was Du zu erwarten hast mit einem Kind. Deswegen wende Dich an eine Vertrauensperson. Wie ist denn das Verhältnis zu deinen Eltern, obwohl sie nicht mehr zusammen leben? Wenn Du dir jetzt vorstellst, dass Du in 17 Jahren eine Tochter haben könntest, die dann so alt ist wie Du jetzt, würdest Du dir nicht wünschen, sie käme mit solchen Problemen ebenfalls sofort zu Dir?

Antwort@JeannedArc
gesendet am: 23/05/2009 um 18:35
von: mariadelmar

Hmmm. Mit meinen eltern spreche ich nur selten über meine gefühle und so. Mein Freund wusste es daher zuerst und er ist mehr für eine abtreibung, obwohl er meint, wenn ich das nicht könnte, wäre das auch okay. So richtig aufmuntern tut er mich aber auf diese weise nicht. Er schiebt im grunde alles mir in die schuhe. Toll ist das also sicherlich nicht. Als wir zusammen kamen, dachte ich er sei perfekt. Dachte ich! Und als ich es ihm erzählte, hoffte ich natürlich auf eine sehr positive reaktion. Doch er sagte eben sofort: »Treib es ab!« Erst danach hat er sich dann neutraler geäußert. Er hat natürlich angst vor der zukunft, angst vor dieser oberflächlichen scheißgesellschaft, die uns beide auslachen und benachteiligen wird. Habe außerdem heute mittag nach der schule meine mutter vom handy aus angerufen und davon berichtet, weil ich das auge in auge nicht konnte! Sie war ebenfalls ziemlich geschockt! Und hat gar nichts gesagt! Das ist wohl kein gutes zeichen. War ja auch erst fertig mit den nerven und habe geweint, weil ich so nervös war. Einfach hammer, wenn man plötzlich schwanger ist! Mein freund war nur 2 häuser weiter bei seinen eltern, als ich es erfahren habe. Hab mich einfach nicht getraut, auf der stelle rüber zu gehen. Und dann sagte er wirklich, dass wir das kind nicht behalten könnten wegen finanzieller probleme und weil wir keinen beruf haben! Es tut mir so weh und ich möchte nicht nur, weil er das sagt, unser baby weg machen lassen. Ich weiß nicht, was ich noch machen kann! Mein freund sagte, während er mich umarmte, dass wir das schon zusammen durchziehen würden mit der abtreibung. Er tut sehr verständnisvoll, aber er will alles einfach so vernichten! Er sagt auch, dass er die abtreibung notfalls selbst von seinem taschengeld bezahlt. Und das ist so krass!!! Wie kann ich ihn zur vernunft bringen? Weiß nicht mehr, was ich machen soll!!!

Sonntag, 24.5.2009

Heute ist der 53. Tag meiner Schwangerschaft, und auch bis heute habe ich weder einen Brief noch elektronische Post vom Vater meines Kindes erhalten. Ziellos räume ich den ganzen Vormittag meine Habseligkeiten hin und her und suche, obwohl ich vergessen habe, wonach. Zu der Zeit, als ich mit Christian befreundet war, wäre ich jetzt bestimmt in die Kirche gegangen, aber obwohl ich in meinem Elend vielleicht gut dort aufgehoben wäre, fühle ich mich im Moment sogar zu schwach, das Haus zu verlassen. Und wofür sollte ich noch beten, wo ich einerseits noch nie besonders viel und gut geglaubt habe, und andererseits das Unheil nun schon da ist, das auch ein Gott im Himmel nicht mehr abwenden wird?

Meine Musik-CDs, meine Bücher, meine Blumen – nichts davon bedeutet mir noch etwas. Nichts mehr kann mir Ruhe verschaffen. Als ich Grundschulzeugnisse finde, weine ich und denke für einen Augenblick, ich sollte uns doch noch eine Chance geben. Wie wäre es noch einige Tage auf ein Zeichen von Johannes zu warten und so lange nicht weiter angestrengt um eine Entscheidung zu ringen? Vielleicht zeigen sich bei mir dann ganz von alleine die richtige Intuition und das verlässlichste Gefühl? Wie wäre es vielleicht nur eine Woche auf Probe dankbar mit dem Kind zu leben und seine Existenz nicht ständig zu bekämpfen oder zu verdrängen? Die Idee klingt sehr verführerisch und dennoch bin ich sicher, dass ich das nicht aushalten werde.

Gerade bin ich auf dem Weg zum Badesee, um mich abzulenken und Normalität zu fingieren. Bewegung macht den Kopf frei und das Herz froh. Und ich wüsste nicht, was ich sonst unternehmen sollte an so einem Frühlingstag, der in mir doch keine Ferienstimmung aufkommen lässt, so sehr ist er von Sorge überschattet. Ich sitze im Bus und finde Zeit und Muße, die Gedanken zu notieren, obwohl es heiß und stickig ist und es schwer fällt mich zu konzentrieren.

Außer mir sind viele andere Sonntagsurlauber auf dem Weg hinaus aus der Stadt, vor allem Familien mit Kindern. Neben mir sitzt ein kleines Mädchen und schaut immer wieder verunsichert zu Mutter und Brüderchen hinüber, die auf der anderen Seite des Ganges einen Doppelsitz teilen, auf dem für sie kein Platz mehr blieb. Offensichtlich ist sie nicht damit einverstanden, dass ihr Bruder den bequemen und sicheren Platz bekommen hat, während sie mich, die fremde Frau, zu ihrer Rechten ertragen muss, die ihr zu allem Übel den Blick aus dem Fenster versperrt. Mitleidig schaue ich ihr in die Augen und lächele sie an. Die Kleine wendet scheu den Kopf ab und schaukelt mit den Beinen. Auf unserem Doppelsitz sitzen wir ja zu dritt, aber das weiß sie nicht. Und wenn sie es wüsste, würde sie sich nicht mehr so unwohl fühlen. Wenn sie mit Röntgenblicken in mich hineinsehen könnte, müsste sie sehen, dass ich etwas Zerbrechliches und Unschuldiges in mir trage, dem sie mehr als mir ihr Vertrauen schenken dürfte.

Das Baby in meinem Bauch ist zwar noch gar nicht zu spüren, während ich die Beine leicht anziehe, gegen die Rückenlehne vor mir drücke und auf den Knien mein Tagebuch halte, aber ich weiß dennoch: es ist da! Deshalb meine ich immer, auch alle anderen müssten das sofort erkennen und mich nach ihm fragen, obwohl sich die Gebärmutter erst am Ende des sechsten Monats so stark ausdehnen wird, dass sie die Nabelhöhe erreicht. Mein Bauch wäre vielleicht erst dann so groß, dass man ihn kaum mehr verstecken könnte. Und erst dann könnte das Baby mit Leichtigkeit von außen gefühlt werden. Ab und zu ließe sich ein kleines Füßchen durch die Bauchdecke erahnen, sagte die Frauenärztin mir. Da bilde ich mir jetzt schon manchmal ein, es wäre so. Je mehr dieses Gefühl des neuen Lebens von mir Besitz ergreift und mich durchdringt, desto schrecklicher erscheint mir allerdings die Leere, die zurückbleiben wird. Ist das denn noch gerecht, dass man einfach nicht gefragt wird von dem Kind, ob man einverstanden ist, dass es in einem wächst und Geist und Körper nicht mehr der Frau selbst gehören? Die Babies leben ihr eigenes Leben, ein Leben in uns, das doch nicht unser Leben ist. Wie soll ich das je verstehen, nicht bloß mit meinem Kopf, sondern mit ganzem Herzen? Ein Kind meiner Liebe ist mein Baby nicht, aber wohl ein Kind jener Liebe, die blöderweise stärker ist als wir. Vielleicht ist es das wert, dass ich dafür den letzten Rest meiner vergänglichen Jugend verschenke? Wie viele hingegen schaffen es nicht, den Schritt hinein in die Wirklichkeit zu gehen? Wie viele haben es bereut? Wie viele bereuen es noch immer?

Im Moment ist meine Schwangerschaft für mich geradezu bedrohlich und im Grunde grausam, weshalb man wohl zu Recht so kühl und distanziert von werdenden Müttern spricht. Am schwersten ist jedoch, jetzt überhaupt mit Fremden über diese Furcht zu reden. Wie leicht ist es dagegen, einfach alles zu verbergen, selbst vor denen, die mich kennen. Und neben mir im Bus sitzt diese Mutter mit zwei Kindern, mit der ich mich nicht im Geringsten identifiziere. Ich frage mich, ob sie jemals glücklich ist, ob sie einen Mann hat – einen Ehepartner – der sich mit ihr um die Kleinen kümmert, ob sie den Beruf aufgeben musste, oder ob Freunde und Familie gegen sie waren und sie anklagten. Wie stellt man sich das vor, ein Kind ganz ohne Vater zu erziehen, der auch einmal zu Hause bleibt, um die Windeln zu wechseln?

In vielen Büchern über Schwangerschaft steht nicht zuletzt viel über die Väter und ihre schwierige Zeit zwischen Eifersucht und Euphorie. Ein Baby, das kostet, das kostet Geld und Zeit, und bald ist es zu Ende mit spontanen Ausflügen und romantischen Abenden zu zweit. Auch der Sex wird anders, sagen sie, besser eigentlich, weil frei von Sorge um Verhütung, direkter, hemmungsloser, intensiver, wenn nur die Mutter ebenso oft Lust darauf hätte wie der Vater, wenn nicht die Übelkeit und die Rückenschmerzen wären oder die beschützende Zärtlichkeit des Mannes, der angesichts des Bauches gar keinen Mut mehr dazu verspürt, ganz neue Stellungen auszuprobieren. Nur wer eigene Kinder ausgetragen und aufgezogen hat, kann wissen, wie anstrengend das ist.

Vom sechsten Monat bis hin zur Geburt würde ich noch einmal viel, viel dicker werden und Schwangerschaftsstreifen bekommen. Und danach wäre einfach klar, dass der Verfall meines Körpers niemals mehr enden wird. Mein Kind aber, das wächst und wächst. Wir beide müssten lernen, miteinander zu leben. Ich vor allem müsste lernen, mein Leben zu teilen und abzugeben, denn eines Tages müssten wir uns wiederum voneinander entfernen. Bewusst sage ich all das im Konjunktiv, weil ich befürchte, dass es dazu gar nicht kommen wird. Die vielen Konjunktive in meinen Sätzen bedrängen mich und fordern geradezu einen Indikativ, wenn nicht bald sogar den Imperativ mit Ausrufezeichen.

Keiner wird dann wissen, dass ich jemals einen dicken, runden Bauch mit mir herumschleppen musste, zumal er im Grunde nur vergleichsweise rund werden wird, im Gegensatz zu meiner schlanken Taille früher.

Wenigstens die Frage, ob mein Partner mich mit Bauch noch attraktiv finden wird, muss ich mir selbst gar nicht beantworten, denn einen Partner habe ich nicht. Oder sollte ich sogar sagen, ich habe leider keinen Partner mehr? Wenn ich ganz ehrlich bin, dann hatte ich nie wirklich einen Mann, den ich guten Gewissens meinen Lebensgefährten hätte nennen können, oder eben nicht den, von dem ich jetzt mein Kind erwarte. Mir wird sehr schlecht, wenn ich mir denke, dass das Kind vielleicht mit einem Gesicht geboren wird, das seinem Vater ähnlich sieht. Es wäre schlimm genug, hätte das Kind bloß seine Augen. Ist es schließlich noch ein Junge, so weiß ich, dass ich immer wieder Trauer und vielleicht sogar Zorn ihm gegenüber empfinden werde, weil es mich erinnern wird, wie ich erniedrigt und verlassen worden bin von seinem schönen attraktiven Papa, der bis jetzt nicht zu uns stehen will. Für meine Ehrlichkeit habe ich niemals Applaus, doch sicherlich Akzeptanz erwartet. Ist seine Ignoranz nun Strafe dafür, dass ich als Kind so oft gelogen habe?

Ich glaube, wirklich ehrlich bin ich ganz einfach viel zu selten gewesen. Zumindest gegenüber meiner Familie, in der man nicht darüber sprechen durfte, wie es einem wirklich ging und was man wirklich fühlte, ohne dass man mit Vorwürfen meiner Eltern oder der bedrängenden Fürsorglichkeit meiner verstorbenen Großmutter mütterlicherseits konfrontiert worden wäre. Vielleicht waren wir einfach eine viel zu typische westeuropäische Familie des 20. Jahrhunderts, um die Jahrtausendwende heil zu überstehen?

Wir waren eben auch nur eine Familie, in der Kinder gezeugt wurden, nicht weil man Kinder wollte, sondern weil Kinder leider ab und zu als Abfallprodukte der freien Liebe, des Safersex und der erotischen Selbstverwirklichung entstehen. Der Apfel fällt gewiss nicht weit vom Stamm, weshalb ich die Geschichte der Empfängnis meines Kindes ebenfalls nicht gerne eingestehe.

Wenn ich meinem Kind erklären soll, wie es entstanden ist, gerate ich mittlerweile in Versuchung, selbstmitleidig zu behaupten, es sei sexuelle Nötigung gewesen. Sein Vater ist immerhin ein Mann, den ich beruflich kennen gelernt habe. Und jede dritte Frau soll laut Statistik Erfahrungen mit Belästigung am Arbeitsplatz machen. Die klassische Versuchung stellt meist der ältere und charmante Vorgesetzte dar, der vorgibt, zu Hause im Bett laufe es nicht mehr. Meistens enden solche Geschichten dann mit einer Trennung zu Gunsten der Ehefrau und einem Karriereknick für die junge Geliebte. Ich war somit gewarnt, dass so etwas auch unter gleichaltrigen Mitarbeitern nach Möglichkeit nicht passieren sollte, und trotzdem verlief es bei mir ja ganz ähnlich. Da trage natürlich auch ich Verantwortung, weil ich wusste, dass Johannes nicht nur seit Jahren im Betrieb tätig, erfolgreich und integer, sondern vor allen Dingen fest liiert gewesen ist.

Der übliche Klatsch im Büro trug mir ja in wenigen Wochen alle Infos zu, die mir hätten genügen müssen, um von so einem Kerl die Finger zu lassen. Da war es gar nicht Sex mit ihm, was ich wollte, im Gegenteil. Dennoch habe ich es irgendwann bekommen, ganz unaufgefordert und mit unglaublichen Folgen.

Noch wenige Wochen zuvor hatten wir uns heftig gestritten und Johannes hatte viel Kritik von mir einstecken müssen, bis er mir plötzlich per E-Mail vorsichtig seine Versöhnung anbot.

Als ich am nächsten Morgen überlegte, was ich darauf antworten sollte, kam Johannes schon persönlich in mein Büro und setzte sich unaufgefordert auf meinen Schreibtisch.

Ich sagte ihm, dass ich seine ungewohnte Freundlichkeit zunächst nur als Hohn mir gegenüber aufgefasst hatte und unser Vertrauen als Kollegen dadurch sogar arg beschädigt sah. Denn selbstverständlich fragte ich mich, warum ihm überhaupt daran gelegen sein sollte, sich nach all unseren Kabbeleien gut mit mir zu stellen. Vermutlich waren das bloß wieder versteckte Vorwände, um mich bei nächster Gelegenheit erneut sadistisch zu behandeln oder öffentlich lächerlich zu machen? War es nicht letztlich so, dass er an mir seine eigene – so oft von ihm betonte – Gefühlskälte und Überlegenheit noch einmal meisterlich unter Beweis stellen wollte? Johannes aber verteidigte sich sofort, dass seine elektronische Post der vorhergehenden Nacht eine spontane und verlässliche Selbstreflexion gewesen war, da er gemerkt habe, dass ich ganz zu Recht so böse auf ihn war.

Im selben Augenblick reichte er mir wie beiläufig einen klein zusammengefalteten und von Hand beschriebenen Zettel, als wäre es nur eine Supermarktquittung. Herausfordernd und gespielt gelassen sah er zum Fenster hinaus, während ich in seiner Gegenwart lesen musste. Da vermutete ich, dass er mich endgültig auf den Arm nehmen wollte, aber was er tatsächlich geschrieben hatte, werde ich bis an mein Lebensende nicht vergessen.

»Als ich Dich und Deine liebenswürdige Art jeden Morgen aufs Neue vor mir gesehen habe, musste ich mich dafür schämen, dass mein ganzes Handeln der vergangenen Jahre und vor allem auch mein Verhalten in den engsten privaten Beziehungen wirklich der reinste Egoismus gewesen war«, stand dort in gebrochener, kindlicher Schrift, die beinahe mein Mitleid erweckte.

»Ich dachte nur an mich und meine unerfüllten Wünsche. Also haderte ich damit, dass ich jeden Tag bis zehn Uhr nachts im Büro verbrachte und doch nicht glücklich mit der Arbeit werden konnte, ich beneidete die anderen Führungskräfte um ihr Einkommen, ich hatte Sex aus Langeweile und vergnügte mich mit meiner Freundin nächtelang beim Tanzen. Aber ich umging damit geschickt die Frage, wen ich wirklich lieben wollte und wer mich wirklich lieben sollte. Das gilt für meinen Beruf ebenso wie für mein Privatleben.

Sehr selbstgerecht und eitel dachte ich oft, niemand könne wohl feinfühliger und eloquenter sein als ich, aber Du hast mir sofort ge-

zeigt, wo meine Schwächen liegen, ohne dass ich mich von dir beleidigt fühlte. Jetzt habe ich wohl gar keine Wahl als die, mich einfach zu verändern. Vielen Dank also noch einmal.«

Unsere Blicke trafen sich, als ich das Blatt unter meine Schreibtischauflage schob. Und mein unsicheres Erstaunen spiegelte sich in seinen hellen Augen wider. »Danke gleichfalls«, sagte ich nur und verschränkte meine Finger, um das leichte Zittern meiner Hände zu verbergen. »Wenn du das wirklich ernst gemeint hast?«

Er nickte zustimmend und lächelte schüchtern. Selbstverständlich wollte ich mit Johannes keinen allzu intimen Umgang pflegen, aber eine persönliche Freundschaft hielt ich nicht für verboten, als er mir noch freundlich die Hand reichte und mich einlud, mich doch in Zukunft öfter in der Mittagspause mit ihm zum Essen zu treffen.

Kaum hatte Johannes den Raum verlassen, leuchtete ein weiteres Mal das Benachrichtigungsfeld meines elektronischen Posteingangs auf. Als ich sofort zweimal klickte, öffnete sich diesmal eine Mail von Charlotte, die sich ihrerseits mit den Streitereien der vergangenen Woche befasste und mir freudig mitteilte, wie unerwartet Johannes sich nun auch ihr gegenüber eines Besseren besonnen und ihr in aller Frühe ein klärendes Gespräch mit Herrn Schuster versprochen habe. Mir fiel es unsagbar schwer, den enormen emotionalen Umschwung der ganzen Lage zu verstehen, der sich bei ihm über Nacht vollzogen hatte. Und ich verstand rückblickend auch nicht, warum Johannes sich freiwillig auf einen so unehrlichen Kampf mit mir eingelassen hatte. Ich glaubte fast, sein Hauptgegner war er selbst gewesen, sein Alter Ego, sozusagen; der kleingläubige, kühle, kontrollierte, sadistische Johannes Nr. 2, der immer am längeren Hebel sitzen mochte. Der hatte den Krieg verloren und musste kapitulieren, nicht er. Mochte es sein, dass Johannes diesmal gerade mit seiner offenbar sehr leidvollen Begegnung mit mir eine notwendige Lektion darin erteilt wurde, wie sehr er selbst andere Menschen immer wieder demütigte und verletzte?

Nach einer Weile rief ich ein leeres Briefformular auf und begann ohne Unterbrechung zu tippen, was ich wohl gerne Johannes persönlich geschrieben hätte, wenn mir nicht unendlich viel daran gelegen gewesen wäre, die neue und zerbrechliche Harmonie zwischen uns allen und seinen Sinneswandel nicht versehentlich zu zerstören:

»Liebe Charlotte. Das, was du mir schreibst, wusste ich alles schon. Von Johannes persönlich. Er war sehr offen mit mir und hat mir noch einmal genau geschildert, wie böse er zunächst noch war, als er dir das erste Mal geantwortet hat; doch dann hat er tatsächlich meine Mail gelesen, die ihm scheinbar innerlich den letzten Anstoß zur Bekehrung gab. Heute sagte er mir, er wundere sich darüber, wie es mir gelungen sei, ihn mit Worten so sehr ins Herz zu treffen, ohne ihn in seinem Stolz zu verletzen. Dann hat er sich in aller Form bei mir entschuldigt. Das alles rechne ich Johannes sehr hoch an. Er hat damit endlich einmal bewiesen, welche große Stärke in ihm steckt. Und wie selbstkritisch er sein kann! Das reinigende Gewitter hat uns, glaube ich, allen gut getan. Durch unsere Aussprache ist wirklich so etwas wie grundsätzlicher Gleichklang zwischen uns gewachsen. Das ist sehr schön, ganz unabhängig von dem Anliegen, das ich ursprünglich damit verbunden hatte. Wir alle haben ja viel Hoffnung und Vertrauen auf Johannes gesetzt, und ich denke, er hat deshalb gespürt, dass alles, was ich ihm gesagt habe, aus Zuneigung gesagt war, und nicht aus Hass. Ich danke dir für dein Zuhören und deine Unterstützung – und, bitte, lass es weiterhin unter uns bleiben,

dass ich weiß, dass du es weißt. Ich bin wirklich sehr erleichtert und wünsche dir und Herrn Schuster noch ein fruchtbares Gespräch mit ihm.«

Den letzten Satz, den ich gerne geschrieben hätte, aber wohlweislich ausließ, dachte ich mir im Stillen: »Johannes ist trotz all seiner Schwächen wirklich ein guter und begabter Manager. Er hat unseren Respekt verdient; gerade dann, wenn er wieder einmal vergessen sollte, wie liebenswert er ist!« Stattdessen fügte ich unter den vorläufigen Text nur eine Leerzeile ein und setzte meinen Namen darunter. Für mich war es damit getan. Ich war sehr zufrieden.

In den darauf folgenden Monaten, so muss ich im Nachhinein gestehen, weckte Johannes jedoch in mir mit all seinem Geschick ein immer verfänglicheres Interesse an Schauspiel und Theater. Ahnungslos und blind für die Gefahren hatte ich kindliche Freude daran, sein wahres Ich hinter seinen vielen Masken zu ergründen. »Die Schöne und das Biest«, so hieß unser gemeinsames Stück, in dem wir beide Lust auf die Hauptrollen hatten. Von Anfang an hätte ich wissen müssen, dass es Selbsttäuschung war, wenn ich glaubte, einfach wieder unbeschadet von der großen Bühne abtreten zu können.

Lächelnd sehe ich vom kleinen Mädchen neben mir hinüber zu Brüderchen und Mutter und hoffe vielleicht auf einen schwachen Trost, doch die Blicke der Frau treffen mich mit dem gleichen Argwohn ihrer Tochter.

Unser Bus hat den Badesee jetzt fast erreicht und wir fahren langsam durch den schattigen Wald. Lichtstrahlen tanzen auf den Blättern der höchsten Bäume, einige fallen bis zum Boden oder werfen grelle Punkte auf die Fensterscheiben unseres Busses. Das Haar des kleinen Mädchens neben mir glänzt.

Sie sieht mir ähnlich, finde ich. Aber vielleicht trifft das auf alle kleinen Mädchen zu, die zwar oft die Sorgen dieser Welt erfahren haben, aber dennoch glauben können, dass die Erde niemals schon am Horizont endet?

»Aussteigen«, sagt die Mutter und nimmt die Kinder bei der Hand. »Aussteigen«, flüstere ich meinem Baby zu und merke, dass ich gerade jetzt erst anfange, überhaupt mit ihm zu reden. Wir werden schwimmen gehen und im Schatten liegen, solange ich es habe. Schade ist nur, dass Johannes nicht ahnt, welches Glück zu dritt wir wohl für alle Zeit verpassen.

Antwort@mariadelmar
Gesendet am: 24/05/2009 um 15:01
von: Morgenstern

Meine kleine schwester wurde auch mit 17 schwanger, ich wusste es zuerst. Am gleichen tag haben wir es unseren eltern erzählt. Sicherlich war abtreibung ein thema, so ist das nicht. Aber als sie sagte: »nein ich will das kind«, da war bei uns alles in Ordnung. Keiner hat sie weiter bedrängt. Sie ging dann weiterhin zur schule, und als die kleine dann da war, hat sie sogar noch erfolgreich den abschluss gemacht. In dieser zeit hat meine tante sich abwechselnd mit unserer mutter um das baby gekümmert. Ihre noten wurden auch besser, weil sie wohl kapiert hatte, dass sie es jetzt nicht nur für sich tat.

Mittlerweile hat meine schwester trotz teenieschwangerschaft eine abgeschlossene Ausbildung und arbeitet halbtags. Im august will sie ihren neuen partner heiraten, der einen sehr guten beruf und eine schöne wohnung hat. Sie hat im prinzip ein genauso gutes leben wie ich, obwohl ich ohne kind erst die schule und dann ungestört meine ausbildung beendet habe. Bloß ihr weg dorthin war eben etwas steiniger und steiler als der der meisten mädchen unter 20. Vielleicht unterstützen nicht nur deine eltern dich, sondern auch die deines freundes? Ich denke du würdest dir allerdings vorwürfe machen, wenn du jetzt hals über kopf entscheidest, dass du abtreibst, weil du noch nicht alles ausprobiert hast. Ich denke nicht, dass man mit 17 jahren zu jung für die mutterschaft ist. Es kommt auf einen selber an, ob man noch lieber feiern gehen will, oder ob man für sich entschieden hat, bereits eine familie zu gründen. Wenn du wirklich angst hast es hinterher zu bereuen, bleibe zu hause! Die ausschabung verschläfst du durch die narkose, aber es gibt auch ein hinterher, wenn dein herz merkt, dass ein mensch auf dieser welt fehlt. Du hast angst davor, dir ein kind finanziell nicht leisten zu können. Melde dich also noch bei einer stiftung oder einem hilfsfond, damit nach einer lösung gesucht wird, wie du dein kind angemessen versorgen kannst. Auch junge eltern haben ihre vorteile. In die aufgabe hineinwachsen – dies muss jede mutter, und sei sie schon 45! An einer herausforderung darf man immerhin reifen. Die perfekte mutter gibt es nicht. Wer sollte sonst die kinder auf eine unperfekte welt vorbereiten? Eine abtreibung jedoch schafft nicht die lösung von problemen, die du wohl erhoffst! Es kann sein, dass dadurch sogar andere hinzukommen. Ich drücke dir die daumen, dass du die richtige entscheidung fällst!

Montag, 25.5.2009

Im Internetforum haben bis zur Stunde sechsundzwanzig Leute Kommentare abgegeben und fast alle wollen eine Abtreibung verhindern. Den Großteil offenbar berührt es gar nicht, dass Maria erst siebzehn ist. Ich fühle mich elend. Denn eigentlich würde ich ihr, wenn ich dürfte, gerne einen ähnlichen Rat geben und sie aufhetzen gegen die Mutter, den Freund und jeden, der ihr Kind nicht will. Leider darf ich das jetzt nicht, wenn ich mich nicht der eigenen Doppelmoral überführen möchte. Wieso ist es bloß mit dem eigenen Kind auf einmal so schwierig?

Ist das nicht der verzerrte Blick in den Spiegel, der auch Magersüchtigen stets ihre wahre Schönheit verbirgt? Warum sorge ich mich mehr um Maria, als um das Kind in mir, das mich tausend Mal mehr betrifft? Nun, so wie ich für Marias Baby hoffe, so hofft meine beste Freundin, Gott sei Dank, für mich. Dann kann ich nicht die Schuld allein auf andere schieben und behaupten, niemand habe mich ausreichend unterstützt.

Um fünfzehn Uhr hat sich Franziska selbst bei mir zum Kaffee eingeladen und ich sollte vorher noch aufräumen. Das Aufräumen lenkt mich wenigstens ab und vermittelt mir die Illusion, dass ich jeden Tag noch etwas Sinnvolles vor mir habe. Also packe ich aus, sortiere, staube ab, mache die Regale und Schränke voll. Am liebsten aber werfe ich das Unliebsame fort. Vor allem die Ordner mit den Firmenunterlagen, die ich wohl nie wieder brauchen werde. Ich habe gerne dort gearbeitet, auch wenn ich es nun nicht zu einer ansehnlichen Karriere gebracht habe. Ich konnte ja froh sein nach dem Studium sofort eine so spannende Anstellung gefunden zu haben, obwohl sie nicht allzu gut bezahlt war.

Sobald ich dagegen um mich herum auf die vielen Kartons und Plastikkisten schaue, die ich in meiner neuen Wohnung nur lieblos in den Ecken gestapelt habe, merke ich, wie wenig ich mich bislang in die veränderten Verhältnisse eingelebt habe. Und vielleicht erstrebe ich das tatsächlich nicht.

Mit jeder Kiste kommen Erinnerungen zu Tage, die ich lieber vergesse. Vor allem wenn ich an Johannes denke, denke ich unweigerlich eben auch an meine Familie. Also meide ich besonders die großen Bananenkisten unter dem Schreibtisch, in die ich viele Unterlagen gesteckt habe, die nicht zuletzt seine Handschrift oder Namen meiner Verwandten tragen. Nur meine Lieblingsromane, ein paar Ratgeber, ein Sparschwein aus Porzellan und kleine Urlaubssouvenirs aus glücklicheren Tagen stehen schon in meinen halb leeren Regalen. Meine Wände sind ganz kahl und ich zögere dort Bilder aufzuhängen, die mir selbst wahrscheinlich allzu viel über mich und meine Herkunft verraten.

Vom Vater meines Kindes besitze ich nicht ein einziges Foto. Auch getrocknete Blumen, Krawatten oder Unterwäsche hinterließ er mir zu meiner Erleichterung nicht. Vom Vater meines Kindes habe ich nur eine Visitenkarte, den einzigen persönlichen Brief und leider viel zu viele E-Mails, wenn auch die meisten davon rein geschäftlichen Inhalts waren. Die Spuren meiner Familie hingegen, die kann ich kaum verwischen, sofern ich nicht die Urkundenmappe, fünf beängstigend große Fotoalben und zwei Plastikkästen voller Dias vernichte.

Ich fürchte mich davor, ungewollt den Eindruck zu vermitteln, meine Eltern oder Großeltern seien wohlmöglich Monster, wenn ich Schlechtes von ihnen erzähle; und wenn ich tatsächlich an einige auf den ersten Blick so unbeschwerte Fotografien aus Kindertagen denke, bin ich beinahe geneigt zu mir selbst zu sagen: »Was stellst du dich so an? Es war doch alles halb so schlimm!« Doch dann sind da jene Bilder, die ich beizeiten zerrissen oder verbrannt oder seit Jahren nicht mehr angesehen habe. Und niemand ahnt die Szenerien, die ich in all ihren düsteren Farben lediglich in meinem Gedächtnis gespeichert habe.

Die ältesten Familienfotos, die ich besitze, habe ich absichtlich nie in mein liebstes Fotoalbum eingeklebt, das ich nur jenen besonders gelungenen Bildern vorbehalte, die ich als Jugendliche und später auch an der Universität mit meinen eigenen Kleinbildkameras zur Erinnerung an die schönsten Momente meines Lebens aufgenommen habe. Die ältesten Familienfotos, die ich besitze, stammen aus der Zeit vor meiner Zeit, wie man sagen würde, und stecken vielmehr lieblos in einem grün-weißen Plastiktütchen aus dem Schreibwarenhandel. Sie liegen ganz versteckt und ganz zuunterst in einem Pappkarton, in dem ich alle Dinge sammle, die mir außerordentlich verhasst bleiben werden, obwohl ich mich nicht von ihnen trennen kann. Und nur ich weiß, wo ich sie finde, wenn ich sie ansehen oder – was ganz selten einmal der Fall ist – anderen zeigen möchte.

Eines davon ist das Hochzeitsfoto meiner Großeltern väterlicherseits, von denen ich die meisten Bilder und den größten materiellen Nachlass besitze, über die ich aber doch viel weniger weiß und wissen möchte als über die Eltern meiner Mutter.

Die Mutter meines Vaters, eine große Frau mit weißblonder Dauerwelle, die noch heller als das Seidenkleid aus dem vergilbten Foto ihrer Trauung strahlt, war für mich zeitlebens mehr Angst einflößend als beschützend gewesen, und ich kann nicht sagen, dass ich ihren Tod vor ungefähr zwölf Jahren, das heißt kurz vor meinem Abitur, sonderlich bedauert habe. Hoch aufgerichtet, das schmale Kinn eitel ins Profil gedreht, sehe ich sie oft bis heute vor meinem inneren Auge auf das Blitzlicht warten, wenn wir früher in der Familie immer wieder unsere Feste und Urlaube dokumentiert haben. Und schon das Hochzeitsfoto anno 1940 zeugt von der zwanghaften Ästhetik jener ungezählten Gelegenheiten, zu denen sie, ihr Mann oder meine Eltern alles daran setzten, uns übertrieben in Szene zu setzen. Omas kleiner und rundlicher Mann neben ihr, der auch im wahren Leben immerzu in ihrem Schatten stand, ist mir ebenfalls kaum positiv in Erinnerung geblieben. Denn in vielen Situationen, in denen man einmal nicht tat, was ihm gefallen hätte, war er jähzornig und hart und zog uns Kinder an den Haaren.

Dementsprechend aufgesetzt und geziert empfinde ich unser Lächeln in den vielen Familienpanoramas, die Vater oder Großvater von uns im Sonntagsstaat aufzunehmen pflegten – vorzugsweise auf einer weiß gestrichenen Holzbank mitten im blühenden Garten. Der Streit und die Tränen, die es zumeist kostete, meinen zappeligen Bruder überhaupt erst zum Stillsitzen zu bewegen, sind selbstverständlich nirgends festgehalten.

Wir kommen ursprünglich aus der Landeshauptstadt, aber gerade zum Beginn meines fünften Schuljahres sind wir in eine kleinere Stadt gezogen, weil mein Vater – wie man uns Kindern damals sagte – hier eine neue Stelle bekommen habe. Die Wahrheit konnten wir erst Jahre später erfahren. Doch das tut nichts zur Sache, ebenso wenig wie der Beruf meines Vaters.

Entscheidend ist nur, dass die Eltern meines Vaters meine Mutter und ihre Familie nie akzeptiert haben, weil aus ihrer Sicht diese Bauern weit unter dem Niveau reicher Stadtbürger standen. In mancherlei Hinsicht wundert es mich wahrhaft nicht, dass Mama glauben musste, ihr Mann habe sie niemals geliebt.

Immerhin war Vaters Mutter die Advocata Diaboli der Familie gewesen, während Mutters Mutter meist in rührender Treue unsere Advocata Angelorum spielte. Und das betraf allen voran den geradezu absurden Streit um Zeugung und Erziehung von uns Kindern.

Denn während Papas Mutter gegen die Existenz meiner Mutter selbst nichts ausrichten konnte und lediglich versuchen musste, meine Mutter aus dem Leben ihrer Familie auszuklammern, hatte sie bei uns Kindern viel größere Möglichkeiten, auf unser Sein oder Nichtsein Einfluss zu nehmen. Wenn mein Vater schon eine völlig unmögliche Krankenschwester vom Land wie meine Mutter zur Geliebten hatte, so sollten doch zumindest aus dieser Verbindung so wenig Probleme wie möglich erwachsen, denn in der Tat sah man sich in den Kreisen meiner Großmutter als gutbürgerlicher Mittelstand, dem massenhafter Nachwuchs nicht anstand. Man sei ja schließlich nicht bei den Zigeunern, hieß es, und meine Großmutter väterlicherseits verordnete meiner Mutter über den Kopf meiner Großeltern mütterlicherseits hinweg kurz und bündig die Pille. Da meine Eltern zu diesem Zeitpunkt noch nicht verheiratet waren und wohl zumindest noch einer der beiden Zweifel an der Dauer und Festigkeit ihrer Beziehung hatte, gaben sich Mama und Papa schließlich auch alle Mühe, diesen Ratschlägen zu folgen.

Sobald sich allerdings zeigte, dass die Verhütungsmittel wirkungslos geblieben waren, durch wessen Verschulden auch immer, war ich der Grund für eine wenig überlegte Trauung, um wenigstens das Finanzielle und den sozialen Status angemessen zu regeln. Keinen Zweifel habe ich daran, dass meine Mutter damals wirklich um das Wohlergehen ihres ungeborenen Kindes besorgt gewesen ist und mir die altbekannten Sorgen eines Bastards ersparen wollte. Aber sie hätte wissen müssen, mit welchem Preis wir alle das bezahlten.

Im Abstand weniger Jahre bekam ich sogar zwei Geschwister, eine Schwester und einen Bruder, und ich erinnere mich gut, wie sehr wir Kinder im Kindergarten und in der Grundschule ein

Herz und eine Seele waren und noch kaum etwas von den Sorgen an uns heran ließen, die unseren Frieden bedrohten. Gemeinsamer Sport und gemeinsame Spiele wichen allerdings zunehmend den gemeinsamen Tränen angesichts der Konflikte unserer Eltern, und immer mehr wurde aus unserer geteilten Geschwisterfreude die traurige Zweckverbindung hilfloser Scheidungskinder, die sich alle in je eigener Weise ungeliebt fühlten und mit ihrer Sehnsucht nach Geborgenheit an Mauern des Schweigens abprallten.

Bis heute kann ich mich sehr wohl an viele Streitereien im Hausflur unseres kleinen Reihenhauses erinnern, abends, nachdem man Alexander und mich offiziell zu Bett geschickt hatte. Mein Zimmer lag direkt zum Gang und ich hörte alles, wenn ich auch beinahe gar nichts verstand. Wenn ich nicht schlafen konnte und auf dem Treppenabsatz sitzend die Gewaltausbrüche meiner Eltern im Wohnzimmer verfolgte, die Tassen und Teller an die Wände warfen, wunderte ich mich lange Zeit, wo der Beginn und der Hauptgrund dieser Probleme lag. Ich saß nur hinter den Holzgittern der Babysicherung und wusste ganz einfach, dass es nicht gut war. Und kaum dass wir in ein größeres und schöneres Heim gezogen waren, wurde es schlimmer und schlimmer.

Als ich vor einigen Jahren einmal mit Oma Margarethe, Mamas Mutter, über die gescheiterte Ehe meiner Eltern gesprochen habe, sagte sie traurig zu mir, wir seien nie eine richtige Familie gewesen und meinte damit auch, wie wenig Mühe meine Eltern sich überhaupt damit gemacht haben. Zu Tode jedoch erschreckte ich sie, als ich antwortete, das wisse ich schon lange. Denn nicht erst seit ich denken kann zankten meine Eltern kontinuierlich um das Auto, das Grundstück, das Geld und später auch um ihre zahlreichen Affären.

Somit beruhte meine schlimmste Auseinandersetzung mit ihnen tatsächlich darauf, dass mein Vater eines Tages Zettel auf der Straße fand, als er abends aus der Arbeit kam. Ich hatte sie zuvor vom Balkon geworfen, in der Hoffnung, jemand da draußen würde sie finden. Es standen Dinge darauf wie »Keiner liebt mich!« und »Bitte helfen Sie mir!«. Mein Vater ist ausgerastet und hat schrecklich geschrien. Zum Schluss haben wir alle geweint, und ich litt noch tausend Mal mehr darunter, meine Eltern erzürnt zu haben.

In meiner Enttäuschung, dass wir selbst an Weihnachten 1999 im Endeffekt nicht richtig reden konnten, wollte ich damals sogar spontan meine Oma Klara, die demente Mutter meines Vaters, in einem Brief bitten, mit ihm gemeinsam die Wahrheit auszusprechen, zu der vor allem sie beide den gefährlichen Schlüssel verwahrt haben. Vielleicht, so meinte ich, hätte uns das weitere Verdächtigungen und weiteren Argwohn erspart. Vielleicht, so hoffte ich, hätte es sogar meine Geschwister nicht gegen mich, die Nestbeschmutzerin, aufgebracht.

Abgeschickt habe ich den Brief leider nie, weil ich nicht sicher sein konnte, ob Oma noch die Kraft für meine Forderungen haben würde. Zum ersten und einzigen Mal in meinem Leben hatte ich Mitleid mit ihr. Einige Monate bevor sie im Sommer 2000 tatsächlich gestorben ist, habe ich mich nur mehr vorsichtig bei den Schwestern im Altersheim nach ihr erkundigt. Diese aber sagten, sie könne gar nicht mehr gut reden. Man habe schon den Pfarrer an ihr Bett gerufen, für die Sterbesakramente, ließ man mich nüchtern wissen. Dabei ist meine Familie nicht einmal katholisch. Zum Beichten, da war es damals sowieso zu spät, vermute ich. Für alles scheint es zu spät, wenn das Hirn vom Krebs zerfressen wird und alles in Vergessenheit gerät, sogar der eigene Name. Vor allem jedoch war es zu spät für unsere Versöhnung.

Gewiss fehlte es bei uns an nichts und wiederum an allem. Und dass mein Baby keine Großeltern haben würde, war für mich schon länger klar und ist demnach zu verschmerzen. Schlimmer finde ich, dass ich zu Babys Tante und Onkel leider ebenfalls kein gutes Verhältnis mehr habe. Meine Geschwister, die ebenfalls alleine ohne Partner oder Kinder in ihren Großstadtwohnungen leben, ziehen es beide vor, die Toten um des lieben Friedens willen ruhen zu lassen. Doch gerade das kann ich nicht, wenn ich jetzt selbst in der schwierigen Lage bin, über das Leben eines Menschen in mir zu bestimmen. Zugute halten muss ich meinem Bruder und meiner Schwester immerhin, dass sie wohl gar nicht alles wissen, was mich bedrängt, denn viele Jahre lang war ich froh, sie von allem ein wenig abgeschirmt zu haben. Wenn ich mit Papa und Mama diskutierte, waren sie zumeist nicht da, und das war uns gerade lieb. Erst zu der Zeit, als wir alle längst studierten, sind auch zu ihnen viele Dinge durchgedrungen, die sie schwer erschüttert hätten, wenn nicht vor allem Alexander ein Meister darin wäre, das gar nicht weiter zu beachten oder systematisch zu verdrängen. Was geschehen ist, ist eben geschehen, und basta?

Wahrscheinlich kann ich von Glück sagen, dass ich mittlerweile den Kontakt zu allen Verwandten auf das Minimum von Weihnachtsgrüßen und Geburtstagskarten reduziert habe und nun an einem Ort lebe, von dem sie nicht einmal die Anschrift haben. Denn tatsächlich war es so, dass ich genau wie sie kaum Boden unter meinen Füßen hatte, solange ich stets darauf bedacht sein musste, meine Zukunft als eine Zukunft mit ihnen zu verstehen; eine Zukunft, die es so nie geben konnte und vielleicht nie wieder geben kann?

Schon vor Jahren entschloss ich mich, meinen Eltern auf keinen Fall die neue Telefonnummer im Studentenwohnheim zu geben und möglichst selten nach Hause zu fahren. Immerhin hatten mir ältere Studierende schon gesagt, dass es viele Wochenendseminare geben würde, und während sie darüber jammerten, ihre Familien und Freunde nur noch selten zu treffen, freute ich mich darauf, gute Gründe für mein Fernbleiben zu haben. Gute Gründe und möglichst wenig Schuldgefühle. Daher fand ich es im Gegensatz zu vielen anderen Erstsemestern in der neuen Heimat auf Anhieb schwer in Ordnung und gewöhnte mich schnell an das U-Bahn-Fahren.

Obwohl ich die Trennung von meiner Familie immer bedauern werde, will ich also auch meinem Kind ein paar unserer Katastrophen gerne von Beginn an ersparen können.

Im Moment kann es in seiner engen dunklen Welt meiner Gebärmutter noch nicht einmal sehen. Erst in der achtundzwanzigsten Schwangerschaftswoche werden sich seine Augen zum ersten Mal öffnen, mit einem Gesichtskreis unter dreißig Zentimetern. So weit wie von hier zu meiner Balkontüre kann es dann schauen, neben der ich an der Schrankwand lehne. Entsetzt betrachte ich mein Spiegelbild. Im Glas der Türe sehe ich blass und krank aus und bin das wohl auch – an meiner Seele.

Den Spiegel meiner Urgroßeltern mit dem neobarocken Holzrahmen habe ich beim Einzug ja sofort hinaus auf den nur spärlich erhellten Flur verbannt, um mir nicht ständig in meinem Elend selbst zu begegnen. Franziska hätte ihn da lieber für ihr eigenes Schlafzimmer mitgenommen, das verstehe ich. Dennoch trenne ich mich nicht von den wenigen wirklich schönen Dingen, die mir geblieben sind, und seien die Erinnerungen noch so schlecht.

Für heute jedenfalls brauche ich bloß den großen Monatskalender direkt über dem Bett, weil ich täglich Entwicklungen meiner Schwangerschaft einzutragen habe und meine Arzttermine nicht verpassen darf. Wie lange noch wird das so gehen? Muss ich im kommenden Monat schon wieder meine Regelblutung markieren, und irgendwo Anfang Juni zeichne ich ein kleines schwarzes Kreuz hinein, wenn nicht gar zwei? Ein Kreuz stünde für mein Kind und ein anderes für das tote Baby von Maria. Wie viele sind es noch, die jeden Tag ohne ein Lebenszeichen von uns gehen? Ein ganzer Sternenhimmel voll, ein See, ein Meer, ein Ozean? Sehr traurig stimmt mich das, weil ich Kinder eigentlich so mag.

Wenn ich meines abtreiben lasse, dann möchte ich gar keine weiteren Kinder mehr bekommen. Es wird besser für uns alle sein, wenn ich außerdem auf einen neuen Lebenspartner verzichte. Die Freude an der Sexualität ist mir ja sowieso genommen.

Mein Kalenderfoto für den Mai zeigt trotzig eine grüne Wiese, als wolle es meiner Verzweiflung spotten. Am Wegesrand blüht roter Mohn. Franziska hat mir den Kalender zum Geburtstag geschenkt und wusste bestimmt in weiser Voraussicht, dass möglichst unpersönliche Pflanzenmotive genau das Richtige für mich sein würden. Den Anblick von Menschen und Tieren hätte ich jetzt einfach nicht ertragen.

Antwort@JeannedArc
gesendet am: 25/05/2009 um 23:30
von: mariadelmar

Wenn ich abtreibe, dann bloß weil meine mutter und mein freund mich »überredet haben«. Ich hab einerseits ein sehr schlechtes gewissen gegenüber beiden. Andererseits habe ich mich jetzt auch intensiv mit abtreibung beschäftigt und ahne, wie schrecklich das ist. Das kind ist für mich ein eigener mensch, für meine mutter aber nur ein

»zellhaufen«. Dazu habe ich ein paar videos gefunden. Mir ist klar, dass viele jetzt sagen: pfui teufel, wie kann man sich das freiwillig ansehen? Genau das sagt nämlich auch meine mutter. Natürlich gebe ich zu, dass ich das am anfang auch total eklig fand. Aber ich wollte es mir gerne ansehen, weil ich dadurch erfahren habe, was abtreibung bedeutet. Und so kann ich anderen vielleicht beweisen, dass es eben doch kein »haufen« ist. Ich hatte die kraft, mir das anzusehen, weil ich nicht möchte, dass das gleiche mit meinem kind geschieht. Und ich frage mich dann auch, warum ich nicht sehen soll, was ich mache, wenn ich mich gegen mein kind entscheide? Bin da anders als meine mutter, die angst hat und so tut, als ob ich mir alles ganz toll ausmale, aber so naiv bin ich nicht. Ich denke nur, dass man das beste aus der situation machen muss. Ein kind ist eigentlich ein grund zur freude! Was soll ich jetzt alles schlecht machen? Meine mutter ist leider ein total verbissener mensch und außerdem total hysterisch. Ja, da wundert es mich manchmal nicht, wenn sie selbstmordgedanken hat. Aber daran, sagt sie, wäre ja auch ich allein schuld. Ich bin ja so böse, nur weil ich nicht so denke wie sie. Ich bin schon sehr unverschämt, weil ich es mir rausnehme, für mein kind einzustehen und eine eigene meinung zu haben. Da kann ich mich nur fragen: Spinnt die? ☹

Dienstag, 26.5.2009

Meine Wohnung ist noch immer das reinste Schlachtfeld, aber ich habe die Fenster geputzt und das Bad gewischt. Ebenso habe ich die Festplatte meines Laptops aufgeräumt, auf der immer noch geschäftliche E-Mails liegen, vor allem die, die Johannes mir schrieb. Ich schäme mich für diese Korrespondenz, aber natürlich helfen mir die Briefe, die ich so lange gespeichert habe, jetzt sehr die Wirklichkeit nicht aus dem Blick zu verlieren.

Die E-Mails von Christian, die sogar noch Jahre älter sind, habe ich feinsäuberlich ausgedruckt und in einer Pappschachtel gesammelt. Viele rote Herzen hatte ich damals auf den Deckel geklebt. Für die Mülltonne waren sie mir einfach zu schade.

Es ist schon komisch, mit welcher schlafwandlerischen Sicherheit ich mir offenbar immer die schlechtesten Männer ausgesucht habe. Vielleicht waren es auch die Besten, nur von dem Makel behaftet, dass ich sie jetzt nicht mehr habe.

Denn wenn ich mir Gedanken mache über das Kind und ob ich es bekommen will, dann stellt sich ganz zu Beginn eigentlich die Frage, welche Träume ich noch von Familie und Beziehungen zu Männern habe.

Schwer ist da vor allen Dingen zu sagen, welche Phase meines Liebeslebens wohl rückblickend die schlimmste war. Denn so unzufrieden ich konkret mit dem Verhalten von Johannes bin, so wenig wage ich doch zu behaupten, dass mit anderen alles im Vorteil gewesen wäre.

Von der Erotik ohne Lebenspartnerschaft in meiner Studentenbeziehung kam ich in eine Beziehung voller Reife, aber fast ohne sexuellen Reiz, die beinahe wie eine gute Beziehung eines kleinen Mädchens zu seinem Vater war. Mit Peter und Christian stünde es um mich demnach nicht besser; auch sie haben oder hätten mich früher oder später verlassen. Aber ihnen beiden hätte ich verziehen! Und damals, da wäre es klar gewesen, wie ich handle. Ich hätte mich nicht in die Enge treiben lassen und wäre meinen Prinzipien treu geblieben. Das hoffe ich zumindest. Denn leider sind gegen Abtreibung immer die, die es am wenigsten betrifft.

Der Mann schließlich, von dem ich schwanger bin, fühlt sich weder erotisch noch intellektuell zu mir hingezogen, wenn ich Pech habe und er sich nie wieder an mich wendet. Nein, verliebt waren wir beide nicht. Und ich war seinetwegen ganz und gar nicht außer Rand und Band. Da frage ich mich, ob mein Kind es schlimm fände, wenn ich ihm das eines Tages beichten müsste. Dennoch hatte ich Johannes sehr wohl in mein Herz geschlossen, bevor ich überhaupt von seiner Zuneigung wusste. Die Besonderheit und Tiefe meiner Beziehung zu ihm beruhte offenbar nicht so sehr auf seinen Gefühlen, sondern vielmehr auf meiner allgemeinen Menschenliebe, die bei ihm auf einen Mangel und ein emotionales Vakuum traf, das ich fast jenseits aller Vernunft füllte. Am meisten beeindruckte mich an Johannes also keineswegs sein Talent und seine Stärke, sondern das, was ihm fehlte, was ich ihm gewünscht hätte und was ich als Chance für ihn sah. Ich war fasziniert von seinem zwiespältigen Charakter, um es so zu sagen. Und mit Sicherheit wollte ich ihn bekehren.

Das Kind in mir stellt mir die bange Frage, was meinen Einsatz für die Liebe letztlich wert gewesen ist. Und würde ich es gar gebären, dann wäre ausgerechnet die letzte und traurigste Episode meines Liebeslebens ein für alle Mal besiegelt, unwiderruflich existent, ein lebendes Mahnmal, das ich fürchte. Es sei denn, dass Johannes kommt und mich von dieser Qual erlöst?

Derzeit quält mich leider, dass die Statistik eindeutig gegen mich spricht. Die Zahlen allein erziehender Mütter steigen und mit ihnen nehmen die Armut und das soziale Ungleichgewicht zu. Da mag Franziska sagen, was sie will: für mich ist das so nichts.

Maria ist mutiger als ich, so wie Maria in der Bibel. Christian, der Gott mehr liebte als mich, lobte gerne ihr Ja zu einem unehelichen Kind in einer Zeit, in der das eine Sünde war. Doch hatte sie nicht wenigstens Joseph, der treu an ihrer Seite blieb? Johannes fängt auch mit »J« an, aber mit Heiligkeit verbindet ihn das garantiert nicht. Mein einziger Hoffnungsschimmer im Moment ist: ich habe seit heute Morgen endlich wieder eine Arbeit!

Ganz nebenbei hat sich die Möglichkeit ergeben, als Übersetzerin mein Geld zu verdienen, damit ich nicht sämtliche Ersparnisse meines kurzen Berufslebens für den täglichen Lebensunterhalt aufwenden muss. Studienfreunde von mir haben sich in der Firma nach mir erkundigt und mir dann angeboten, für ein Projekt ihres Ingenieurbüros Webseiten ins Englische zu übertragen und über das Internet den Kundendienst zu betreuen. Sie wissen, dass ich die Firma verlassen wollte, bloß meine Gründe kennen sie nicht. Sie würden sagen: »Bekomme es auf jeden Fall! Wir trauen Dir das zu!« Sie würden das sagen, weil zwei von ihnen selbst schon seit dem Studium Familienväter sind. Doch anvertrauen will ich ihnen meine Lage vorerst trotzdem nicht. Wie schon gesagt, ich schäme mich. Das klingt sonst alles so unecht und gekünstelt und wenig authentisch, als wolle ich lügen und mit fiesen Tricks meinen Vorteil erreichen. Ja oder Nein, das ist so einfach zu schreiben, aber im Vorfeld unendlich schwer zu entscheiden. Der Kopf eilt voran und dann hält das Herz nicht mehr Schritt. Manchmal ist es umgekehrt, aber so oder so gerät man völlig aus dem Tritt.

Mehr als beruflichen Kontakt wünsche ich mir nicht. Und arbeiten kann ich ja in den kommenden sechs Monaten getrost von zu Hause – bis sowieso mein Baby käme?

Wenn mein Vater wüsste, dass ich im vorigen Monat meine aussichtsreiche Anstellung bei einer Werbeagentur und Kommunikationsberatung aus rein privaten Gründen gekündigt habe, hätte er das bestimmt als unverzeihlichen Leichtsinn verurteilt. Auf diese Weise habe ich selbstverständlich nicht nur mein Gehalt selbst, sondern darüber hinaus die Chancen auf den Wiedereinstieg nach dem Mutterschaftsurlaub vergeudet. Eltern denken stets, ihre Kinder sollten es eines Tages besser haben als sie selbst. Weil ich mein Abitur bestanden habe, muss ich daraus nach Ansicht meines Vaters also zwangsläufig mehr machen als schlecht bezahlte Bürokraft zu sein.

Ehrgeizig bin ich leider nie wirklich gewesen; nur wissensdurstig in dem Sinne, den meine Eltern völlig missverstanden bei einem Kind, für das die Lehrer die vermissten Vorbilder und die Mitschüler ein Ersatz für die zerstrittene Großfamilie waren. Denn natürlich bin ich leidenschaftlich gerne zur Schule gegangen, um im Unterricht Freiheit und Erholung zu finden.

Mein Fleiß war also keineswegs ein Selbstzweck, sondern Flucht vor unseren privaten Schwierigkeiten, sofern mir das gelang. Denn immerzu bedrohte unser öffentliches Doppelleben und meine schulische Zweitfamilie die Pflicht, nach außen hin zu tun, als wäre daheim nichts gewesen. Und ich habe eben mein Bestes getan diese Pflicht überall, beim Lernen und beim Sport, mit Freunden und mit Fremden, gut genug zu erfüllen.

Alle hielten mich immer für stark, weil ich so selten weinte, wenn sie da waren. Das war immer so, weil ich von unseren Kindern doch die Älteste bin. Und alle in meiner Familie glaubten, dass ich, weil ich vielleicht nicht dumm bin, auch stark genug sein musste, sämtliche Geschehnisse und Klagen unbeschadet zu ertragen. Das aber, was verborgen blieb, was still und bedürftig und bemitleidenswert gewesen wäre, das wollte keiner wahrhaben.

Eigentlich sollten sich meine Eltern jedoch gut daran erinnern, dass nicht einmal meine Freundinnen zu Schulzeiten davor verschont blieben, hinter ihrem Rücken von meiner Mutter als »Huren« bezeichnet zu werden, weil Mama eifersüchtig auf meine Zuwendung zu ihnen war. Und aus Sicht meines in gewissem Maße überwachungssüchtigen Vaters waren zumindest meine männlichen Bekannten überaus verdächtig. Kontakte innerhalb und außerhalb der Familie wurden uns Kindern je nach Kriegslage verboten, und weil ich oft nicht wusste, wem ich noch trauen und mich anvertrauen sollte, setzte ich all mein Zutrauen lieber in die gedruckte Weisheit und Würde aller Bücher, die ich las, um meiner Welt eine bessere Fiktion gegenüberzustellen. Ich habe sehr viel gelesen, glaube aber, das meiste nach und nach wieder zu vergessen. Und ich kann es somit nur mehr eingeschränkt als Kompliment betrachten, wenn Leute mich auch heute immer wieder loben: »Ach, wie wunderbar, Frau Paul, Sie sind ja so gebildet!« Denn sobald sich meine Eltern bloß darüber beschwerten, ich sei von Kindheit an die geborene Tagträumerin gewesen, hatten sie in der Tat den Nagel auf den Kopf getroffen.

Denn ja, vermutlich habe ich mich ihnen sehr nahe gefühlt, diesen Kriegsversehrten und Selbstmördern, diesen Liebeskranken und Einsamen, diesen Suchenden und Frommen der Literaturgeschichte. Und manchmal habe ich allen Ernstes mit meinen tragischen Helden gesprochen und ihnen ins Jenseits entgegen gerufen: »Wie schade, ihr habt nicht auf mich gewartet!«

Selbstverständlich ahnten meine Eltern nicht, dass auf diese Weise Todessehnsucht und Selbstmordgedanken ebenso wie die aufmüpfigen Wünsche, einfach wegzulaufen und ein neues Leben zu beginnen, bald meine widersprüchlichen Begleiter wurden.

Als ich vierzehn war, hoffte ich sehr, dass sich mit sechzehn alles ändern würde, und als ich sechzehn war, sehnte ich mich nach der Volljährigkeit und wusste doch genau, dass dies erst ein kleiner Schritt hinein in die Welt wäre. Aber ahnte ich überhaupt schon, wohin? Ich lüge, wenn ich sage, ich sei mit sechzehn tatsächlich sechzehn Jahre alt gewesen. Denn biologisch mochte das stimmen, aber nicht, wenn es mein Innerstes betraf. Als viele meiner Altersgenossinnen sich mit Schminke und gefärbten Haaren älter und reifer machten, wünschte ich mir nichts sehnlicher, als ungezwungen Kind sein zu können, solange mir es noch vergönnt war. Zugleich war ich alt und gram, faltig und geschunden, an meiner Seele längst verwundet, kindlicher Reinheit längst beraubt.

Nichts könnte dies wohl besser illustrieren als meine wechselnden Berufswünsche, da ich nicht nur Biologin oder Agrarwissenschaftlerin, sondern auch Medizinerin werden wollte, vom Wunsch zu helfen und der eigenen Hilfsbedürftigkeit gleichermaßen beseelt. Dass ich mich schließlich für Psychologie und Philosophie immatrikulierte, war ebenfalls kein Zufall.

Die Geschichte, die andere über mich erzählen mögen, ist also nicht die, die ich selbst als meine Geschichte bezeichne. Sie ist lediglich ein Teil davon. Ich glaube, sie ist der bessere Teil, der fröhliche und helle.

Was all das also richtig schwierig macht ist schlichtweg, dass ich meinerseits das Bild der anderen nicht nur in Schwarz oder Weiß zu malen habe. Denn wie einfach wäre es allezeit für mich gewesen, dem Elend ohne Zögern den Rücken zu kehren, wenn ich in der Gewissheit hätte leben können, dass immer alles, was meine Eltern taten, an sich schon zu verachten war! In Wahrheit ist das Leben oft ein Verwirrspiel oder Labyrinth, in dem auch noch die Bösen als Geschöpfe Gottes eine Seele und ein Menschenrecht auf Liebe haben, während selbst die Guten der Erlösung bedürfen. Und niemand werfe den ersten Stein. So geht es wohl gerade auch der kleinen Maria.

Antwort@alle
gesendet am: 26/05/2009 um 0:05
von: mariadelmar

Gestern hat meine mutter angefangen zu heulen wegen dem geld, das ihr fehlen wird, wenn wir mein kind versorgen müssen. Sie macht mir immer ein schlechtes gewissen, weil ich angeblich so gemein bin zu ihr. Ich ziehe sie ja auch mit in meinen sumpf hinein, findet sie, aber das stimmt nicht. Sie macht mich schlecht, nur weil ich dann mein kindergeld selbst bekommen würde, um für ihr enkelkind zu sorgen. Ich finde also nicht, dass ich sie da mit rein ziehe, im gegenteil! Ich würde auch nichts von seinen eltern nehmen, weil ich mir blöd vorkäme. Ich würde gerne schon arbeit suchen, obwohl ich nicht einmal mein fachabi fertig habe. Aber schwanger stellt mich eh keiner ein, nicht einmal als hilfskraft in der bäckerei! Dabei brauchen meine mutter und ich wirklich dringend geld, das sehe ich ja ein. Nur tut meine mutter leider so, als ob ich voll die faule kuh wäre und meinen zustand genieße! Sie hat auch gesagt, dass es ja gar nicht geplant war, mein kind. Also hat es ja dann kein schönes leben, denn geliebt wird es auch nicht. Ja, vielen dank! Ich bin auch ungeplant und ungewollt gewesen. Für mich sind planen und lieben trotzdem zwei paar stiefel. Ich freue mich irgendwie über die schwangerschaft, das kann ich gar nicht ändern. Und dann ist es auch alles andere als »ungewollt«, wenn ich bald mutter sein werde.

Antwort@mariadelmar
gesendet am: 26/05/2009 um 11:02
von: rosenstolz0808

Hallo, Liebes! Du hast ja eine heftige Geschichte! Aber wie willst du in Zukunft deiner Mutter gegenübertreten, wenn du nur ihretwegen dein Kind ermordest? Wie sie sich in Krisensituationen verhält, erfährst du ja jetzt, und ich fürchte, sie wird dir demnach auch nicht helfen, mit der seelischen Krise nach einer Abtreibung klar zu kommen. Ihr Druck auf dich wird sich solange nicht beseitigen lassen, bis du deinen eigenen Weg gehst. Und du willst doch jetzt nicht, dass deine Mutter sich im Recht fühlt, oder? Nein, das willst du nicht! Du bist stark und das schaffst du auch mit der Hilfe von Freunden und sozialen Einrichtungen. Du bist stark und du beweist mehr Courage, wenn du dem Druck deiner Mutter und deines Freundes widerstehst, als wenn du jetzt nachgibst! Du bist nicht allein. Wenn du es erst 'mal Freunden, Lehrern und staatlichen Ämtern erzählst, dass du ein Kind erwartest, wirst du sehen, wer alles für dich da ist! Einer hat 'nen Kinderwagen, der nächste Strampler, ein anderer ein Bettchen usw. Für Mütter ist in unserem Land doch gut gesorgt und viele werden dich bewundern und zu dir stehen, auch wenn es nicht deine sogenannte Mutter sein wird. Deinen Freund lasse ich jetzt mehr oder weniger außen vor, weil er wie die meisten Männer ebenfalls dazu stehen wird, wenn er weiß, dass du dich für dein Kind entscheidest und glücklich damit bist. Das ist nämlich der springende Punkt: DU entscheidest, denn es ist DEIN Kind und es ist DEIN Körper! Niemand sagt, dass es einfach wird, aber du willst dein Kind, auch wenn der Weg holprig wird! Dass der Weg sich lohnt, das weißt du spätestens dann, wenn du das Kleine in den Armen hältst! Bitte, halte durch! ☺

Mittwoch, 27.5.2009

Zu meiner großen Überraschung habe ich heute Morgen Post meiner Eltern über die Firma erhalten, die zum ersten Mal seit drei Jahren über unsere belanglosen Lageberichte hinausgeht. Da ich für meine alte Wohnung bewusst keinen Nachsendeantrag gestellt habe und die Briefe meiner Eltern zurück gesandt werden mussten, hat mein Vater einfach einen Anruf in meiner ehemaligen Abteilung getätigt. Nur zwei Tage später hat sich offenbar auch meine Mutter unabhängig von ihm an meinem früheren Arbeitsplatz gemeldet.

Ein kurzes Schreiben darüber liegt nun auf meinem Schreibtisch mit dem Hinweis, mein Vater wolle sich nun wieder einmal eine Urlaubsreise gönnen und dies für ein Wiedersehen mit mir nutzen, falls ich Zeit hätte, ihn im August nach Griechenland zu begleiten. Glücklicherweise hat niemand eine Auskunft über meinen derzeitigen Verbleib gegeben. Stattdessen wurde mein Vater höflich gebeten, Briefe auch in Zukunft ins Büro zu senden. Man würde sie dann selbstverständlich weiterleiten, sagte ihm die Sekretärin. Und ich hoffe sehr, dass auf diese Weise nun mein Zustand insgesamt geheim geblieben ist. Falls Johannes davon erfahren haben sollte, dass Papa sich gemeldet hat, hat es ihm hoffentlich weh getan, mit Väterlichkeit und meiner Person zugleich konfrontiert zu werden. Denn vielleicht hatte mein Vater sogar ihn persönlich an den Apparat bekommen, bevor die Vorzimmerdame das Telefonat übernahm? Da hätten sich wohl zwei verwandte Seelen gefunden. Genau wie mein Vater ist nämlich auch Johannes in seiner Familie der jüngste Bruder in großem Abstand zu allen älteren Geschwistern. Und oft erinnerte er mich in seinem Kampfgeist und in seiner ständigen Angst vor Benachteiligung sowohl an Papa als auch an meinen eigenen Bruder Alexander. Johannes sieht Neid, der nicht da ist, und im Prinzip ist er verzogen und merkt es nicht einmal selbst. Jede Frau ist für ihn Mutter, jeder Mann ist Konkurrenz, Karriere und Führungsmacht stimulieren seine Glücksgefühle. Das fordert Gehorsam von denen, die man liebt, doch keinen Gehorsam aus Liebe.

Mit meiner Mutter und ihren Bitten, sie doch wieder einmal zu besuchen und ihr von mir zu berichten, ist das selbstverständlich etwas anderes und dennoch ganz genauso traurig, weil es ein Fehler wäre, nun verfrüht auf solche Angebote einzugehen. Oft genug haben meine beiden Geschwister und ich schon zwischen meinem vierzehnten und zwanzigsten Lebensjahr betrübt davon gesprochen, wie gerne unsere Eltern mehr Persönliches von uns Kindern erzählt bekommen hätten; aber wir verstanden immer weniger, wozu, weil die Momente des Friedens niemals lange währten.

Wenn ich während des Studiums nach Hause kam – was vor allem mein Vater wollte – fragte ich mich sogar, worüber ich mit ihm überhaupt noch reden sollte, wenn das aus meiner Sicht Entscheidende zumeist nicht richtig interessierte. Sobald Marianne, Alexander und ich beim Frühstück etwas besprechen wollten, was uns als Heranwachsende tatsächlich betraf oder betroffen machte, dann hieß es allzu häufig: »Seid still, ich lese jetzt die Zeitung!« Und manchmal drehte Papa abweisend das Radio lauter, als seien ihm die Nachrichten aus Politik und Wirtschaft wichtiger als Kinder, die er selbst gezeugt hat.

Niemals werde ich darüber hinaus vergessen, wie mein Vater meinen Bruder Alexander, als wir noch jünger waren, oftmals so sehr geprügelt und mit Füßen getreten hat, dass ich dachte, er schlüge ihn tot. Und obwohl mein Vater bis zuletzt alles bagatellisierte oder abstritt, wusste er doch sehr genau, wovon ich spreche; und wie sollte man da liebevoll miteinander umgehen und seine intimsten Geheimnisse preisgeben?

Dabei ist unser eigentliches Problem, dass Papa und Mama außer ihren Kindern eben beide keine Menschen haben, die ihnen sonst wirklich nahe stehen.

Vor allem als es in meinem zwölften Lebensjahr zu ihrer endgültigen Scheidung kam, wurden wir beinahe zwischen den Fronten zerrieben, weil beide uns für sich vereinnahmten, mit Gerichtsterminen drohten und uns wechselseitig vorwarfen, wir stünden ja entweder nur auf Seiten meines Vaters oder seien – wie Papa wörtlich sagte – ja schon genauso beknackt wie unsere Mutter.

Das größte Rätsel blieb für mich die Frage, inwiefern unsere Eltern also jemals von sich aus daran gedacht hatten, irgendwann gemeinsamen Nachwuchs zu haben. Denn meine naive Vorstellung, dass Heiraten und Schwangerwerden beinahe Synonyme waren, schien sich mit wachsender Erfahrung immer weniger zu bestätigen.

Obwohl sie bei ihrem ersten Treffen beide fast dreißig Jahre alt waren und mein Vater längst ein kleines Haus besaß, das mit seinen schmalen aber zahlreichen Zimmern und dem Garten offenbar nur auf Familienzuwachs wartete, beteuerte meine Mutter oft genug, wie sehr ihr ja die schreienden Kinder und hysterischen Mütter im Dienst als Krankenschwester schon mit Anfang zwanzig die Lust auf eigenen Kindersegen verdorben hätten. Von den gesundheitlichen und kosmetischen Risiken von Schwangerschaft und Geburt, die meine Mutter für ihren schlanken Körper erwartete, einmal ganz zu schweigen?

Während für viele junge Frauen ihre Kinder Rettungsanker in der Einsamkeit oder eine willkommene Alternative zu einem anstrengenden Berufsleben oder drohender Arbeitslosigkeit sein mögen, sahen meine Eltern sie in ihrer Jugend eher als einen

Fluch für ihr lockeres Leben. Ein Leben ohne Früher und Später sollte es werden, ganz im Jetzt verhaftet, oft nur für den Moment gelebt, mehr Schein als Sein, ein Dasein, um zu genießen, je nach Belieben. Erst später wandelte sich ihre Auffassung dahingehend, dass Kinder zum eigenständigen Lebenskonzept wurden, das außerberufliche Selbstverwirklichung versprach. Doch auch das geschah alles andere als freiwillig.

Immer wieder sah ich mich deshalb bis in meine Pubertät hinein mit dem indirekten Vorwurf meiner Mutter konfrontiert, dass sie meinen Vater nie im Leben geheiratet hätte, wenn sie nicht mit mir schwanger gewesen wäre. Und während ich mich heftig gegen dieses Stigma zur Wehr setzte, machte ich mir in Stunden der Angst und des Versagens doch genau diese Vorwürfe zu eigen. Den Begriff der Selbstsucht, der lange Zeit meine Selbstwahrnehmung negativ prägte, habe ich beispielsweise keineswegs selbst für mich gewählt. Er stammte ursprünglich von Mama.

Meinem Erachten nach viel zu früh hat meine Mutter mich zudem viel eher wie ihre Freundin und Vertraute behandelt als in mir ihre Tochter zu erziehen. Viel zu früh musste ich die Bürde tragen, von ihren zahlreichen Liebschaften zu wissen und davon, warum. Viel zu früh hat sie mir gegenüber von den intimsten Details ihrer Beziehung zu meinem Vater gesprochen und sich über ihr unerfülltes Sexualleben beschwert.

Heute würde es sie zu Tränen rühren, wenn sie wüsste, dass ich jetzt in ihrem Schatten stehe.

Den bislang letzten Kontakt zu ihr hatte ich am zweiten Maisonntag zum Muttertag, als ich ihr eine flüchtige Karte mit Rosen und Herzen schrieb, freundlich, aber nicht unbedingt voller Liebe. Vor allen Dingen vermied ich es, ihr überhaupt den kleinsten Hinweis darauf zu geben, dass wir bald schon etwas gemeinsam haben würden, woran sie bisher wohl nicht einmal zu denken wagte. Sie war die Mutter und ich war das Kind, aber bald könnte sie Großmutter meines Kindes sein. Natürlich fürchte ich, dass sie das aus der Fassung bringt. Nicht zuletzt würde ihre neue Rolle als Oma sie an das Altwerden erinnern, das sie hasst und dem sie bislang mit allen erreichbaren Kosmetika und Fitnesstrainings die Stirn bietet. Senioren, das waren in ihren Augen immer die anderen, doch bestimmt nie sie selbst, und wenn sie in den letzten Jahren ab und an nach Liebesbeziehungen suchte, interessierten sie Männer, die oft sogar einige Jahre jünger waren.

In meiner Jugend ist es somit niemals Verachtung doch sehr wohl Sehnsucht nach mehr Sicherheit und Frieden gewesen, wenn ich nie von meiner Seite aus den Wunsch nach kostspieligen Auslandsreisen oder teuren Restaurantbesuchen mit den Eltern geäußert und die freie Zeit viel lieber mit den Freunden verbracht habe. Ich wollte eben immer mehr mich selbst erkunden als die fremden Länder. Ich dachte, das sei meine wichtigste Aufgabe in diesem brüchigen und oft bedrohten Leben, wichtiger als Wellnesskuren und Luxushotels an sonnenverwöhnten Stränden.

Heimlich befürchte ich ein bisschen, wenn es auch nicht sonderlich rational klingen mag, dass sowohl mein Vater als auch meine Mutter oder Johannes mein Kind in ihrer aufbrausenden oder bisweilen auch herrschsüchtigen Art verletzen könnten, wenn es zur Welt käme und Kontakt mit ihnen hätte.

Ironischer Weise weckt gerade diese Furcht bei mir trotz all meiner eigenen Ablehnung einen Schutzinstinkt und Muttergefühle. In der Tat würde ich sogar Schadenfreude empfinden, meinem Vater und Johannes mit meiner Schwangerschaft gleichermaßen einen gehörigen Schock zu versetzen. Da wäre das Kind eine Chance, den Gewalttätern selbst unheilbare Wunden zuzufügen. In meinem Kind würden sie beizeiten die eigenen

Schwächen und die Menschen erkennen, die sie in ihrer Stärke unterdrücken. Aber darf ich mein Kind bloß meinetwegen instrumentalisieren?

Für seine Unternehmungen sollte sich mein Vater jedenfalls zukünftig angemessene Begleitung bestellen. Leute eben, die in etwa in seinem Alter sind und das Rentnerleben besser teilen können als wir Kinder, die er und Mama nicht mit Freunden oder Partnern verwechseln dürfen.

Ich habe nun sehr viel geschrieben für einen Abend, aber kaum das, was ich mir in meinem durchgedrehten Kopf zu schreiben wünschte. Dennoch ist es alles, was ich momentan sagen kann, um mir selbst zurück ans Licht zu helfen.

Antwort@JeannedArc
gesendet am: 27/05/2009 um 13:18
von: TimeOfYourLife

Mal an alle, die hier schreiben, was die Userin zu tun und zu lassen hat: das geht so einfach nicht! Ob Abtreibung »Mord« ist, entscheidet schließlich jeder selbst. Es ist absolut unverständlich wie hier einer Frau gesagt wird: tue es nicht! Habt ihr noch alle Tassen im Schrank? Es ist ihre alleinige Entscheidung und somit auch ihre alleinige Verantwortung! Man darf keiner Frau aufschwatzen: Ja oder Nein! Das ist absolut verantwortungslos. Hätte ich damals, als ich noch als Arzthelferin in einer gynäkologischen Praxis tätig war, Frauen so belabert und die wären im Nachhinein nicht mehr klar gekommen mit ihrem

Leben, dann wären mein Chef und ich die Blöden gewesen! Kapiert ihr denn nicht, dass, egal wie alt Maria sein mag, eine Entscheidung IMMER von der Betroffenen selbst getragen werden muss? Nicht ihr seid diejenigen, die mit allen Konsequenzen leben müssen, sondern nur die Schwangere! Ich finde es anmaßend und überaus gefährlich, was ihr schreibt! Letzten Endes hat NIEMAND, vor allem jedoch kein Mitglied hier im Forum, das Recht, einem anderen Menschen zu sagen, was richtig oder falsch für ihn ist! Maria del Mar muss ganz allein ihre Risiken und Chancen bedenken, auch wenn sie erst 17 Jahre alt ist. Sie muss sich fragen, ob sie Mama sein kann und möchte, oder ob sie besser mit einer Abtreibung lebt, also eben ohne ein Kind! Ihre Zukunft und ihr Körper gehören ihr ganz allein, keinem Schreiber hier im Forum!

Liebe Maria del Mar, ich wünsche Dir ganz viel Kraft, Dich gegen all die Beeinflusser hier und zu Hause durchzusetzen! Sei stark!

Antwort@TimeOfYourLife
gesendet am: 27/05/2009 um 14:36
von: lolita123

Sag mal, bei dir ist doch irgendwas falsch gelaufen! Wie kannst du in ein öffentliches Forum zum freien Meinungsaustausch gehen und dich dann so aufregen, dass hier nicht von allen gesagt wird:

»Oh, na, das ist aber schade, wir hoffen alle für dich, dass du dein blödes Kind grausam töten kannst!«??? 😐 Sag mal, bist du so bescheuert oder tust du nur so? Auch meiner Meinung nach gilt, dass Abtreibung Mord IST, denn was da im Bauch wächst, ist UNSCHULDIGES LEBEN.
Und bei Abtreibung wird nicht nur irgendein diffuses Gewebe entfernt, sondern werden dem KIND die Füße und Arme ausgerissen und der Kopf abgehackt. Auch der Gesetzgeber in Deutschland sieht ja vor, alles Mögliche zu unternehmen, um die Kinder im Mutterleib zu schützen und ihnen möglichst EINE EXISTENZ zu ermöglichen, nicht umgekehrt! Aber nein, schmeiß' weg den Scheiß. Hauptsache, dir geht's gut, nicht wahr???

Antwort@lolita123
gesendet am: 27/05/2009 um 15:26
von: TimeOfYourLife

Ach, aber dieser Schwachsinn, den beispielsweise Jeanne d'Arc und Rosenstolz da von sich geben, gefällt Dir, oder wie? Soweit ich das sehe, haben sie zu diesem Thema noch nichts wirklich Hilfreiches von sich gegeben! Man merkt einfach stark, dass sich hier vor allem Gegner einer Abtreibung tummeln, als wären wir auf der Website des Vatikans.

Ich bin übrigens auch ungewollt schwanger. Es wird das vierte Kind und ich bin allein erziehend. Weiß auch noch nicht, ob ich es bekomme. Ich finde eure Kommentare jedenfalls absolut nicht sinnvoll, viele sogar manipulativ und allzu rührselig. Natürlich kann man so an die Gefühle von Frauen appellieren und sie umstimmen. Sie sagen sich dann, dass sie das ihrem Kind nicht antun wollen, und dass sie erst im Gespräch mit euch merken, wie schlimm eine Abtreibung eigentlich ist. Prima, aber es beendet nicht gerade den inneren Konflikt einer Schwangeren um ihr eigenes Wohlergehen! Das führt wohl eher dazu, dass aus der ungewollten Schwangerschaft ein ungewolltes Kind wird. Und ist das wirklich besser?

Donnerstag, 28.5.2009

Die Schreibhefte, die ich erst vor Kurzem gekauft habe, sind längst voll, weil ich jeden Tag bis spät in die Nacht oder schon am frühen Morgen zum Kugelschreiber gegriffen habe, so voller Gedanken ist mein Kopf und so voller Emotionen mein Herz. Auf altem Druckpapier, auf Werbezetteln und auf neuen Karoblöcken schreibe ich weiter und hoffe, dass ich irgendwann auch Gelegenheit finde, all das nochmals in Ruhe zu lesen. Ich habe den Überblick längst verloren, wie im richtigen Leben. Und es mag sein, dass ich manches schon zum dritten oder vierten Mal notiere, aber auch das schadet nicht.

In den vergangenen Tagen habe ich alle Schuldgefühle ebenso wie meinen Hass und meine egoistischen Skrupel überaus erfolgreich in eifriger Arbeit ertränkt.

Mein erster Übersetzungsauftrag ist fertig geworden, wenn auch mehr schlecht als recht. Ich musste ein Angebot für den Bau einer Industrieanlage in Indien erstellen, genauer gesagt für die Pharmaindustrie. Ob die wohl auch Verhütungsmittel herstellen? Nun, so detailliert wollte das Andreas offenbar selbst nicht wissen, mit dem ich alles per Telefon abschließend besprochen habe. Zum Glück ist seine Firma mit meiner Arbeit zufrieden. Und zum Glück war Andreas mir gegenüber taktvoll genug, sich auch diesmal nicht weiter nach meinem Privatleben zu erkundigen. Das wäre für mich katastrophal gewesen.

Heute nämlich habe ich entschlossen, dieser Therapeutin, zu der Johannes immer geht, ebenfalls einen Brief über mich und meine Lage zu senden, damit sie ihm vielleicht in sein Gewissen redet. Bestimmt ist das niederträchtig von mir, aber ich möchte auf jeden Fall verhindern, dass diese Frau sich auf die

Seite von Johannes schlägt und ihm im schlimmsten Falle auch noch dazu rät, mit mir kein Wort mehr zu reden. Vielleicht ist das nun meine allerletzte Chance, ihn noch umzustimmen und sein Mitgefühl mit mir zu wecken? Immerhin ist anzunehmen, dass Johannes ihr als Erster gebeichtet hat, was er an mir verbrochen hat, und ich nehme an, dass er ihren Rat befolgen möchte. Es macht mich wütend, wenn ich daran denke, dass die Therapeutin möglicherweise selbst eine ledige Karrierefrau ist, die Kinder nur als Störung empfindet. Und vielleicht hat sie sogar selbst schon abgetrieben? Warum sollte sich unter den vielen toten Kindern jeden Tag nicht auch eines von ihr finden? Schließlich quält mich die Vorstellung, dass Johannes gut und gerne auch mit ihr Sex hätte haben können, und dass die Therapeutin sogar mit hoher Wahrscheinlichkeit die einzige Frau in seinem Leben ist, der er wirklich die Wahrheit über sich offenbart.

Da ich selbst nicht in der Lage gewesen wäre den Brief anständig und ohne Beleidigungen zu formulieren, habe ich Franziska gebeten, mir zu helfen. Nur unterschrieben habe ich ihn und eigenhändig den Umschlag beschriftet, den Franziska heute Nachmittag persönlich in der Praxis abgeben wird, wofür ich ihr unendlich dankbar bin.

So habe ich wenigstens das tröstliche Gefühl, nicht faul und untätig gewesen zu sein und mich wenigstens ein bisschen für mein Kind einzusetzen. Ich brauche mir selbst gegenüber einfach ein Alibi.

Die Frauen im Forum jedenfalls reden immer noch täglich auf die arme Maria ein, aber mich nervt es, je länger ich es lese.

»Zu nachlässig, um eine Schwangerschaft rechtzeitig zu entdecken!«, wird ferner einer knapp Einundzwanzigjährigen vorgehalten, die bereits einmal in sträflich spätem Stadium ihr Ungeborenes vernichten ließ, weit weg in Amsterdam, wo man notfalls deutsche Gründlichkeit und Ordnung in den Kliniken umgehen kann. Und ich fühle mich ertappt und in meinem Masochismus befriedigt, als man eine längst verheiratete Frau, die glaubt, dass sie ihr drittes Kind in sieben Jahren des Geldes wegen nicht mehr zur Welt bringen sollte, anklagend fragt: »Warum benutzt du kein Kondom?« Kondome habe ich auch nicht benutzt, doch aus ganz eigenen Gründen. Immerhin hatte ich weder mit der Schwangerschaft noch mit dem Geschlechtsverkehr zuvor gerechnet. Das unterscheidet mich wohl von den vielen, die eher antworten würden: »Wir verhüten nicht, weil es beim Sex stört!« Sofort entlädt sich da alle Wut der Internetcommunity in der dreifachen Zahl an Wortmeldungen wöchentlich.

Maria und ich, wir benötigen jedoch spürbare Veränderung und greifbare Hilfe, nicht endlosen, selbstgefälligen Ethikunterricht. Davon habe ich mir selbst genug erteilt, als ich noch jung war und dachte, dass es in jedem Menschen das Gute gibt, das darauf wartet, von mir entdeckt zu werden. Der Idealismus ist gestorben, zumindest für mich. Und bitterer Sarkasmus steigt in mir auf, wenn ich schwelgend darauf zurückschaue, wie mein Leben nach 2005 zunächst recht erfolgreich verlaufen ist.

Mittlerweile hatte ich ja mein Studium beendet und von meinem Professor persönlich eine erste Anstellung vermittelt bekommen, für die ich ihm von Herzen dankte, auch wenn ich bald schon eine fremde, harte Welt der Überstunden und der Zertifizierungsprogramme kennen lernen sollte.

Vor allem die Konferenzen außer Haus nahmen öfter selbst die Wochenenden in Anspruch, die von den ledigen Mitarbeitern zu großzügigen Wellnessaufenthalten in guten Hotels der schönsten Landstriche Deutschlands und Österreichs ausgebaut wurden. Natürlich machte man das All-inclusive-Angebot dann steuerlich geltend. Nicht unbedingt stellte das das Umfeld dar, auf das ich mich gefreut hatte, aber es war besser als die Arbeitslosigkeit und vor allem ein weiterer Meilenstein meiner Lebensreise zu mir selbst, ein weiteres Experimentierlabor für meine Sinnfragen. Woher wollte ich voreilig die kleinbürgerliche Gewissheit nehmen, dass Glück nicht ausgerechnet unter den selbstsicheren Akademikern zu finden war?

Also gab ich mir große Mühe, meine Arbeit mit Fleiß und Gewissenhaftigkeit anzugehen und allen Kollegen mit Respekt und ehrlicher Aufmerksamkeit zu begegnen. Meinen vergleichsweise jungen Abteilungsleiter Johannes schien ich damit jedoch in keiner Weise zu beeindrucken, der mich wahlweise wie Luft oder wie den berühmten letzten Dreck behandelte. Immer mehr sah ich eine besondere Herausforderung darin, herauszufinden, was ich in seinen Augen falsch machte, da ich merkte, dass es nicht an der beruflichen Leistung selbst, sondern an meinen Umgangsformen und meinem Auftreten ihm gegenüber liegen musste.

Meine Annahme, dass er Frauen als Kolleginnen generell nicht akzeptieren konnte, wurde schnell dadurch widerlegt, dass außer mir auch die Sekretärin Julia und die Personalchefin Charlotte regelmäßig Kontakt mit ihm hatten und dabei stets mit ausgewählter Höflichkeit versehen wurden. Selbst die beiden Praktikantinnen hatten mit Johannes überhaupt keine Probleme und schwärmten hinter seinem Rücken sogar von ihm, als sei er mindestens Brad Pitt.

Ich gab zu, dass er groß und schlank und sportlich war, aber jeden Tag begegneten mir in Bus und Bahn bestimmt noch schönere Männer als er, die ihn zudem charakterlich bei Weitem übertrafen.

Als ich meiner ewig mannstollen Freundin Franziska von Johannes erzählte, spekulierte sie natürlich darauf, dass er schwul sein müsse und deshalb kein Interesse an mir habe, obwohl ich nicht gesagt hatte, dass ich mir das überhaupt wünschte. Natürlich waren seine bösen Kommentare über mein Aussehen und seine Spekulationen über meine früheren Beziehungen zeitweilig arg verdächtig, was ich ihm auch sofort sagte; aber ich wollte ihn im Unterschied zu Franziska gewiss nicht nötigen, mir seine erotischen Fantasien zu beichten.

»Ich finde einfach nur das Arbeitsklima mit ihm absolut unmöglich und komme mir vor wie in der Schule, wo wir früher ständig Cliquenkriege und Mobbing zu ertragen hatten«, verteidigte ich mich. Franziska allerdings hatte sich längst eine feste Meinung gebildet: »Du bist harmoniesüchtig, Liebes, das war schon immer dein Problem. Ignoriere ihn einfach oder schlage zurück, wenn er dich schlägt, was willst du sonst machen?«

Des Widerspenstigen Zähmung sollte sich folglich wesentlich komplizierter gestalten als ich vielleicht gedacht hatte. Und je mehr Johannes sich unsympathisch und herrisch zeigte, desto mehr wunderte ich mich, warum ich überhaupt noch Lust darauf hatte, mich mit ihm auseinanderzusetzen. Seine abweisende Art rief allerdings ständig Gedanken an meine Familie und hier vor allem an Vater und Bruder in mir wach, und ich hatte Mitleid, als ich sah, dass er sich damit nicht bloß an die Spitze des Erfolgs drängte, sondern zunehmend die Bodenhaftung und den Rückhalt der Kollegen verlor. Weil ich von Christian gelernt hatte, welche Kraft in der Barmherzigkeit liegen konnte, und weil ich mit mir selbst noch die Rechnung offen hatte, dem Mann, den ich nicht hatte bekommen können, in anderer Weise nachzueifern, konnte mich schließlich auch Johannes nicht mehr abschrecken und aus der Fassung bringen. Und bei allem, was er an bösen Bemerkungen in seinen geschäftlichen E-Mails äußerte, begann ich zwischen den Zeilen zu lesen.

Eines Tages kam ich dahinter, dass Johannes Problem mit Menschen in der Tat kein Geschlechterproblem an sich als vielmehr ein Autoritätskonflikt sein musste, den ich ausgerechnet in meiner ausgewählten Freundlichkeit provoziert hatte, die furchtlos und keineswegs so unterwürfig wie die Bewunderung Charlottes oder Julias ihm gegenüber gewesen war.

Erst dadurch, dass ich zunehmend zu Kundengesprächen und Außenterminen eingeladen wurde, konnte ich allmählich beobachten, wie häufig sich Johannes in die Enge gedrängt fühlte und daraufhin rechthaberisch und hinterlistig reagierte, während er gehorsamen Untergebenen und vermeintlich Schwächeren gegenüber von geradezu hinreißender Großzügigkeit sein konnte. Da wunderte ich mich nicht, dass dazu nicht zuletzt teure Weihnachtsgeschenke für die Büroangestellten und Reinigungskräfte zählten. Und weil ich stattdessen nur irgendeinen Blumentopf bekam, war ich sicher, dass man Johannes Verhalten im Grunde für die typische Neurose eines ehrgeizigen Geschäftsmannes halten konnte. Dabei war ich nicht einmal Betriebswirtschaftlerin und hätte ihm seinen Posten höchstens in seinen finsteren Managerfantasien streitig machen können.

Aber das sei nun einmal dahin gestellt. Seine Abneigung gegen mich war für mich Fakt und provozierte meinen sozialen Missionseifer.

Der größte Streit, in den Johannes in meiner Zeit in der Firma aus eigener Schuld verwickelt war, ereignete sich schließlich im Sommer 2008, als wir die jährliche Firmenfeier in Verbindung mit einem Tag der offenen Tür in unseren Büros, den Ateliers unserer Graphiker und einer benachbarten Druckerei planten. Es gab Unstimmigkeiten über die Verfasser der Grußworte, den Ort der Eröffnungsrede, den zu beauftragenden Cateringservice und schließlich auch um den Namen der ganzen Veranstaltung. Johannes und der PR-Leiter der Druckerei, Herr Schuster, schrieben sich tagelang bitterböse Briefe darüber, wer wem die Ideen gestohlen und als seine eigenen ausgegeben habe, bis auch ich irgendwann um meine bescheidene Meinung gefragt werden sollte und damit natürlich den Streit stiftenden Apfel des Paris zu vergeben hatte.

Wohl wissend um die verfahrene Lage bemühte ich mich eine Woche lang, einem endgültigen Urteil aus dem Wege zu gehen, woraufhin ich allerdings wenig versöhnliche Antworten von Johannes bekam, der gerade erst so richtig in Kampfeslaune zu kommen schien, sobald ich Herrn Schuster als Freund unseres Unternehmens zu gewinnen wünschte.

In seiner Nachricht vom 20. Juli 2008, die ich noch irgendwo im Ordner »Büro« meines privaten E-Mail-Accounts gespeichert habe, hieß es kurz und bündig:

»Liebe Catharina, danke für die Mail. Wenn die Konkurrenz meint, wir würden abkupfern, mag das ihre Einschätzung sein. Böswillig könnte man das als einen Beleg dafür ansehen, dass sie an Überheblichkeit und Vereinnahmung leidet. Aber – sei's drum – Durchzug. Wir haben am 29. Juli ein Treffen mit der Druckerei, wo es um gemeinsame Veranstaltungen im kommenden Winterhalbjahr gehen wird. Ich sehe im Übrigen keinen weiteren Handlungsbedarf. Wir schimpfen nicht über sie, aber ich denke Gesprächsbedarf besteht sehr von ihrer Seite, denn in ihrer destruktiven Haltung uns gegenüber schaden sie ja am Ende nur sich selbst, und das wäre schade. Sei mir nicht böse, wenn ich die Sache so klar auf den Punkt bringe, aber bei mir hat sich in den letzten Jahren diesbezüglich eine gewisse Müdigkeit eingestellt. Natürlich hast du mich neugierig gemacht, welche absurden Ansichten über mich und unser Tun kursieren: das würde ich nun doch gerne mal wissen. Betriebswirtschaftliche und menschli-

che Differenzen bestehen nun mal. Dass wir uns so sehr darüber ärgern, ist eher ein Beleg, wie nah wir uns eigentlich schon gekommen sind. Ich freue mich auf eine Aufklärung. Liebe Grüße, Johannes.«

Wenn ich es allein auf Johannes Wohlwollen angelegt hätte, dann wäre es mir ein Leichtes gewesen, ihm jede Menge Steilvorlagen für weitere Lästereien zu liefern und mich mit ihm gegen Schuster & Co. zu verbünden. Doch gerade für den folgenden Tag hatte ich eine sehr wichtige Besprechung mit unserem gemeinsamen Chef und einer eher schwierigen Dame aus der Marketing-Abteilung der Druckerei vor mir. Da wollte ich nichts falsch machen müssen, was sich durchaus vermeiden ließ.

Also schrieb ich Johannes eine E-Mail, die ich ebenfalls nicht von meiner offiziellen Geschäftsadresse aus versandte, sondern bewusst als catharina.paul@web.de auf seinen Rechner schickte:

»Lieber Johannes, ich habe versucht, Charlotte anzurufen, sie aber noch nicht erreicht. Insgesamt hoffe ich einfach nur, dass sich die Sache klären lässt, denn es wäre schade, unserer Veranstaltung wegen! Irgendwie habe ich gerade ein ganz negatives Déjà-vu-Erlebnis und frage mich, ob dies hier nur ein typischer Fall menschlichen Missverständnisses allgemein oder eben ein ganz typischer Fall deiner außerordentlichen Hartnäckigkeit ist. Natürlich stehen auf der einen Seite vielleicht die alten Vorurteile zwischen den beteiligten Firmen dahinter; doch andererseits ist es sicherlich ein aktuelles Kommunikationsproblem, an dem du – ohne es zu wollen – nicht unschuldig bist. Um ehrlich zu sein, ist es nicht der beste Stil, Herrn Schusters mit derart hitziger Tastatur verfasste E-Mail an Dritte weiterzuleiten. Mit Charlotte hättest du auf jeden Fall darüber reden sollen, zumal sie schon im Vorfeld keine Mühe scheute, die verschiedenen Interessen miteinander zu versöhnen. Doch andere Mitarbeiter geht ein Privat-

konflikt zwischen euch einfach nichts an. Und ich fürchte sogar, dass du uns damit vielleicht in den Augen der Druckerei und unserer eigenen Kunden eher schadest. Für mich ist es wirklich zu viel verlangt hier nun eine vermittelnde Position einzunehmen. Schade nur, wenn wir dafür die gesamte Veranstaltung opfern müssten, obwohl ich deinen Zorn auf Herrn Schusters unangemessenen Tonfall sehr gut verstehe. Was also hätte im Vorfeld – wieder einmal – besser laufen müssen? Ich hoffe sehr, dass du es nicht als übereilte Kritik an deiner Person auffassen wirst, wenn ich dich offen frage: Mag es sein, dass deine Umgangsform – wie ich das bei Herrn Schuster und zuvor auch aus Charlottes Äußerungen herausgelesen habe – ebenfalls nicht immer so einfühlsam war, wie das nötig gewesen wäre? Damit, lieber Johannes, will ich dir keinesfalls unterstellen, dir fehle der gute Wille oder gar der Eifer – da darfst du gern Herrn Schuster fragen, was ich ihm Lobendes über dich gesagt habe! Aber ich weiß aus eigener Erfahrung, dass es nicht immer leicht ist, mit dir ein ernstes Gespräch zu führen. Und deshalb habe ich auch Charlotte geraten, hartnäckig zu bleiben, wenn ihre E-Mails und Telefonate von dir nicht rechtzeitig beantwortet werden. Sehr oft beweist du ein großes Talent darin, so vieles gleichzeitig zu tun und zu bedenken, dass man selbst sich gar nicht mehr richtig wahrgenommen fühlt. Ich selbst kenne dich gewiss gut genug, um dich deswegen nicht zu verurteilen; aber auf andere Leute kann das verletzend und überheblich wirken. Auch deshalb habe ich dir neulich vorsichtig angedeutet, dass du dich nicht so überarbeiten solltest. Das schwächt nicht nur die körperlichen Kräfte, sondern auch die Konzentration. Ganz unabhängig davon, wie dein Innenleben aussieht und was an Missgunst der anderen mitschwingen mag, entspricht eine solche »Außenwahrnehmung« leider tatsächlich manchmal dem, was viele Kunden mir von Anfang an über dich mitgeteilt haben. Und nicht immer weiß ich, was ich zu deiner Verteidigung vorbringen sollte.

Alles in allem glaube ich nicht, dass wir uns einen Zacken aus der Krone brechen, wenn wir uns einmal zurückhaltend und zuvorkommend zeigen, anstatt wild unsere angeblichen Rechte und unsere vorgebliche Ehre zu verteidigen. Sobald ich von Charlotte einen Kommentar habe, was genau Herr Schuster in den falschen Hals bekommen hat, lasse ich es dich wissen und werde vor allem auch alle beide inständig bitten, jeweils noch einmal unter vier oder sechs Augen mit dir zu sprechen, damit die Betriebsfeier nun wie ausgemacht im Rahmen unseres Tages der Offenen Tür stattfinden kann. Bis morgen herzliche Grüße, deine Catharina.«

Natürlich hatte ich nicht erwartet, dass das irgendetwas ändern würde. Und nach den ersten rechtfertigenden Nachrichten, die Johannes noch in der gleichen Nacht an Charlotte und mich versandte, sah es erst recht nicht mehr danach aus, dass er sich eines Besseren besinnen würde. Alles in ihm strotzte nur so von verletztem Stolz und Eitelkeit, so dass ich gar nicht einmal wirklich sicher war, ob er meine Botschaft überhaupt schon gelesen, geschweige denn verstanden hatte. Doch was gesagt werden musste, wollte ich nicht für mich behalten haben. Gegen drei Uhr morgens ging noch einmal eine Mail in meinem Postfach ein, die eben so knapp wie überwältigend war:

»Liebe Catharina,« schrieb Johannes jetzt, *»hab Dank für deine Mail. Sie trifft mich ins Herz und ich werde – das verspreche ich dir – sehr ernsthaft darüber nachdenken. Danke für deine Unterstützung – ich brauche sie wohl im Augenblick sehr!«*

Und zum allerersten Mal in unserer Zusammenarbeit unterschrieb er mit »dein Johannes«. Ich ahnte an diesem Abend nicht, dass all meine Bitten, sich mehr auf Mitarbeiter und Kunden einzulassen, damit wohl letzten Endes ebenso zwecklos oder vollkommen überflüssig waren, wie jetzt vergebens auf ein gutes Wort von ihm zu unserem Kind zu warten. Am Tag darauf, da kam er ja. Und nichts mehr war wie früher.

Antwort@mariadelmar
gesendet am: 29/05/2009 um 7:31
von: sonnenblume1985

Hallo! Habe Deine Beiträge gelesen und verstehe, wie schwer Dir die Entscheidung fällt. Ich habe gerade das erste Mal abgetrieben, aus rein medizinischen Gründen. Ich war in der 13. SSW, als meine FA anrief und meinte: »Sie müssen kommen und ihr Kind abtreiben!« Meine Tochter wäre schwer behindert gewesen, sowohl körperlich, als auch geistig, da mein damaliger Freund eine zu 99 % erblich übertragbare Genschädigung hatte, von der wir jedoch anfangs gar nichts wussten. ☹

Die Chance stand nur 1 %, dass unser Kind gesund zur Welt gekommen wäre, zu 99 % aber musste das Mädchen behindert werden. Und das war mir das Risiko nicht wert! Ich bereue meine Entscheidung nicht, aber es bleibt schade, dass es Frauen allgemein so schwer gemacht wird, GESUNDE Kinder, die ungewollt sind, zur Welt zu bringen und abzugeben.

Politisch hat sich da bestimmt vieles verbessert durch die »Babyklappen« und die Möglichkeit der »anonymen Geburt«, aber gesellschaftlich sind Frauen doch geächtet, wenn alle sie mit dickem

Bauch sehen ... und dann ist da nach 9 Monaten plötzlich kein Kind mehr! ☹ Das veraltete Mutterbild ist der Grund dafür, würde ich sagen. Das spukt immer noch durch die Köpfe. Vielleicht kannst Du ja dennoch über eine Adoption nachdenken?

Antwort@sonnenblume1985
gesendet am: 29/05/2009 um 12:25
von: lolita123

Hallo, ihr alle! Ich verstehe das Problem, das hier diskutiert wird, auch sehr gut, weil ich vor Jahren ebenfalls überlegen musste, meinen Sohn abzutreiben. Allerdings nicht aus sozialen Gründen, sondern weil er ebenfalls einer hohen Erkrankungsgefahr ausgesetzt war. Es wurde während der Schwangerschaft festgestellt, dass ich Toxoplasmose hatte. Damals wusste ich noch nicht mal was das ist, weil ich erst 19 war.

Mein Sohn würde höchstwahrscheinlich behindert zur Welt kommen, sagten sie mir. Natürlich habe ich Rotz und Wasser geheult. Der Arzt und ich einigten uns dann jedoch erst einmal auf diverse Antibiotika. Bei der nächsten Fruchtwasseruntersuchung sollte sich dann zeigen, ob mein Kind betroffen wäre. Ich hatte heillosen Schiss vor dem Ergebnis, das kann ich euch allen sagen! Ich hatte mich viel informiert, was einem Kind bei Toxoplasmose so passieren kann. Denn das ist eine auf den Menschen übertragbare Tierseuche, die von Hauskatzen verbreitet wird.

Bei ungeborenen Kindern kann das Missbildungen, offenen Rücken und so 'was alles verursachen. Es war ein Horrormonat, aber ich wollte, dass mein Kind lebt! Im Grunde war ich total geschockt, dass es überhaupt noch so spät möglich wäre, eine Abtreibung vorzunehmen. Mein Arzt aber sagte, ich könne es bei medizinischer Indikation jeder Zeit tun, d. h. wenn mir die Begleitung und Pflege eines kranken Kindes, das wohl frühzeitig sterben würde, zu belastend wäre! Eigentlich schrecklich, dachte ich mir.

Ich habe daher im Vertrauen eine Hebamme befragt, die sagte, dass da – gegen gutes Geld – auch gerne mal betrogen werde bei der Tötung ungeborener Kinder. Sie hat erzählt, dass ein behindertes und spät abgetriebenes Kind, das dennoch lebend den Mutterleib verlässt, noch vor dem ersten Atemzug mit der Hand vor dem Mund erstickt wird. Damit will man der Mutter die Qual ersparen, ihr Kind noch schreien zu hören, denn eigentlich sollte es ja längst für immer schweigen. Da passieren wohl viele Dinge, von denen wir lieber nichts wissen wollen, wenn wir so locker von Abtreibungen reden, als seien es Zahnarztbesuche: unangenehm, aber Routine! 😐

Jetzt ist mein Sohn schon sechs Jahre alt und wird bald sieben. Er ist ein fröhliches Kind und ich bin froh, dass ich nicht auf pessimistische Mediziner gehört habe. Natürlich ist er etwas in seiner Entwicklung zurückgeblieben und konnte daher nicht mit den Gleichaltrigen eingeschult werden. Bei ihm dauert es nur ein wenig länger, seine biologische Uhr tickt anders, seine Lebenszeit läuft anders ab.

Trotzdem regt es mich auf, wenn man dann ab und zu so abfällig von der Seite angeschaut wird, vor allem von anderen Eltern. Viele Leute, die so toll daher reden von guter Erziehung und Liebe wissen nicht, welchem Druck man da als Mutter unterliegt, wenn das Kind leider nicht der Norm entspricht. Da ist man gleich eine Versagerin und niemand sieht die vielen Kinder, die gar nicht erst geboren worden sind. Ich finde also, dass Geldprobleme oder Streit mit den Eltern wirklich Nebensächlichkeiten sind.

Freitag, 29.5.2009

Am mittlerweile sechzigsten Tag meiner Schwangerschaft mache ich gegen neunzehn Uhr endlich Feierabend. Das Kind in meinem Bauch und ich hocken gemütlich auf dem Sofa und ich drehe die Stereoanlage auf. Meditationsmusik mit Naturklängen zur Senkung der Herzfrequenz habe ich ausgesucht, aber ich zögere im letzten Moment, meine Kopfhörer tatsächlich auf meinen Bauch zu halten, nur weil einige stylische Mütter so etwas zur pränatalen Früherziehung im Internet vorschlagen. Wenn ich mich recht entsinne, dann ist der Lärm im Mutterleib selbst ohne Headset groß genug und meinem Baby reicht es aus, mein Mutterherz schlagen zu hören. Fast könnte man neidisch werden, denn Geborgenheit ist das, was mir heute fehlt.

Wie schon an manchem Abend zuvor bin ich ganz alleine in der unaufgeräumten und noch keineswegs gemütlichen Wohnung. Die Tage zähle ich rückwärts. Ich bin wie gelähmt und schließe die Augen und möchte unsichtbar werden können.

Mein Blut pocht in den Adern und ich fühle blind nur noch mehr, dass ich dem Schicksal nicht entrinnen werde.

Lolita hat im Forum geschrieben, dass sie vor einem viel schlimmeren Hintergrund als ich über Abtreibung nachdenken musste und es dennoch nicht tat. Ich bewundere sie, aber ich beharre innerlich gleichzeitig auf meinem Recht, schwach zu sein und nicht die Kraft einer Heldin zu haben. Die Töne dringen mir durch alle Glieder und ich merke besonders, was für ein elender Haufen ich geworden bin, passiv und fast schon tot, willenlos, gedankenlos, hoffnungslos leer. Mein Baby müsste fast schon Mitleid mit mir haben und wissen, dass ich seine Geburt wohl sowieso nicht überleben würde. Ich stelle mir bildlich vor, wie es wäre, tatsächlich im Kreißsaal zu verbluten. Dann wäre die Welt mich los, ich müsste mich selbst nicht mehr ertragen, aber mein Kind wäre ebenso einsam und ein Leben lang geschädigt.

Früher, das kenne ich aus Volksliedern nur zu gut, haben sich schwangere Frauen oft samt ihrer Kinder ertränkt. Zum Glück ist man am See bei uns niemals allein, und in meiner Wohnung gibt es nicht einmal eine Badewanne. Noch einmal drehe ich die Musik lauter und hoffe, dass die Saxophone und Trompeten meine ganze Verzweiflung einfach aus meinem Kopf blasen. Stattdessen fühle ich mich immer beklemmter, bis ich aufspringe und die Lautsprecher abschalte. Ich sitze am Fenster und merke erst jetzt, dass es in Strömen regnet.

Gerne hätte ich Besuch und Unterhaltung, doch Franziska trifft heute Abend ihren Bruder und seine Lebenspartnerin, die immer noch nicht verheiratet sind, was sie schlimm findet.

Wenn sie überhaupt einen Mann für länger als ein Jahr hätte haben können, dann wäre sie längst mit ihm auf das Standesamt gegangen. Franziska leidet sehr unter ihrer Einsamkeit. Und früher hat sie oft beneidet, wie viele Verehrer ich um mich scharte, als wir uns im Studium angefreundet haben. Genutzt hat es mir wenig, muss ich sagen, doch Franziska lässt mich wissen, sie glaube nicht an Vorsehung oder göttliche Strafen. Manchmal lacht Franziska, weil ich offenbar mit minimalem Einsatz den maximalen Erfolg erzielt habe, von dem sie nur träumen kann: endlich schwanger!

Nachdem sie es verpasst hat, in ihren ersten beiden und noch vergleichsweise stabilen Beziehungen zu Karl und Felix auf Verhütungsmittel zu verzichten und sich mit ihren Partnern für Nachwuchs zu entscheiden, bereut sie es mittlerweile nicht wenigstens eine allein erziehende Mutter sein zu dürfen, so wie ich.

Damals jedenfalls, als sie mich vor dem Hörsaal plötzlich nach dem Namen fragte, waren wir beide im dritten Semester und zusammen in ein Seminar bei Frau Prof. Dr. Hilber, der Sozialpädagogin, eingeschrieben. Franziska spezialisierte sich auf Sonderpädagogik und wollte gern von Anfang an in einem integrativen Kindergarten arbeiten. In ihrer mitreißenden Art voller Sarkasmus und Beobachtungsgabe war sie gar nicht auf meiner ruhigen Wellenlänge, doch auch für sie stand hinter ihrer Wahl der Studienfächer viel mehr als wissenschaftliches Interesse oder sture Karriereplanung. Das war vom ersten Augenblick an unsere übersinnliche Verbindung.

Franziska wurde für mich eine enge Verbündete, mit der ich mich ebenso heftig streiten wie auch herzlich versöhnen konnte und mit der ich als Einzige meine Vergangenheit schamlos teilen durfte, die ebenso wie ihre Pubertät von Beziehungsangst und Kampf gegen die verlogene Moral der Eltern dominiert war. Vor allem konnte ich mich mit ihr vertrauensvoll und eingehend über Liebe und Sexualität unterhalten, wie mir das mit den übrigen Studentinnen meines Jahrgangs kaum noch gelang, seit ich mich in der Schulzeit innerlich stark zurückgezogen und mehr auf die Familie und das Lernen als auf Männer konzentriert hatte. Franziska akzeptierte es trotz ihrer ganz anderen Lebenserfahrung von Anfang an, gleichberechtigt mit einer Frau zu diskutieren, die mit Anfang zwanzig noch immer Jungfrau war und zu den intimen Themen, die nach den Parties und Semesterferien auf der Tagesordnung standen, kaum mehr als eine theoretische Meinung äußern konnte, über die die Erfahrenen oft lachten. Ein wenig ironisch mag es klingen, dass gerade ich nun wie die letzte Schlampe mit einem unehelichen Kind und obendrein ohne Partner dasitze, obwohl ich die längste Zeit meiner dreißig Lebensjahre alle Abenteuer gemieden habe.

All das aber, was ich früher gerne mit meiner jüngeren Schwester besprochen hätte, jedoch nie besprechen konnte, weil sie Franziska zwar in ihren Einstellungen sehr ähnlich, aber mir räumlich und emotional immer entfremdeter wurde, konnte ich seither mit Franziska bereden, die leidenschaftlich flirtete und über sämtliche Kuppelsendungen und Partnerbörsen Bescheid wusste.

Selbst das häufige Problem, uns gegenseitig mit unseren Liebhabern eifersüchtig zu machen, stand zwischen Franziska und mir niemals im Raum. Wir interessierten uns nicht einmal für dieselben Typen.

Dabei hatte Franziska Rückgrat und gesunden Humor und sehnte sich auf ihren eigenen Wegen nach der gleichen Erfüllung, der gleichen dauerhaften Befriedigung und sogar einem Familienleben, was wir zusammenfassend und scherzhaft gerne unseren »ultimativen Kick« nannten. Weil ich jedoch niemandem traute und Franzi ihrerseits Angst hatte, dass niemand ihr trauen würde, ergänzten wir uns auf allen Ebenen.

Erst mit siebenundzwanzig, als der Vater bereits mit über achtzig Jahren verstorben war, wagte sich Franziska damals nach jahrelanger Tätigkeit als Bankkauffrau überhaupt an die Uni, um sich einen lange unterdrückten Lebenstraum zu erfüllen. Ich wusste vor allem, wie sehr die Furcht vor schwerer Krankheit seit jeher als ein Schatten über ihrer Familie lag, weil ihr Vater von Geburt an gehbehindert gewesen war und seit der Hitlerjugend alle nur erdenklichen Repressalien erduldet hatte. Sobald er in einer späten Ehe mit Franziskas geschiedener Mutter sein spätes Glück fand, wuchs Franziska als einzige gemeinsame Tochter zwar in unangefochtener Fürsorge auf, litt aber genau wie ich unter der schwierigen Vergangenheit der Eltern.

»Wenn damals, als mein Vater geboren wurde, die Pränataldiagnostik auf dem heutigen Stand gewesen wäre, dann weiß niemand, ob seine Eltern das Risiko eingegangen wären. Hitler wollte solche Leute sowieso nicht, und schon gar nicht, dass sie sich fortpflanzen«, überlegte sie oft und litt als Jugendliche unendlich unter der Vorstellung, auch einmal vor den Augen ihrer lebensfrohen Clique im Rollstuhl sitzen zu müssen, weil sie gar nicht so sehr das Laufen selbst vermisst hätte, sondern die Anerkennung und Liebe derer, die sich generell von Behinderten abwenden.

»Durch ihre Holocaust-Vergleiche sind ja im vergangenen Jahr ein paar Bischöfe der katholischen Kirche heftig in die Kritik geraten. Und natürlich ist es gefährlich, Opfer gegen Opfer aufzuwägen und Menschenleben abzuzählen. Doch ich denke, die zentrale Anfrage, die die düstersten Jahre unserer deutschen Geschichte an uns stellen, betrifft uns auch heute. Wenn damals in geplanten Mordaktionen ihrer eigenen Regierung und letztlich ihrer eigenen Mitbürger viele Schwache und Senile einen Staat erlebten, der in seinen Gesetzen eben nicht mehr dem sozialen Frieden und dem Schutze aller diente, dann müssen wir immer wieder überprüfen, wo wir uns vielleicht ebenfalls den Belangen einiger weniger Starker leichtfertig unterwerfen.«

Am Ende des Hitler-Regimes jedenfalls wurde die Gruppe der Profiteure immer geringer, das wissen Franziska und ich aus unseren eigenen Familien. Und nur wenigen Familien ging es dank Hitler wirklich besser, schon gar nicht denen, die eine abweichende politische Meinung oder religiöse Überzeugung verteidigten. »Warum wissen wir das alles und leben doch manchmal so, als sei es einfach nur vergangen, im schlimmsten Falle nie geschehen?«, fragt Franziska gerne und schüttelt den Kopf. Man kann sich in der Tat darauf berufen, damals sei alles unvergleichlich schlimm gewesen und sich mit seinen vergleichsweise kleinen Sünden immer noch gut dabei fühlen, da hatte sie den Nagel auf den Kopf getroffen. Und heute berühren diese Gedanken zu allem Übel auch noch meine offenen blutenden Wunden.

Wenn Franziska selbst nichts weiter geschieht, bis sie vierzig ist, hat sie Glück gehabt, sagen die Ärzte, doch Franziska kann das selten beruhigen. Es geht ihr ums Prinzip und darum, wie wir in unserer Gesellschaft miteinander leben. Und ganz tief in ihrem Herzen beschäftigt sie auch weiterhin die existentielle Sorge, ob man trotz schwerer Krankheit noch einen Mann und Kinder würde haben können, wohingegen so viele gesunde Frauen absichtlich keine Kinder mehr gebären. Ist es rechtmäßig, die Entscheidung darüber allein Ärzten und Müttern zu überlassen, wenn wir gleichzeitig Mütter, die ihre Kinder nach der Geburt quälen und vernachlässigen, mit Gefängnis und Psychiatrie bestrafen?

In ihren traurigen Momenten ist Franziska sich nicht immer sicher, ob es gut war, dass ihre Eltern sie eben nicht von der Eizelle bis hin zum unförmigen Fötus ausgesucht und ausgewählt hatten; denn bestimmt hätte aus den Zellen ihrer eigenen Eltern auch etwas Besseres entstehen können als sie. Doch gerade deshalb ging sie niemals leichtfertig und herablassend mit anderen Menschen ins Gericht.

Als ich ihr vor wenigen Wochen schamlos und aufgeregt von meiner neuen Lage erzählte, zögerte sie ja nicht lange, mir Hilfe und Beistand anzubieten und zum Schluss sogar von einem Tag auf den anderen meinen Umzug zu organisieren. Und dennoch lag ihr sofort die Frage auf den Lippen:

»Wie ist das jetzt bei Dir? Wie wäre es vor allem, wenn du wüsstest, dass dein Kind unheilbar krank ist? Hast du dein Baby denn gescannt?«

Ich wusste darauf zunächst keine gute Antwort. Viel eher dachte ich selbst zurück an all die fruchtlosen Diskussionen, die ich sogar vor Jahren mit Peter über Leben und Tod geführt hatte, und die selbst ihn und mich, zwei körperlich Gesunde, innerlich voneinander trennten. Schließlich verdrehte ich nur die Augen und ließ mich tiefer in das Sofakissen sinken, bevor ich meiner Freundin mit einem gequälten Stöhnen erwiderte:

»Scanning heißt das nicht, Franziska, sondern Screening, und da sieht man ja nur äußerliche Missbildungen. In der sechzehnten Schwangerschaftswoche kann die werdende Mutter sicherlich einen Bluttest machen lassen, um auf verdächtige Werte zu achten, die bei den Kindern Entwicklungsstörungen erahnen lassen. Allerdings ist dieser Test nicht unumstritten, da er nur zu fünfundsiebzig Prozent zuverlässige Aussagen ermöglicht. Daher übernehmen die Krankenkassen die Kosten für diese diagnostische Früherkennung bis heute nicht. Ich habe von Anfang an darauf verzichtet. Denn ich bin froh, dass ich nicht weiß, wie es wirklich um die Erbanlagen meines Kindes bestellt ist. Die Schwangerschaft belastet mich an sich schon genug, und ich weiß nicht, ob ich überhaupt ein Kind möchte. Was sollte ich da Ansprüche stellen? Zur Heilung des Kindes an sich könnte das sowieso nicht beitragen, höchstens zu seiner Tötung. Man kann sich nur dafür entscheiden, nach der Geburt das Bestmögliche zu tun, oder aber, die Geburt gleich zu verhindern. Und entweder will ich mein Kind ganz oder gar nicht. Mein Nachdenken über eine Abtreibung beeinflusst eine Behinderung eigentlich nicht. Das Leben mit Kind ist so oder so anstrengend, also mache ich mir die Überlegungen nicht unnötig schwer.«

Letzten Endes hätte ich es pervers gefunden, zu meinem Kind zu sagen: »Du bist nicht gut genug für mich!« Wenn ich schon abtreiben will, dann sage ich eher: »Ich bin nicht gut genug für dich. Wir passen nicht zusammen. Erspare es uns beiden, miteinander zu scheitern!«

Dabei kann und will ich gar nicht ignorieren, dass auch nach liberalem deutschen Recht ein soeben erst gezeugtes Kind vielfach unverbrüchlich staatsbürgerliche Rechte besitzt. Die wenigsten Leute wissen wohl, dass auch ein Ungeborenes laut Bürgerlichem Gesetzbuch bereits erbfähig ist. Das hat mir einmal eine

Jurastudentin erklärt, weil sie darüber eine Seminararbeit schrieb. Sehr spannend fand ich da, dass das Kind im Juristenlatein ein »Nasciturus« ist, was sich mit »noch zu Gebärender« oder »Geborenwerdender« übersetzt. Sehr würdevoll hörte sich das für meine Ohren an. Und ehrfürchtiger klingt es allemal als »Leibesfrucht« oder manch anderer biologischer Begriff, der bloß an Apfelernte erinnert, nicht an etwas, das lebt.

Ich streiche jetzt vorsichtig unter dem Pulli über den Bauch und bin dankbar, dass niemand beobachten kann, wie widersprüchlich ich mich ab und zu verhalte. Franziska schweigt immer verständnisvoll, wenn sie das sieht; so schwieg sie schon am ersten Abend, als ich ihr die Wahrheit sagte und trotzdem zeigte, dass es außer rationaler Argumente auch viel Zärtlichkeit in meiner Seele gibt.

Denn eigentlich weiß ich genau wie Franziska, was richtig ist. Zum Glück verurteilt sie mich nicht, wenn ich das Falsche tue. Franziska redet nicht auf mich ein wie es die anderen tun und fragt mich nicht, ob nun endlich meine Entscheidung gefallen ist. Sie redet mit mir, aber sicherlich nicht über meinen Kopf hinweg, zumal die Zeit doch immer gegen mich, aber für mein Baby, laufen wird. Und wenn es darauf ankommt, dann verstehen wir uns ohne Worte.

»Du siehst dein Baby als deinen Feind«, flüsterte sie bei unserem letzten Treffen vorsichtig und streichelte meine Hand. »Aber in Wirklichkeit ist es ein völlig schutzloser kleiner Mensch. Er braucht jetzt dringend die Solidarität seiner Mutter. Klar hat das Baby dich nicht gefragt, so stürmisch wie Kinder sind. Aber es hat das alles nicht böse gemeint. Es war eine stürmische Liebeserklärung an dich.« Dann lächelte sie verschmitzt, obwohl sie tief im Herzen sicherlich böse auf mich sein musste. »Du verlierst viel, aber später bist du die Beschenkte«, ist Franziska überzeugt.

»Wenn dein Kind kommt und dir seine Schätze schenkt, wirst du sehen, was ich damit meine. Es schenkt dir seine Schneckenhäuser und einen Gänseblumenstrauß. Ohne dein Kind würdest du nie zum Kinderfasching gehen und dabei Spaß haben können. Ohne dein Kind gäbe es keine Räuberhöhle im Kleiderschrank. Und ohne dein Kind kämen dir kein Zwerghase und kein toter Frosch ins Haus. Doch ohne dein Kind könntest du niemals fühlen, wie glücklich ein anderer Mensch nur deinetwegen ist.« Wer will sich gegen eine solche Liebeserklärung sperren? Ich!?

Antwort@JeannedArc
gesendet am: 30/05/2009 um 09:18
von: mariadelmar

Hallo, Jeanne d'Arc, hallo an alle! Gestern abend hat mein freund mir zum ersten mal geschrieben, dass er das kleine (er sagt es sieht aus wie ein meerschweinchen) und mich liebt, und dass er hofft, dass seine mutter sich vielleicht doch freut. Dann steht unserem glück eigentlich nichts mehr im wege. Denn sein herz sagt schon ja zu dem kind. Nur sein kopf sagt eben derzeit noch nein.

Wenn er es seiner mutter beichtet, bekommt er hoffentlich eine gute hilfe. Ich habe es wenigstens schon meiner besten freundin erzählt, aber er noch keinem. Dann ist es schon besser, wenn er es auch jemandem erzählen kann. Seine eltern sind nur etwas altmodisch und wollen, dass man heiratet, wenn man schon kinder zusammen bekommt. Das ist jetzt für mich nicht so das problem. Wäre sogar ganz schön. Ich möchte auf jeden fall ein weißes kleid. Aber das hat ja noch zeit.

Meine mutter hat jedoch gleich ganz böse nachgefragt, ob wir dann heiraten wollen, denn für sie wäre das schlimm. Es würde sie total ärgern, denn dann wäre mein leben aus ihrer sicht komplett im arsch. Es gibt nichts dümmeres als verheiratete frauen mit kind, vor allem dann, wenn die auch noch unter 20 sind. Schrecklich! Ganz furchtbar! Das ist für uns alle jetzt der weltuntergang!

Samstag, 30.5.2009

Der Freund von Maria del Mar scheint ein ziemlicher Feigling zu sein. Sonst würde er endlich einmal klare Aussagen treffen, anstatt seine Freundin mit seinem Schweigen und seiner Unentschiedenheit zusätzlich zu belasten. Seine schnulzigen Liebeserklärungen sind Windhauch und kommen im Übrigen zu spät. Das Baby ist darüber hinaus kein Haustier, das man nach der Geburt bequem in einen Käfig sperrt. Solche Vergleiche ärgern mich.

Da fiele es mir leicht, böse Bemerkungen über Männer allgemein zu machen, aber das verkneife ich mir. Schließlich gibt es auch Männer, die anders sind. Leider sind mir davon noch nicht allzu viele begegnet. Jetzt bin ich schon dreißig und vielleicht zu alt, um einen davon zu finden, geschweige denn für mich zu gewinnen. Doch Maria hätte noch Chancen, wenn sie mutig wäre und sich von ihrem unreifen Liebhaber trennen würde. Dabei verstehe ich sie ja. Denn als ich in ihrem Alter war, dachte ich auch, man müsse Opfer bringen, solange bis man die Menschen um sich herum emotional in die Knie zwingt.

An dieser Stelle muss ich also endlich von meiner ersten innigen Beziehung zu Beginn meines Studiums berichten, obwohl sie sicherlich in vielerlei Hinsicht ein befristetes und unverbindliches Ausprobieren für Peter und mich gewesen ist.

Er war Medizinstudent im sechsten Semester, etwas älter als ich, und oft körperlich krank und melancholisch, weshalb ich mich fragte, ob er deshalb Arzt werden wollte oder ob ihn erst im Studium selbst seine vielen eingebildeten Wehwehchen befallen hatten. Abgesehen davon fand ich es spannend, mich mit einem Mann zu unterhalten, der im späteren Berufsleben viele Menschenleben retten wollte, weil ich selbst nie den Mut aufgebracht hatte mich beispielsweise auf klinische Psychologie zu spezialisieren.

Bei einem Stadtrundgang mit der grünen Hochschulgruppe zur Naturerkundung und Ökologie an urbanen Plätzen lernten wir uns flüchtig kennen und trafen uns danach immer wieder ungezwungen im Freundeskreis zu einem abendlichen Kaffee oder Bier, jedes Mal verbunden mit langen Gesprächen über afrikanische Kunst und alternatives Kino, wofür wir uns als junge Weltverbesserer alle brennend interessierten. Peter saß zunächst selten an meiner Seite und nicht einmal häufig mir gegenüber, weil es Johanna und Elisabeth, zwei meiner einsamen Jahrgangskolleginnen, waren, die es längst auf den Herrn Doktor abgesehen hatten. Immerhin konnte man mit ihm über die Schnittpunkte unserer Wissenschaften fachsimpeln und alle Klagen über das Gesundheitssystem diskutieren. Obwohl Peter der Mehrheit der Frauen etwas zu klein und schmächtig erschien, hatte er in der Tat ein selbstbewusstes Auftreten und ruhige braune Augen, die Ehrlichkeit versprachen und merkwürdig faszinierten.

Mit zwei Frauen zu seiner Rechten und Linken, die alles daran setzten ihn einmal ganz alleine zu sich in die Wohnheime einzuladen, blieb Peter rund vier Monate so gut bedient, dass wir beide nicht im Traum daran gedacht hätten, einander näher zu kommen.

Erst als sowohl Johanna wie auch Elisabeth Peter nacheinander abservierten, weil sie ihm schließlich fehlende Romantik vorwarfen, begann ich, die nüchterne Skeptikerin in unseren Reihen, gerade deshalb mich mehr als bisher für ihn zu erwärmen. Wir gingen zwei bis drei Mal pro Woche mit Freunden aus, hielten beim Einkaufen Händchen und küssten uns auf dem Campus auf die Wangen, schliefen aber nie zusammen.

Wenn man als Studentin von knapp fünfhundert Euro im Monat lebt, dann hat man keine großen Ansprüche, auch nicht in der Liebe. Und was wäre damals gewesen, wenn ich nicht von Johannes, sondern von Peter schwanger geworden wäre? Wäre diese Studentenliebe stark genug gewesen? Ich muss an all die Mädchen denken, die enttäuscht werden von Männern, die sie für die Liebe ihres Lebens halten. Aber die Männer sagen dann: »Wir sind doch noch nicht bereit für ein Kind. Wir kennen uns noch nicht gut genug um diesen Schritt zu gehen«. Ein Jahr oder zwei genügen den meisten eben nicht als Basis, doch wer kann sagen, dass man sich nach zehn Jahren besser kennt?

Schon damals hätte ich als Schwangere gewiss vor meiner Familie Angst haben und fliehen müssen und zog es vor, lieber so lange wie möglich auf Geschlechtsverkehr zu verzichten. »Die erste Liebe heiratet man nie«, hatte meine Oma mütterlicherseits immer gesagt, und vermutlich hatte sie Recht. Ein Kind von Peter – könnte ich das heute also mehr lieben als mein Kind von Johannes? Oder lebte ich damals nur in Illusionen, die ebenfalls zerbrochen wären?

Was mich begeisterte, war vor allem Peters intakte Familie. Er hatte unglaublich nette Schwestern, die Familie verbrachte den Urlaub zu Hause mit Badminton und Grillen, alle waren glücklich, alle hatten eine Idealbiografie mit scheinbar unbeschwerter Jugend. Sie hatten ein schönes Haus mit großem Garten, wunderschöne alte Möbel, viele Blumen in allen Zimmern und freundliche Bilder an den Wänden. Da war ich froh, dass ich Peter um mich hatte, von dem ich wie von einem älteren Bruder immer etwas lernen konnte und der mich einlud, bei ihm zu Hause sein geordnetes Familienleben zu genießen, ohne allzu viel über mich selbst erzählen zu müssen. Ich dachte, das sei der ideale Weg, um mein eigenes Leben zu beginnen. Ganz besonders schloss ich schließlich Peters Mutter ins Herz, die immer für uns kochte, wenn wir am Wochenende zu ihr fuhren. Da konnte ich nicht eingestehen, wie anders es bei mir zu Hause zuging. Ich begnügte mich und schaute gar nicht erst hinter die Fassaden.

Trotzdem wäre ich im Studium sicher gewesen es mit einem Kind zu schaffen, denn ich sah die gute Meinung von Professoren, das Frauenreferat der Universität und den Uni-Kindergarten hinter mir. Außerdem hatte ich sogar heimlich die Adressen von Donum Vitae und ProFamilia in mein Adressbuch notiert. Je länger wir uns kannten, umso öfter wurden allerdings auch frühere Techtelmechtel und Peters Eifersucht auf meinen Freundeskreis ein Thema. Es beleidigte mich, wie abwertend er von anderen Männern sprach, von denen ich ihm teils stolz und teils gerührt berichtet hatte, als sei das alles bloß Zeitverschwendung für sie und mich gewesen. Wenn ich Peter wirklich etwas bedeutete, so dachte ich, dann hätte er mitfühlen und die Welt mit meinen Augen betrachten müssen.

Doch es zeigte sich bei Peter allzu deutlich, wie oft er seinerseits der vergeblich Werbende gewesen war und nun bei mir, der Nächstbesten, besonders darauf drängte auf seine Kosten zu kommen. Für Peter war der größte Anreiz unserer Beziehung, endlich einmal eine Frau zu haben, die er eher selbst würde enttäuschen können, als von ihr enttäuscht zu werden.

Liebe ex negativo, so würde ich es nennen, dass er mich fast routinemäßig mit Rosen und Ringen beschenkte, nach denen ich mich gar nicht sehnte, zumal ich irgendwann an der Aufrichtigkeit und Tiefe einer Liebe zweifelte, die sich bei ihm in derart materiellen Dingen äußerte – und leider auch erschöpfte? Alles Körperliche zwischen uns blieb an der Oberfläche, und obwohl ich deutliche Signale wahrnahm, dass Peter sehr wohl mit mir hätte schlafen wollen, kam es alleine deshalb nie dazu, weil er diese Wünsche weder offen äußerte noch wirklich Intimität in die Wege zu leiten vermochte, die auch mir gefallen hätte. Das klassische »Zu dir oder zu mir?« mussten wir also niemals ernstlich klären, und die Tipps meiner Freundinnen, mir rechtzeitig die Pille verschreiben zu lassen oder Kondome zu kaufen, extra stark für Anspruchsvolle, berührten uns beide wenig. Wenn Peter abends müde von der Universität nach Hause kam und wir zusammen ein kleines Abendessen kochten, ließ er mich lediglich durch seine Leidensmiene und die unverhohlenen Klagen über seine Rückenschmerzen wissen, dass er sich nach Zärtlichkeit und Berührung sehnte, aber so intelligent und verständig er als angehender Arzt von den Geschlechtsorganen und Nerven des Menschen referieren konnte, so wenig schien er die eigenen Gefühle artikulieren zu können.

Gewiss liebte er Partnerschaft und körperliche Nähe, aber er liebte nicht unbedingt mich als Erfüllungsgehilfin, was schließlich dazu führte, dass wir uns im zweiten Sommer unserer gemeinsamen Zeit an der Uni kühl und sachlich voneinander trennten.

»Um ehrlich zu sein, verstehe ich deine Methode, wie du mich gefunden hast, gerade deshalb nicht, weil sie mir zu strategisch klingt. Wieso war bei deinen Frauen vor mir absehbar, dass sie dich ablehnen würden?«, wollte ich in unserer letzten intimen Aussprache desillusioniert und müde wissen, während wir uns in unserem Lieblingscafé gegenüber saßen. »Ich würde meinen, damit machst du dich selbst ganz schön schlecht, oder nicht? Kann man sich gewissermaßen nach Plan den perfekten Partner auswählen und sich dann auch genauso problemlos in ihn verlieben? Das glaube ich nicht. Ich denke, das würde nämlich sehr starre Beziehungsvorstellungen voraussetzen, was mich erschreckt. Ich habe mich nie vor so einem kalkulierten Hintergrund verliebt und gerade auch das als Kennzeichen von echter Liebe wahrgenommen, dass man wider alle Vernunft in einem völlig fremden Menschen plötzlich sich selbst in einem ganz neuen Lichte erkennt. Ob das dann der Mann für immer ist, oder nicht, das zeigt sich wohl tatsächlich im Laufe der Zeit, ist aber nicht Ursache und Zweck meiner Gefühle; auch nicht meiner Gefühle für dich!«

Herausfordernd sah ich Peter damals in die Augen und hoffte auf eine zustimmende Reaktion, ein Nicken, ein Wort. Doch offenbar wusste Peter nicht, ob er meinem Elan und der weiblichen Schönfärberei in meinen Worten seinen Glauben schenken sollte. Also fuhr ich leise fort: »Ich liebe einen Menschen doch um seinetwillen, und nicht, weil ich mir vorher ausgerechnet habe, welche Chancen wir miteinander haben. Und worin, Peter, lag dann eigentlich dein Fehler oder worin liegt dann noch der Sinn unserer Beziehung zueinander? Ich würde in Liebesdingen nur sehr vorsichtig von Versagen oder vergeblicher Mühe reden, denn zumeist sind die Gefühle ja das Gegenteil. Sie sind große Geschenke – gerade auch dann, wenn Sehnsüchte unerfüllt bleiben müssen. Heißt es nicht die Liebe abwerten, wenn man seinen Liebeskummer und die Schmerzen im Nachhinein bereut? Heißt es nicht das Wesen der Liebe verkennen, wenn man sich einredet, dass man nicht irrational von ihr übermannt und aus der Bahn geworfen werden darf?«

Ganz offensichtlich blieb es Peter fremd, warum ich plötzlich so ins Grübeln geraten war. Und zwischen uns verstärkte sich das Gefühl der Distanz, als ginge es um Dritte aber gewiss nicht länger um uns selbst.

»Du hast mir mal vor einiger Zeit in einer Mail von deinem Ideal der unerfüllten Liebe erzählt, von einer Motte und einer Gaslaterne oder so ähnlich«, war Peters Antwort. »Alle Motten, die sofort auf das nahe Licht der Laterne zufliegen, verbrennen, aber die kleine Motte, die das Licht der Sterne liebt, fliegt jede Nacht in den weiten Himmel und überlebt, weil sie sich auf diese Weise nicht verbrennen kann und von dem wenigen Licht, das auf sie scheint, dann gefahrlos zehrt. Das empfinden vermutlich Menschen, die sich unbewusst in unerreichbare Menschen verlieben, noch am Anfang ihrer Liebe so. Aber nachdem mir mein Scheitern mit Christiane und vielen anderen jeder Idiot hätte voraussagen können und meine besten Freunde das auch taten, ist mir einigermaßen deutlich geworden, dass unerfüllte Liebe keine Bereicherung bedeutet, sondern bloß eine tagtägliche Bedrohung. Seither habe ich nie wieder einem Ideal hinterher gejagt, sondern bei jeder Begegnung mit attraktiven Frauen sicherheitshalber auch die anderen, weniger gut aussehenden Mädels in meiner Umgebung wahrgenommen; man weiß ja nie, wo man Chancen hätte. Denn auch wenn man selber nicht verliebt ist, dann ist es doch schön, dass man sich lieben lassen kann! Solange du in ernsthafter Liebe zu unerreichbaren Leuten entbrennst, ist das sicherlich nichts Schlechtes in sich, weil ja auch, wie du betonst, mentale Stärke daraus erwachsen kann. Schade wäre es bloß und den Verdacht habe ich bei vielen Frauen, wenn ihr deswegen Männer nicht zur Kenntnis nehmt, die vielleicht zu selten den Mund aufmachen. Aber gut, jetzt muss ich wirklich bald nach Hause gehen und 'was schaffen.«

Ich hatte immer noch nicht recht verstanden, was Peter mir damit überhaupt sagen wollte. Sehr traurig schob ich mein leeres Glas mit dem Strohhalm in die Mitte unseres Bistrotisches, stützte meine Ellenbogen auf, legte das Kinn auf die gefalteten Hände und senkte die Augen. Peter legte mir das Geld für Getränke und Bedienung auf das Tablett und erhob sich langsam. »Wusstest du eigentlich, dass es Leute gibt, die mich für fast vollständig humorlos halten?«, fragte er mit einer merkwürdig gereizten Stimme und wandte sich von mir ab. »Ich selbst sehe mich oft noch als der Klassenclown, aber gut möglich, dass die anderen Recht haben. Denke, bitte, wirklich einmal darüber nach, ob eine Meinung von außen nicht auch eine Anregung und Chance für dich sein kann, auch wenn sie dir gar nicht gefällt.« Diese Worte waren eindeutig und noch heute kann ich mich an jedes einzelne erinnern.

Wenn ich sie richtig verstanden hatte, dann riet Peter mir zu einer Verhaltenstherapie oder zumindest zu einem neuen Lebensstil, der mir jedoch langweilig und feige erschien. Ich weigerte mich beleidigt, weiter darauf einzugehen und betrachtete unsere Beziehung damit als beendet.

In der Nacht nach unserem Abschied ging ich erst um ein Uhr ins Bett und konnte trotzdem vor drei Uhr nicht eine Minute schlafen. Auch heute ergeht es mir ganz ähnlich. Meine Gedanken kreisen wieder einmal nur um tote Kinder, Abtreibung, Vergewaltigung, Ehebrüche, schlechten Sex und all so etwas. Da kann ich einfach keine Ruhe finden. Zwei Nächte lang hatte ich sogar auf einmal einen Traum, den ich vor mehr als zehn Jahren in der gleichen Weise träumte, nur damals ohne Johannes.

Diesmal kam er mit vor, als Opfer einer jugendlichen Schlägerbande mitten in der Großstadt. Irgendwie träumte ich da, dass ich mit Freunden auf Urlaub war, aber abends werden wir in einer stillen Seitenstraße überfallen und ausgeraubt. Alle werden verprügelt, die meisten jedoch können fliehen. Und Johannes hat sich sogar diesmal geschickt unter einem Auto versteckt. Ich aber werde von den bösen Männern umzingelt und kann nicht entkommen. Die bösen Männer fesseln mich und drohen mir an mich der Reihe nach zu vergewaltigen, weshalb ich ihnen mit letzter Kraft in die Finger beiße. Erst endlos spät kommt dann die Polizei, fängt eine Schießerei an und befreit mich, wobei ich fast von einer Kugel getroffen werde. Ich bin verwirrt, habe mein Geld und meinen Pass verloren, weiß meinen Namen nicht. Wo die anderen sind, das weiß ich auch nicht. Keiner von ihnen hat sich offenbar um mich gesorgt. Also nehmen die Polizisten mich mit auf ihr Revier, wo ich wenigstens sicher bin und einen Kaffee bekomme. Dann taucht ein Hund auf, der ganz lieb ist, aber eigentlich den bösen Männern gehört. Der will bei mir bleiben und ich bin froh, dass ich ihn habe und ihn streicheln kann, obwohl er sehr hässlich aussieht und einen viel zu großen Körper hat. Irgendwann bringen die Polizisten auch Johannes in das Wartezimmer. Sie haben ihn in einer indischen Fastfood-Bude aufgefunden, wo er stundenlang Reis mit Huhn gegessen hat, weil er nach dem Überfall solchen Hunger hatte. Offenbar hat er nicht einmal daran gedacht, Anzeige gegen die fiesen Verbrecher zu erstatten, die mich entführt hatten. Auch die anderen Freunde sind längst im Hotel gewesen und haben mich nicht vermisst oder die Sache einfach verdrängt. Jetzt wollen die Beamten von allen eine Zeugenaussage. Die bösen Männer sind alle verhaftet worden und werden uns am Schluss zur Gegenüberstellung vorgeführt. Sie fluchen und beschimpfen uns und drohen vor allem mir mit Rache. Wie der komische Traum endet, weiß ich leider nicht. Irgendwie wache ich immer vorher schweißgebadet auf, aber der Ort, die Straßen, die Menschen und das Polizeipräsidium waren in jeder Fassung dieses Traums bislang genau dieselben.

Vielleicht steckt daher nur eine simple psychologische Botschaft dahinter?

Sehr selbstgerecht fühle ich mich wohl zu gut für eine Männerwelt voller Gewalt und Laster, schlicht und einfach über all das erhaben, ewig jung, unschuldig, selig und jederzeit gewillt all das vor Angreifern und Ruhestörern zu bewahren. Ich möchte unwiderstehlich lieben und auch in schlechten Tagen dazu stehen. Ich wollte lieben – auch in Krankheit und Not und selbst im Schadensfall, das heißt mit ungewolltem Kind. Ich möchte nicht so reden wie meine Mutter oder so denken wie mein Vater und seine Eltern. Lieber sterbe ich mit Idealen als ohne Ideale zu leben, dachte ich zu meiner Zeit mit Peter, während ich mittlerweile bereit bin über Leichen zu gehen.

Ich stehe kurz davor, einen Mord zu begehen, weil ich es nicht ertrage, mein hart erkämpftes Leben mit einem Kind zu teilen, dem Kind eines Mannes, den ich viel weniger gerne heiraten will als alle Männer vor ihm, und den ich für seine Eitelkeit und seine Machtgelüste verachte. Der Mann ist zur Freiheit geboren, aber die Frau wird durch die Schwangerschaft versklavt, wenn sie nicht vorsichtig ist. Das denkt sich wohl auch Maria. Das denken all jene im Netz, die Abtreibung befürworten. Nur wirklich ansteckend frei klingen sie trotz alledem nicht – genauso wenig wie die Fanatiker, die Frauen in der Krise beschimpfen, ohne sie je kennen gelernt zu haben. Und es tut weh, wenn ich das lese, denn unbekannter Weise beleidigen sie auch mich.

Antwort@lolita123
gesendet am: 31/05/2009 um 13:25
von: KillingMeSoftly

Ein weniger aggressiver Tonfall hätte es auch getan, da stimme ich zu! Du hast nämlich nicht nur geschrieben, dass eine Abtreibung ein Mord ist. Das wäre reine Ansichtssache und eine moralische Wertung Deinerseits, also akzeptabel. Denn nein, Du hast zudem eine angeblich wissenschaftliche Behauptung aufgestellt, die einfach nicht zutreffend ist und unnötig für Verwirrung sorgt bei Frauen wie Maria, die sich unsicher sind! Ich halte es für unverantwortlich, dass Du behauptest, der Embryo sehe in den ersten Wochen schon aus wie ein Mensch, weil Du damit den Frauen unnötig Schuldgefühle einredest. Man kann wohl kaum behaupten, dass die kleinen Knorpel, die das zukünftige »Kind« im dritten Monat vielleicht haben mag, schon »richtige Arme und Beine« sind! So ein Unsinn! Also halte Dich hier besser 'raus!

Antwort@KillingMeSoftly
gesendet am: 31/05/2009 um 21:29
von: schildkröte

Warum? Es stimmt eben doch, dass die Arme und Beine ausgerissen werden! Mach' endlich deine Augen auf und schau' dir diese Videos auf youtube an, dann weißt du wohl, wovon ich rede! Viele Paare wollen Kinder kriegen, können aber nicht. Da macht es mich traurig, wenn Du und all die anderen immerzu betonen, es sei nicht der Rede wert, dass aus dem so genannten »Gewebe« vollständige, lebensfähige Menschen entstehen werden!

Antwort@schildkröte
gesendet am: 31/05/2009 um 21:55
von: ArtemisiaGentileschi

Nur dass das Gewebe noch keine Arme und Beine hat, die ausgerissen werden könnten, zu dem Zeitpunkt, wo die meisten Schwangerschaftsunterbrechungen gemacht werden, nämlich in der 9. Woche. Ich habe selbst gesehen, was sie bei mir ausgeschabt haben damals. Und ich schwöre bei Gott, da war nichts Menschliches, nur Gewebe und Blut! Ihr habt ja wirklich von Biologie gar keine Ahnung! ☹

Antwort@ArtemisiaGentileschi
gesendet am: 31/05/2009 um 22:09
von: KingArthur

Das ist falsch, Artemisia Gentileschi! ☹ Ich habe mir gerade ein Ultraschallbild aus der 10. Woche angeschaut, stark vergrößert, aber trotzdem naturgetreu! Und da sind Kopf und Hände sowie kleine Füßchen deutlich zu erkennen. In nur einer Woche kann sich der Fötus ja wohl kaum von Blut und Gewebe zu deutlich sichtbaren Gliedmaßen entwickeln: ich bitte Dich!

Montag, 1.6.2009

Der dritte und letzte Monat im ersten Trimenon ist der Monat mit den meisten körperlichen Beschwerden der Mutter, das gilt auch bei mir. Die Blutmenge im Blutkreislauf erhöht sich um circa eineinhalb Liter, um die zusätzliche Versorgung meines Kindes zu gewährleisten. Somit schlägt mein Herz immer schneller und setzt meine Leistungsfähigkeit spürbar herab. Leider können Krampfadern durch die Gefäßerweiterung auftreten, warnte mich die Ärztin. Nasen- und Zahnfleischbluten sind auch Beschwerden, die die erhöhte Blutmenge im Körper mit sich bringt. Durch die ständige Erneuerung des Fruchtwassers und den erhöhten Stoffwechsel von Mutter und Kind bemerke ich in diesen Tagen zudem häufiger einen Harndrang und bekomme Blähungen. Mein Bauch nimmt etwas zu und der Körper beginnt Wasser einzulagern. Je schwerer ich jedoch auf der Waage werde und umso dicker ich mich fühle, desto stärker lastet nicht zuletzt der seelische Druck auf mir. Selbst Franziskas Mutter hat mich neulich schon gefragt: »Na, hast du dich schon entschieden?« Ich habe mich umgedreht und ihren Anblick gemieden.

Denn noch immer drifte ich irgendwo zwischen Vergangenheit und Zukunft dahin und schaffe es nicht, an Land zu gehen, zum Ufer zu schwimmen, links oder rechts, je nachdem. Ich fühle mich wertlos wie schon lange nicht mehr, und ein Wunsch nach Bestrafung ringt in mir mit dem Wunsch, mein Kind an meiner Statt am Galgen zu sehen. Niemals hätte ich mir träumen lassen es würde mir mit einer Schwangerschaft so abgrundtief schlecht gehen.

Im Frühjahr 2002 rief mich an einem Montag wie diesem in aller Frühe, als ich mich auf den Weg in die Vorlesung »Philosophie der Antike II« machen wollte, meine Mitstudentin Maya an, mit der ich einige Male Referate und Klausuren vorbereitet hatte. Sie war ein paar Jahre älter als ich, da sie nach dem Abitur erst einmal nach Lateinamerika gereist war und Freiwilligendienst in einem Kinderheim in Lima geleistet hatte. Zu ihrer Zeit am Gymnasium war sie keine besonders gute Schülerin gewesen und war deshalb auf einige Wartesemester angewiesen, bevor man ihr den Studienplatz der Psychologie trotz des hohen Numerus Clausus zuteilen konnte. Trotzdem hielt ich sie für eine unserer Besten, weil sie die ehrliche Motivation mitbrachte, hart an sich zu arbeiten. Auch ihre innere Einstellung zu sich und ihren Mitmenschen stimmte, sie war ausgeglichen und humorvoll, immer zu einem Lächeln aufgelegt, und vor allem kein Morgenmuffel wie so viele andere, die sich launisch in die ersten Vorlesungen schleppten und nicht einmal einen Gruß über die Lippen brachten, bevor sie sich rumpelnd auf den Klappstühlen der Hörsäle niederließen. Ich mochte Maya sehr und war immer etwas traurig, dass wir so weit auseinander wohnten. Über eine halbe Stunde musste ich an verkehrsreichen Tagen mit dem Bus fahren, um sie zu besuchen. Wir sahen uns somit nicht allzu häufig und noch seltener schafften wir es bei unseren vollen Stundenplänen, überhaupt zu Hause zu sein, wenn die jeweils andere am Telefon ratschen wollte. Wenn Maya sich allerdings die Mühe machte, schon um Viertel vor Acht bei mir anzuklingeln, dann musste das auf jeden Fall einen sehr triftigen Grund haben, und ich wusste intuitiv, dass es diesmal keine guten Nachrichten waren.

»Sitzt du schon, oder willst du dich nicht lieber erst einmal setzen?«, fragte Maya und ihre Stimme klang höher und zerbrechlicher als sonst. »Es könnte sonst sein, dass es dich umhaut. Ich habe nämlich ziemlich heftige Neuigkeiten und weiß nicht, mit wem ich darüber sprechen soll. Ich war gestern beim Frauenarzt und habe erfahren, dass ich schwanger bin.« Sie brach ab und wartete offenbar darauf, dass ich erschreckt aufschreien oder ihr irgendwelche Vorwürfe machen würde. Aber ich antwortete nur: »Das habe ich mir gleich gedacht.« Und das meinte ich ganz ehrlich. Was sonst sollte eine junge Frau, die seit einem Jahr eine innige Beziehung zu einem attraktiven Mann hatte und von nichts anderem schwärmte, so aus der Bahn werfen, wenn es sich offenbar nicht um eine tödliche Krankheit oder den Verlust eines Angehörigen handelte? In Mayas Stimme hatte ich immerhin keine Angst und keine Trauer bemerkt, bloß die beklemmende Unsicherheit einer drückenden Verantwortung.

»Wie soll ich das denn verstehen, Catharina? Ich habe doch die Pille genommen. Und ich war mir so sicher, dass nichts passieren würde, weil ich sie wirklich immer gewissenhaft schlucke.« Natürlich glaubte ich ihr. Aber vielleicht ist es das gerade: die falsche Gewissheit. Sie hatte wohl leider nicht bedacht, dass sie einige Tage zuvor Durchfall hatte, bevor sie zu Karsten nach Mannheim fuhr. Und natürlich hatten sie Sex, weil sie so lange getrennt waren und Sehnsucht hatten. Am anderen Ende der Leitung atmete Maya tief durch. »Und was soll ich jetzt machen?«

Weder Karsten noch ihrer Familie hatte Maya bislang ein Wort davon gesagt. Ich wusste, dass sie nicht wirklich an eine Abtreibung dachte. Trotzdem stand die Möglichkeit eben doch plötzlich im Raum. Ihre Eltern waren böse gewesen, als sie das Abitur wegen ihrer latenten Schwäche in Mathematik und Englisch nur knapp bestanden und kaum Aussichten auf den gewünschten Studienplatz gehabt hatte. Ein Kind würde nun bedeuten, den Ausbildungsweg ein weiteres Mal zu unterbrechen. Für wie lange, das konnte niemand sagen, und Mayas Vater würde kaum Bereitschaft zeigen, seine Tochter und ein uneheliches Kind ewig mitzufinanzieren. Zu allem Übel war Karsten in den Augen von Mayas Familie bloß ein unbedeutender Bundeswehrsoldat, dem sowieso nicht recht zu trauen war. Und was wäre, wenn man Karsten doch noch ins Ausland, im schlimmsten Falle nach Afghanistan oder in den Irak, versetzen würde?

Minutenlang redete Maya auf mich ein und brachte eine Sorge nach der anderen vor, von denen die allermeisten wohl objektiv ganz unbegründet, aber subjektiv umso bedrängender waren. Meine Vorlesung würde ich an diesem Morgen jedenfalls sausen lassen, das wurde mir bald klar. Und gerade als ich Maya anbieten wollte direkt zu ihr zu kommen und unter vier Augen mit ihr zu sprechen, bat sie mich auch schon von sich aus darum, sofort mit Peter bei ihr vorbei zu kommen, um sie mit seinem alten Opel zu einem Frauenarzt zu fahren. Ihr sei so speiübel, dass sie es bestimmt nicht schaffen würde, mit den öffentlichen Verkehrsmitteln in die Innenstadt zu fahren, ohne irgendwo auf halber Strecke zu erbrechen oder ohnmächtig zu werden. Und nur mir und Peter könne sie vertrauen.

Als ich umgehend zu Fuß in das benachbarte Studentenwohnheim lief, um Peter in seiner WG aus dem Bett zu holen, verstand ich, dass es sinnlos gewesen wäre, auf der Stelle alle Lebensfragen mit Maya zu klären oder gar auf sie einzureden, bloß keine Abtreibung vorzunehmen. Ich musste Geduld haben und hoffen. Und ich hoffte auch, dass Peter, dem Maya die gleiche Zuneigung entgegen brachte wie mir, mein Anliegen unterstützen würde, wenn ich ihm alles erzählte. Immerhin war er angehender Mediziner und damit ein Experte in der Lebensrettung.

Kaum hatte er sich angezogen und das Auto aus der Tiefgarage gefahren, sprang ich zu ihm auf den Beifahrersitz, um ihm den Weg zu Mayas kleiner Wohnung zu erklären. Wir hatten auf der Bundesstraße ausreichend Zeit erst einmal unter vier Augen über alles zu reden. Über Maya, aber auch über meine Mutter und meine Sorge um die ungeborenen Kinder.

Doch wie mir schien interessierte das Peter an diesem Morgen herzlich wenig. Er war unausgeschlafen und fühlte sich sichtlich überrumpelt, wenngleich er eine gewisse Sensationslust und Neugierde keinesfalls vor mir verbergen konnte.

Und dann sagte er auch noch: »Ein Glück, dass du und ich nicht an der Stelle von Maya und Karsten stehen. Sie tun mir Leid, die beiden.«

Für den Rest der Autofahrt schwieg ich, und auch als wir der leichenblassen Maya halfen, an beiden Seiten gestützt die Treppen vom dritten Stock hinunter zu steigen und in unseren Wagen zu klettern, vermied ich es, Peter direkt anzusprechen. Er für seinen Teil würdigte mich sowieso keines Blickes. Vor der Praxis der Frauenärztin, die Maya noch auf gut Glück aus den Gelben Seiten heraus gesucht hatte, weil ihr der Name sympathisch gewesen war, verabschiedete ich mich kühl und bat ihn gegen den stummen Protest meiner Freundin, nicht auf uns zu warten. Wir würden es zu zweit schaffen, auf dem Heimweg den Bus zu nehmen.

»Was ist denn zwischen euch beiden geschehen?«, wollte Maya wissen, aber ich ging gar nicht darauf ein. »Komm, lass uns den Aufzug nehmen, das geht schneller.«

Nur wenig später standen wir im Empfangsbereich der Praxis und ließen uns von einer schrecklich jungen Arzthelferin in ein steriles Wartezimmer mit weißen Plastiksesseln und ein paar abstrakten Gemälden in Blau- und Grüntönen führen.

Auch hier sprachen Maya und ich wenig, aber ich bemühte mich, sie an der Hand zu halten und ihr so ein wenig Sicherheit zu geben. Angst hatten wir wohl beide, denn ich musste sogar zugeben, noch nie zuvor bei einem Frauenarzt gewesen zu sein. Und das mit zweiundzwanzig.

Als Maya etwa eine Viertelstunde später zur Behandlung gerufen wurde, bat sie mich auf jeden Fall mit ihr zu gehen, und ich stand peinlich berührt in einer Ecke, als sie sich hinter einem grünen Vorhang entkleidete und dann mit breit gespreizten Beinen auf den gynäkologischen Stuhl stieg, der mich eher an ein mittelalterliches Foltergerät als an eine Erfindung zum Wohle der Menschheit erinnerte. Die Ärztin war eine kleine, drahtige Frau mit kurz geschnittenen blondierten Haaren. Zielstrebig nahm sie auf einem Drehstuhl ohne Lehne Platz, zog sich Handschuhe über und griff in einer Schublade nach einem langen Stab, den ich spontan als Ultraschall identifizierte. Da mir dämmerte, dass sie ihn nicht etwa äußerlich auf der Bauchdecke anwenden, sondern gleich in Mayas Scheide einführen würde, zuckte ich zusammen und wandte mich gerade noch rechtzeitig ab, als sie ein gräuliches Kondom darüber stülpte wie über einen erigierten Penis. Maya jedoch schrie nicht laut auf, wie ich es erwartet hatte, und die Schmerzen in meinem Kopf waren wohl weitaus größer als die Schmerzen, die meine Freundin tatsächlich empfand. Ihr gegenüber fühlte ich mich als kleines Mädchen, das noch nichts wusste vom wahren Leben. Doch ich fragte mich auch, ob es das, was sie mir voraus hatte, wirklich wert gewesen war. Vorsichtig wagte ich es, wieder meine Augen zu öffnen und mich auf die Untersuchung zu konzentrieren. Auf dem Bildschirm konnte ich außer hellen und dunklen Flecken, die langsam pulsierten oder sich überlappten, nichts erkennen, geschweige denn ein Baby. Dennoch dauerte es nicht lange, bis die Ärztin die Schwangerschaft bestätigte. »Ist das ihr Wunschkind?«, fragte sie Maya im Tonfall einer Verkäuferin, die einer Kundin ein paar teure Prada-Stilettos anbietet. Maya schüttelte nur den Kopf. »Ach so. Dann war das wohl ein Pillenfehler«, so die kühle Reaktion der Ärztin. Mir wurde schwindelig, als ich das hörte. »Das ist kein Pillenfehler. Das ist ein Baby!«, wollte ich protestieren, aber meine Zunge war wie gelähmt.

Kurz darauf führte die Ärztin Maya in ein Nebenzimmer, um ihr dort eine Infusion gegen die Übelkeit geben zu lassen. Stumm setzte ich mich neben die Liege und begann zu weinen, während ich Maya zusah, wie sie immer noch blass und müde wartete, bis Tröpfchen für Tröpfchen eine Kochsalzlösung in ihre Vene floss, um sie munter zu machen.

»Warum weinst du denn? Es tut gar nicht weh mit der Nadel«, sagte Maya zu mir. Sie konnte meine Tränen nicht verstehen. »Ich weine auch gar nicht um dich, sondern um das Kind. Oder besser gesagt um das, was ich für mich mit deinem Kind verbinde.« Allerdings brachte ich es nicht über mich Maya mit meinen Meinungen zu quälen. Immerhin wusste ich nicht, wie sie sich entscheiden würde. Auch die Ärztin hatte das angedeutet und Maya zu einem Besuch bei der Schwangerschaftsberatung geraten. Junge Frauen im Studium seien dort gut aufgehoben, meinte sie, zu welchem Zweck auch immer.

Nur drei Tage später, als sie noch immer am Morgen von heftiger Übelkeit geplagt wurde, ging Maya schließlich zu ProFamilia, obwohl eine ältere Bekannte, die ihr zweites Kind abgetrieben hatte, uns inständig warnte: »Geht da bloß nicht hin! Die labern nur und wollen möglichst schnell fertig sein mit der Besprechung und ihre Scheine verteilen.«

Dennoch sah Maya für sich keine bessere Lösung. Wir hatten vereinbart uns nach ihrem Termin bei der Beratungsstelle sofort in der Stadt zu treffen und ein wenig spazieren zu gehen. Egal was kommen würde. Maya wusste, dass mir eine Abtreibung das Herz zerrissen hätte, obwohl es gar nicht mein eigenes Kind war. Und ich hatte ihr dennoch versprochen unter allen Umständen ihre Freundin zu bleiben und sie nicht zu verurteilen. Wir ahnten beide, dass diese Versprechen wohl leichter gegeben als eingehalten waren, und obwohl es warm und sonnig war, zitterte ich vor innerer Kälte, sobald ich langsam unter den Buchen und Ahornbäumen der Parkanlage auf und ab lief, um auf Maya zu warten. Schon in ihrem ruhigen und bestimmten Gesicht konnte ich schließlich zu meiner tiefen Freude lesen, dass sie sich für ihr Kind entschieden hatte. Den Schein von ProFamilia, so meinte sie, hätte sie gewiss bekommen, wenn sie nur ein bisschen Mitleid erweckt und von ihrer strengen Familie erzählt hätte und davon, dass sie ihr Studium mit Kind bestimmt nicht bestehen würde.

Die Drohungen und Vorwürfe, die sie von den Beratern dort erwartet hatte, blieben demnach aus: »Die Beratung hat mich nicht beeinflusst. Die haben sich eigentlich nur angehört, was ich so zu sagen hatte. Man hat mir dann meine finanziellen Möglichkeiten aufgezählt und das war's. Die Dame wollte mich noch über den Schwangerschaftsabbruch informieren, aber ich habe ihr gesagt, das brauche sie nicht. Dann hat sie auch nichts erwidert und mir lediglich eine Broschüre gegeben, wo ich das nachlesen konnte. Das Gespräch hat kaum eine Stunde gedauert. Man hat mich weder besonders bestärkt, noch besonders herausgefordert.« Und weil die junge Beraterin Maya von Anfang an so mitleidig angeschaut hatte, war sie eine Weile lang durchaus versucht gewesen, der ungewollten Schwangerschaft nun einfach und schnell ein Ende zu machen.

Aber sie hatte das Mädchen im Wartezimmer kennen gelernt, das in ihren Augen noch keine sechzehn Jahre alt gewesen war und trotzdem ein Kind erwartete. Sehr unschuldig und zart hatte das Mädchen auf Maya gewirkt, viel zu unerfahren für den Geschlechtsakt vor allem. Und sie hatte Muttergefühle bekommen. Für das Mädchen und ihr eigenes Baby. Da war ihr bewusst geworden, dass man nicht einfach eine Schwangerschaft beenden konnte, ohne ein Leben zu beenden, das gerade erst begonnen hatte. Ob die Jugendliche das Kind in ihrem Bauch abtreiben würde, wusste Maya nicht und wollte sich darüber auch keine unnötigen Gedanken machen. Sie wusste jetzt mit letzter Sicherheit, dass es ein Fehler war, als erwachsene Frau mit fünfundzwanzig Jahren überhaupt noch daran zu denken, wo man doch wirklich im allerbesten Alter für eine Schwangerschaft und nicht zuletzt reif genug war, ein Kind anständig zu erziehen. Nie wieder würde Maya sonst ein Kind ansehen können und ohne böse Gedanken lachen dürfen. Und ich versprach Maya, mich nach der Geburt immer wieder um ihr Baby zu kümmern, damit die kommenden Prüfungen an der Universität nicht zu sehr darunter leiden würden.

Ein ähnliches Versprechen der Unterstützung habe ich selbst von meiner Freundin Franziska bekommen, und ich weiß, dass ich darauf bauen darf. Mit ihr habe ich gerade noch einmal im Internet recherchiert und war dabei bei einem der Vereine, in denen sich Menschen mit Abtreibungstraumata zusammengeschlossen haben, zu Gast. Im Gästebuch kann man sehr bewegende Schilderungen von Frauen und Männern gleichermaßen lesen, die selbst früher einer Abtreibung zugestimmt haben, oder die zusehen mussten, wie Partner oder Kinder sich dazu entschlossen.

Eine der Frauen berichtet, dass sie erst zwölf war, als sie schwanger wurde. Und natürlich haben alle gesagt, sie solle das Kind nicht bekommen. Genau genommen hat man es einfach wegmachen lassen, weil sie ja noch so jung war. Aber sie erinnert sich daran und leidet, und ich finde es gut, dass solche Menschen seriöse Betreuung bekommen. Das Übel beginnt immer im Kleinen, und gerade dort kann es auch am besten bekämpft werden. Die Liste der toten Kinder, die sich hinter diesen Beiträgen im

Internet verbirgt, ist im Grunde ungeschrieben und wohl in keiner einzigen Krankenhausstatistik enthalten.

Mayas Baby wurde damals ein rundum gesundes Mädchen und unser ganzer Freundeskreis war auf Anhieb verliebt in die Kleine. Nur die Großeltern und Mayas Freund brauchten eine Weile, um sich an die vollendeten Tatsachen zu gewöhnen, die Maya bis kurz vor der Entbindung vor ihnen allen verheimlicht hatte. Sie hat bei sämtlichen Einrichtungen ihre Anträge auf Unterstützung gestellt. Sie hat ihre Erstausstattung bezahlt bekommen. Sie hat ein Jahr nach der Entbindung ihre erste eigene Wohnung finanziert bekommen.

Nach zwei Jahren entschloss sich ihr Freund außerdem, sie endlich zu heiraten und ein zweites Kind mit ihr zu bekommen, damit Milena nicht alleine aufwachsen müsste. So gab es doch ein Happyend, wenn auch nicht ohne Umwege. Und bald legten sich in unserem Bekanntenkreis die neugierigen Fragen und hitzigen Diskussionen, bis schließlich das berühmte Gras über die Geschichte zu wachsen schien. Nur ich allein hatte mich seither zu Peters wachsender Belustigung entschlossen, in schöner Regelmäßigkeit die Internetseiten von Beratungseinrichtungen zu besuchen, um mich weiterhin mit dem Thema Schwangerschaft auseinanderzusetzen, als erwartete ich selbst ständig ein Kind.

Aus ureigenem Interesse wollte ich mehr über die Hoffnungen und Ängste junger Frauen erfahren, denen es ähnlich erging wie Maya und denen es letztlich so erging, wie es vielen Millionen zuvor ergangen war. Ich wollte nicht nur etwas über Weiblichkeit im Allgemeinen lernen, sondern vor allem auch meine Gefühle und Gedanken auf die Probe stellen. Heute erinnere ich mich mit Schaudern, wie wichtig mir das Thema war, weil ich heute genau diesen Eifer fürchte, mit dem ich, zumal seit Mayas Konflikten, eine recht überzeugte Gegnerin der Abtreibungen geworden war.

Neben traurigen Geschichten von Abtreibungen, die bei betroffenen Frauen und Männern tiefe Wunden hinterlassen und Partnerschaften zerstört hatten, gab es auf diesen Internetplattformen nicht zuletzt nüchterne Schilderungen von Frauen, die es nie bereut hatten, ihr Kind nicht ausgetragen zu haben. In einigen Fällen sprachen sie sogar gezielt davon, während der Behandlung sowieso nichts gespürt zu haben; was sollte da gewesen sein angesichts des unscheinbaren Zellhaufens, der ihnen entfernt worden war? Nicht einmal von den rein körperlichen Risiken wie Gebärmutterverletzungen, Entzündungen oder Unfruchtbarkeit war in ihren Plädoyers für die Freiheit der Frauen jemals die Rede. Obwohl ich keine Ahnung davon hatte, wie es wirklich war schwanger zu sein, hoffte ich jedoch bald inständig, dass ich so etwas auf keinen Fall öffentlich sagen oder schreiben würde, wenn es einmal bei mir so weit kommen sollte. Ich hoffte sehr, dass mich die Natur eben nur dann schwanger werden ließe, wenn ich wirklich bereit wäre. Denn immerhin hatte ich im Leben noch vieles gut zu machen, so vieles aus meiner eigenen Geschichte.

Gerne wollte ich schließlich erfahren, wie Peter darüber dachte, aber er diskutierte nur ungern mit mir über Themen, die schon im Studium nicht eben seine liebsten waren. Seine Reaktion auf Mayas Schwangerschaft hatte mich bereits tief verunsichert. Galt der Schutz des Kindes für ihn mehr als der Schutz der Eltern, oder war es nicht doch umgekehrt?

Wenn ich mit ihm meine Eindrücke teilen wollte, lächelte er meist müde, als habe er es längst aufgegeben sich gegen das Übel in der Welt aufzulehnen und meinte: »Naja, die Gebärmutter ist eben die Todeszelle für manche Kinder. Eigentlich heißt in der Fachsprache die Plazenta »flacher Kuchen«. Das klingt so gemütlich wie ein Kaffeekränzchen. Aber die Realität kennen wir ja. Die

Frau will das Kind nicht, und das Kind wird nicht gefragt, eingesperrt im Mutterleib. Also muss es sterben, mit Hilfe einer von sechs möglichen Hinrichtungsarten. Was soll ich da noch sagen?«

Eigentlich fand ich nicht, dass das besonders lustig war, und schon gar nicht konnte ich zustimmen, wie einfach Peter die Verantwortung auf die Mütter abgeschoben hatte. »Das mit Maya und den anderen Betroffenen, die du kennst, ist interessant, weil du sagst, den Frauen sei das eingeredet worden, ansonsten hätten sie es nicht gemacht. Ich glaube aber – zumindest habe ich in letzter Zeit ein solches Bild von vielen Frauen gewonnen! – dass es eine ganze Menge eiskalter Frauen gibt. Ich möchte sogar behaupten, dass die Mehrzahl der Frauen so ist.«

Einerseits war ich nahe daran, ihm lauthals all meine stummen Fragen ins Gesicht zu schreien und schwieg im letzten Moment lediglich aus Angst, er würde mir nicht glauben oder darüber Witze machen. Andererseits stimmte es ja, dass Männer wohl nur selten selbst bei Abtreibungen zugegen waren, ausgenommen eben ein Arzt. Und gewiss gab es auch Männer, die ihr Kind gerne behalten hätten, aber die Frau lehnte das von sich aus ab: »Für dich mache ich mich nicht zur Gebärmaschine! Für dich opfere ich nicht meine Karriere! Gerade schreibe ich die Doktorarbeit! Gerade schließe ich die Ausbildung ab!«

Visionen von Foltergeräten stiegen in mir auf und ich fragte: »Warum machen sie das mit? Warum läuft nicht die Hälfte einfach rechtzeitig weg?«

Peter wollte nun einen langwierigen Streit mit mir darüber beginnen, wer nun eigentlich an der gesamten weltweiten Abtreibungsmisere am meisten schuld sei, doch da war mir die Lust schon vergangen. Im Internet bestellte ich den *Stummen Schrei* auf DVD, einen Film von 1983, den ein bekehrter Abtreibungsarzt über das blutige Milliardengeschäft mit verzweifelten Mädchen und Frauen in den USA gedreht hatte. Vermutlich hatte Peter ihn längst im Medizinstudium angesehen. Er äußerte sich jedoch nicht.

Und heute? Heute sitze ich wie damals vor dem Computer und lese die Berichte von Frauen, die abgetrieben haben, ob zu ihrer bleibenden Zufriedenheit, oder nicht. Und eigentlich scheint alles so klar zu sein. Wir leben in einem reichen Sozialstaat, in dem keine Frau mit Kind verhungern muss, und dennoch werden finanzielle Gründe für die Abtreibungen immer wichtiger. Dennoch nehmen immer mehr Frauen die seelischen Schäden auf sich. Dennoch sitze ich hier und lese das alles und weiß dennoch nicht, warum ich zögere und mich so quäle. In großer Verzweiflung schreibt uns Schwangeren eine der Frauen im Internet ins Gewissen, wir alle würden immer damit leben müssen.

Alle um sie herum sagen angeblich, sie bereuen es. Aber was bringt ihnen das? Ihre Babies sind tot! Und sie müssen immer daran denken, wie sie auf diesen Stühlen saßen, bevor sie die Narkose bekamen und das Leben nicht mehr in ihren Händen lag. Der Körper stellt sich auf ein Baby ein, wir Menschen reißen es heraus. Ist das unnatürlich? Ist das grausam? Widerspricht es den Instinkten einer Frau?

Ja, Christian hätte das genauso bewertet, doch leider ist jetzt Christian nicht da, sondern kümmert sich nur noch um seine Lisa und Florence und Agatha. Ich traue mich daher nicht ihn nach so langer Zeit mit meinem Anliegen zu belästigen, weil ich seinen Hohn mehr fürchte als ich seinen kompetenten Rat schätze. Er würde mir gewiss die Kindersachen seiner Töchter anbieten. Doch ich weiß nicht, ob ich das will. Meine Familie steht nicht hinter mir, mein flüchtiger Sexualpartner namens Johannes noch viel weniger, und ich bin finanziell nicht wirklich gut gesichert. Dies ist ein schlechter Zeitpunkt für ein Kind, aber mehr noch eine schlechte psychische Lage.

Ich habe so ein schlechtes Gewissen! Denn ich spiele mit dem Gedanken abzutreiben, obwohl ich bis jetzt immer dagegen war. Auch Christian glaubt an Gott, wie diese fremden Frauen im Internet. Ich glaube im Moment nicht einmal mehr an meine eigene Existenz. Wie soll ich mich entscheiden?

Antwort@TimeOfYourLife
gesendet am: 02/06/2009 um 10:56
von: stella1968

Warum werden hier im Forum immer nur die Frauen des »Mordes« und der Karrieregeilheit bezichtigt? Es gehören zwei Personen dazu, um ein Kind zu zeugen und am besten auch zwei Personen, um es groß zu ziehen. Aber hier im Forum werden die Männer vollkommen verschont, die eigentlich auch bei der Verhütung versagt haben. Kein Wort darüber! ☹

Stattdessen finden hier niveaulose Schlammschlachten der Frauen untereinander statt. Tatsächlich haben eben auch alle Männer eine Pflicht, dass Frauen einen entsprechenden Rahmen bekommen, um das Kind großzuziehen. Aber hier wird immer nur auf den Frauen 'rumgehackt, deren Leben eine entscheidende Wende in Armut und Erschöpfung verkraften muss, während sich die Herren aus dem Staub machen oder nur mit einem kleinen Scheck für die Familie sorgen. Die können ja ihr Leben wie bisher weiterleben, vor allem beruflich! Kein Wort über Verantwortungslosigkeit, was Männer betrifft, kein Wort über die mangelnde männliche Unterstützung. Schade! ☹

Antwort@LeonardodaVinci
gesendet am: 02/06/2009 um 12:18
von: mariadelmar

Hallo. Es ist jetzt so, dass meine mutter spätestens am wochenende wissen will, wie mein freund und ich uns entscheiden. Gestern abend hat sie mich wieder 1 stunde lang terrorisiert. Ich hab ihr gesagt, dass es für mich beschissen ist zu wissen, dass sie nicht ein einziges mal ihre moralische unterstützung anbietet. Ich sagte auch, dass ich es blöd von ihr finde, dass ich ihre meinung schon 1000 mal gehört habe und nichts dabei heraus kommt. Aber dann sagt meine mutter immer nur: »Wollt' ja nur verhindern, dass ihr euch selbst ins unglück stürzt. Ihr seid ja doch noch kinder! Ich finde eine abtreibung einfach für euch besser. Wenn du selber mal kinder hast, machst du dir auch sorgen, so wie ich!« ☹

Danach hat sie wieder angefangen mit den ewigen vorwürfen, dass ich noch so vieles vor mir hätte und mir und dem kind nichts bieten könnte. Ich bin ja erst 17 jahre auf dieser welt. Und da denkt sie, ich habe noch nicht genug erlebt.

Zudem ist mein baby ja ungeplant, das ist das schlimmste für sie. Sie sagt nämlich, dass man ein ungeplantes kind nicht lieben kann! Danke, sage ich, denn ich bin auch ungeplant gewesen. ☹

Vielleicht ist es wirklich schöner, wenn sich beide partner freuen, das mag sein. Aber so viele kinder sind ungeplant, und nur weil man pläne hat, deswegen muss man nicht sein kind abtreiben. Man kann auch beruflich erfolg haben mit einem kind. Oder gerade deswegen, weil man abgehärtet wird und sich mehr zutraut und soziale fähigkeiten erwirbt. Das wollen die arbeitgeber ja angeblich auch sehen.

Mein freund würde sich außerdem schon freuen, falls ich mich richtig freuen würde. Dass er jetzt nicht aus dem häuschen ist, weil wir noch nicht entschieden haben, ist ja wohl eh klar. Meine mutter verurteilt meinen freund jedoch immer und hält ihn für unzuverlässig. »Der will ja noch zum saufen gehen, was soll er mit einem kind?«

Kann man mit kind eigentlich gar nicht mehr weggehen und abends seine freunde treffen? Und darf meine mutter, nur weil ich 17 bin, sich in alles einmischen? Das beste war dann heute früh, dass sie meinte, dass sie mich auch fahren würde: in die praxis! Wie gnädig. Sie würde sich dann extra von ihrer neuen teilzeitstelle freinehmen, als sei das eine belohnung für mich. Da behauptet sie sogar, dass man während der abtreibung eh an nichts denkt und bestimmt nichts spürt, auch danach nicht.

Da hab ich sie dann laut angeschrien: »Du wärst die letzte, die ich da mitnehmen möchte.« Natürlich war sie gleich beleidigt. Sie hat mir wieder ein schlechtes gewissen gemacht, weil ich ja so fies bin und sie nicht dabei haben will, wenn sie mein kind ermorden. Sie rafft nicht, dass ich nicht mehr mit ihr reden will und ihr nie wieder alles über mich erzähle.

Antwort@mariadelmar
gesendet am: 02/06/2009 um 13:00
von: marieluise7

Hey! Ich bin 25 Jahre alt und auch kein Fan von Abtreibungen, die nur deshalb vorgenommen werden, weil die Paare zu dumm waren, um zu verhüten. Genauso schlimm finde ich aber immer diese totale »Scheiße«, dass hier ausgerechnet von einer 17-Jährigen gefordert wird, das Kind doch notfalls zur Adoption frei zu geben! Das ist ja wohl total bekloppt, denn es gibt genug Kinder in Heimen ohne Eltern! Wieso sollte man dann noch eines in die Welt setzen, das nicht gewollt war? 😐

In gewisser Weise hat die Mutter von Maria da schon den Nagel auf den Kopf getroffen, auch wenn das die missionseifrigen Christen und frommen Muslime in diesem Forum nicht so gerne hören. Wahrscheinlich hätte ich als Mutter von Maria ähnliche Bedenken vorgebracht, aber es nur gut mit ihr gemeint. Ich stehe auch für das gerade, was ich getan habe, als ich 18 war. Das habe ich nämlich zum Glück schon früh gelernt. Mehr als sich sterilisieren zu lassen kann Frau auf Dauer nicht tun, wenn sie definitiv nicht schwanger werden will. Geht das dann doch schief, hat sie das gute Recht, eine Schwangerschaftsunterbrechung durchführen zu lassen. Und genau das werde ich wieder tun, sollte das bei mir noch einmal passieren. Ich bin dafür verantwortlich, dass es mir gut geht. Und mit Kind wäre das nicht mehr der Fall.

Dienstag, 2.6.2009

Marias Lage scheint sich parallel zu meiner mit jedem Tag ein bisschen weiter zuzuspitzen. Die eigene Mutter sitzt ihr im Nacken. Und was sollen ihr die Mordvorwürfe einiger Frauen da noch bringen, die so weit weg sind und obendrein anonym bleiben wollen? Natürlich gefällt mir auch nicht, was Marie Luise schreibt, die offenbar schon eine Abtreibung hinter sich hat und immer noch nicht daraus lernen möchte.

Wenn ich noch vor vier Monaten oder gar vor einem halben Jahr die gleichen Kommentare im Internet gelesen hätte, dann hätte ich mich eingeschaltet in die Diskussionen und allen die Leviten gelesen. Doch nun bin ich ja mittendrin, nicht bloß dabei. Da sind die Emotionen sofort andere. Und mit den Emotionen wandelt sich auch Schritt für Schritt das Denken über Falsch und Richtig.

Endlich ist am Morgen zwar ein Brief von Johannes Psychologin bei mir eingetroffen, aber die erhoffte Erlösung verheißt er keineswegs. Vielmehr werde ich darin sehr rüde aufgefordert, in Zukunft den Patienten ganz in Ruhe zu lassen, oder wenigstens nicht den subversiven Weg über ihre Praxis zu gehen. Denn dafür fühle sie sich nicht zuständig und weigere sich, den Brief überhaupt an Johannes weiter zu geben. Warum ich ihm nicht selbst an seine private Adresse geschrieben hätte? Nun, diese Frau hat Vorstellungen. Was glaubt sie denn, wieso ich so verzweifelt bin? Weil er sich niemals bei mir meldet!

Es fehlte bloß, dass sie mir rät, mich abends nach Dienstschluss öffentlich vor die Firma zu stellen und ihn abzupassen wie eine Detektivin oder öffentlich mit Plakaten gegen ihn zu demonstrieren.

Mehrmals habe ich immerhin versucht, bei ihm zu Hause anzurufen, aber niemand geht ans Telefon, nicht einmal seine derzeitige Freundin.

Ich weine und werfe das Telefonbuch durch die Wohnung. Warum mache ich mich überhaupt so abhängig von ihm? Warum macht Maria sich abhängig von ihrer Mutter, ihrem Freund und ihrer Familie? Haben wir einfach Angst, erwachsen zu werden?

Scheue insbesondere ich selbst als frühreife Streberin nun die mütterliche Verantwortung? Will ich deshalb wieder Kind sein und ein Kind bleiben, anstatt das eigene Kind zu behalten? Gemessen an den Frauenbildern früherer Jahrhunderte habe ich meine Bestimmung auf jeden Fall verfehlt und möchte mich trotzdem nicht in überholte Mutterbilder pressen lassen. Die Fortpflanzung ist für mich bestimmt keine Pflicht.

Aber wie groß die Trauer von Müttern tatsächlich ist, die ohne Wissen und Zustimmung ein Kind verloren haben, und was an Mutterliebe auch in typischen Karrierefrauen steckt, selbst wenn das Leben mit den Kindern vielleicht sogar leidvoller und schwieriger gewesen ist als ein Leben ohne sie es je gewesen wäre, habe ich spätestens an dem Tag erfahren, an dem ich auf der Beerdigung von drei Studienkollegen ihren Familien begegnete.

Felix, Thomas und Maximilian waren nach einem fröhlichen Umtrunk auf dem Volksfest viel zu schnell mit dem neuen Auto, das Maximilians Onkel gehörte, auf den Landstraßen unterwegs und rammten in einer scharfen Rechtskurve frontal einen Baum. Alle drei verstarben noch an der Unfallstelle, mit gerade einmal zweiundzwanzig Jahren. Peter und ich hörten erst am nächsten Mittag von dem Unglück, als die Bilder auf der Titelseite unserer Lokalzeitung abgedruckt waren und die Verkäuferinnen in den Geschäften mit den Kunden darüber sprachen. Eine Stunde später wusste der gesamte Freundeskreis Bescheid, jeder rief jeden an, einige telefonierten sogar mehrmals.

Und weil man in der Sprachlosigkeit solcher Momente sogar zu verwirrt ist, um zu weinen, unterhielten wir uns in knappen Sätzen fast sachlich über die bevorstehende Beerdigung, wer kommen würde, und mit wem.

Fünf Tage später trafen wir alle auf dem Friedhof der kleinen Heimatgemeinde zusammen, in der zwei der jungen Männer zur Schule gegangen waren und noch immer viele Freunde und Bekannte im Sportverein und bei der Freiwilligen Feuerwehr hatten. Nur die Eltern des dritten Jungen fehlten, des Jungen nämlich, der den Wagen gefahren hatte. »Alle sind doch gleichermaßen schuldig, wenn sie sich gemeinsam betrunken haben«, sagten die einen zur Verteidigung. »Die armen Eltern werden das nie verwinden«, meinten die anderen und schüttelten den Kopf. Wieder andere aber waren von Zorn erfüllt auf den, der am Steuer gesessen hatte, und redeten nur noch über ihn und dass es doch letzten Endes gut sei, dass er das nicht überlebt habe. Wie sonst sollte man so einem je wieder in die Augen sehen, und er erst recht den Hinterbliebenen seiner Kollegen?

Tief bedrückt hielten Peter und ich uns ganz im Hintergrund, als sich die Trauergäste noch vor der Aussegnungshalle begrüßten, teils sogar herzlich umarmten und leise miteinander redeten. Auch in der kleinen Kapelle, die mehr ein großer Betonwürfel ohne Fenster und nur mit drei kleinen Türen schien, nahmen wir ganz hinten und alleine in einer Bankreihe Platz. Ganz vorne in der Mitte waren zwischen zwei Kerzenleuchtern auf samtbehangenen Podesten die beiden Urnen aufgestellt, davor auf kleinen Pappschildchen in Goldschrift die Namen.

Die Türe vorne links öffnete sich und ein katholischer Geistlicher trat herein, mit Chorrock und violetter Stola, ein Gesangbuch unter dem Arm. Er verneigte sich vor den Urnen – oder zumindest doch vor dem dunklen Kreuz an der Wand dahinter – und setzte sich schweigend in die erste Reihe neben die schwarz gekleideten Eltern. Der Vater legte sanft eine Hand auf die Schulter der Mutter, die schluchzte und in ihrer Handtasche nach einem Taschentuch fingerte. Dann trat der Priester wieder nach vorne und sprach ein Gebet und dann einen Psalm, bevor er sich bedächtig der Gemeinde zuwendete und eine kurze Traueransprache begann.

Seine leicht gekrümmte Haltung und die weißen Haare ließen darauf schließen, dass er bestimmt über sechzig Jahre alt war, aber seine Stimme klang froh und jugendlich, als er zu uns predigte.

Vielleicht, überlegte ich, hat dieser Priester so viele Trauerfeiern zelebriert, dass ihn nichts mehr schrecken kann, auch nicht der Tod zweier so junger Menschen. Und wenn er selber stirbt, dann hat er gewiss schon einen ganz genauen Plan, wie sein letzter Gang hinunter in die Tiefen aussehen wird, umrahmt von Texten und Musik, deren Geist und Sinn manchmal so alt sein mussten wie die Menschheit selbst. Was sollte er sich da noch grämen?

Andächtig blickte ich auf die beiden Urnen, die viel zu klein schienen, um zwei stattliche junge Körper zu bergen, aber ahnte wohl, wie wenig Asche bleibt, wenn man einen Mann von fast einem Meter neunzig verbrennt. Hässlich und unförmig waren sie, diese Aschenbehälter, wie überdimensionierte Handgranaten oder anderes Kriegsgerät, ganz aus Metall und fest verschlossen, ohne Schmuck und zum Boden hin etwas schmaler. Für einen schönen Sarg hatte es wohl nicht gereicht, das, was man nach dem Unfall an Überresten vom Baum hatte abschaben können. Ich erschauderte und sah zu Peter hinüber. Dachte er, was ich dachte? War er genauso fasziniert und abgestoßen wie ich? Sein Blick war leer und seine Augen irgendwo an die Decke gerichtet, als sei er in Gedanken weit weg von dem Geschehen. Auch auf meine Berührung seiner Hände reagierte er nicht, nicht einmal direkt vor dem Grab, als ich später seinen Halt suchte, bevor ich mich hinunterbeugte, um Weihwasser auf die frische Erde zu sprengen.

Die beiden Mütter trugen diesen Teil des Ritus diesmal mit bewundernswerter Fassung.

Vom Fest der Auferstehung sangen sie am Grab. Peter und ich weinten. Ich aus Zustimmung, mein Freund aus unterdrückter Wut, was ich jedoch nicht ahnen konnte. Und erst ganz am Schluss, als alle nach und nach den Friedhof verließen und wir an langen Grabreihen zurück zum Eingangstor gingen, wurde mir bewusst, wie wenig Trost und Gefallen mein Freund an diesem Vormittag gefunden hatte. Voller Hast eilte er mir voran und hatte keine Freude an den schönen Blumen und kleinen Kunstwerken auf den Ruhestätten der Toten und ich spürte, dass er sich fürchtete vor soviel Verfall und Verwesung, obwohl er in den Sezierkursen an der Universität bestimmt engeren Kontakt mit Leichen gehabt hatte als mir das jemals zugemutet werden würde. Oder war gerade das der Grund für seinen Ekel?

»Der hat so einen Scheiß geredet, das sage ich dir«, brach es plötzlich aus ihm hervor. Natürlich meinte er damit den alten Pfarrer. Erschreckt strich ich über Peters Unterarm und hielt ihn fest. Wenngleich ich mir Mühe geben wollte, Peters Aufregung zu verstehen, so musste ich doch sagen: »Wenn er das gemeint hat, was ich darunter verstehe, dann hat er Recht.«

Anklagend sah Peter von oben auf mich herunter und tat einen Schritt von mir weg.

Noch einmal ließ ich mir die Worte des Priesters durch den Kopf gehen, die mich im Grunde tief berührt und tatsächlich da getröstet hatten, wo Peter sich unverstanden und mit billigen Parolen abgespeist fühlte.

Nein, der Tod selbst war gewiss nichts Leidvolles, dachte ich. Nur das Sterben, sofern es in Schmerz und Armut und Dreck und Einsamkeit geschah. Ich war nicht sicher, ob nicht auch das Sterben auf der Bundesstraße so ein schlechtes Sterben war. Oder hatte noch jemand, ein Sanitäter vielleicht, Gelegenheit gehabt, ihnen Zuwendung zu geben, nicht nur medizinischer Art?

Das war es auch, was mich so abstieß, wenn ich an Abtreibungen dachte und an das sterile Krankenhaus, wo sie vollzogen werden wie Operationen an Krampfadern und Tumoren, an bösartigen Geschwüren, ohne dass von Liebe und Menschenwürde die Rede ist.

Als ich später am Abend alleine in meinem Zehn-Quadratmeter-Zimmer im Studentenwohnheim saß und den Laptop auf den Knien hatte, beschloss ich, Peter noch zum Trost auf die Geburtstagsparty einer guten Freundin von mir einzuladen.

»Kommst du zu Theresa?«, tippte ich.

»Wäre nett, dich dort zu treffen.«

Doch Peters Antwort am nächsten Morgen war immer noch traurig und ernüchternd. Er schickte mir eine fast leere E-Mail zurück. »Ohne Betreff« stand darüber, und im Textfeld befanden sich nur drei Fragezeichen:

»???«

Ich weinte bitterlich. Denn unseren Freunden hätte es bestimmt nicht gefallen, dass die Menschen ihretwegen so schlechte Laune verbreiteten und sogar miteinander stritten.

Selbst Wochen danach warf Peter mir Herzenskälte vor und vermied jedes ernste und intime Thema. Ich fragte mich, ob ich vielleicht einfach würde akzeptieren müssen, dass meine Liebe zu Peter eben nur um diesen Preis zu haben sein mochte. Peters latente Angst vor dem Tod war immerhin sehr typisch für einen jungen Mann ohne Sorgen, der von seiner Mutter bekocht und von seinem Vater rundum finanziert wurde, während ich selbst dachte, mein Leben eher rückwärts zu leben, weg vom Tod und hin zur Unbeschwertheit der Geburt, da ich meinte, Schlimmeres als meine Jugend könne es sowieso nie wieder geben.

Peter war im Gegensatz zu mir besessen von einer Gerechtigkeit, die mich faszinierte, aber von der ich ahnte, dass er sie in dieser Welt nie finden würde. Denn mit jeder Krankheit, die er als Mediziner heilen würde, bekäme sein Patient vermutlich bald zwei neue, eine davon tödlicher als die andere. Und jedes Leben, das er als Vater zeugen würde, würde ebenso unweigerlich sterben.

Meine Geduld war beinahe am Ende. Fünf Monate später trennten wir uns, wie ich schon sagte, weil wir mit Anfang zwanzig beide nicht reif genug füreinander waren.

In Erinnerung an Peter, aber noch mehr in Gedenken an die besagte Trauerfeier, habe ich aus meiner geschnitzten Holzkiste auf dem Schreibtisch schließlich die drei Sterbebildchen herausgesucht und sie in tausend Stücke zerrissen. Für eine Weile bin ich wild entschlossen, mein Kind gegen meinen eigenen sturen Willen zur Welt zu bringen. Sollte ich morgen noch einmal mit einem Arzt darüber reden? Im letzten Moment bin ich von Müdigkeit vollständig überwältigt und vertage meine Entschlüsse aufs Neue.

Antwort@alle
gesendet am: 03/06/2009 um 03:29
von: mariadelmar

Liebe grüße an alle, die meinen thread verfolgen!
Mein freund wollte es jetzt seinen eltern ENDLICH

sagen, dass wir zusammen ein kind bekommen. Er hat es gestern aber doch (am geburtstag seiner mutter) nur seiner älteren schwester erzählt. Die wurde selbst im studium schwanger und hat jetzt 3 kinder. Die will ja jetzt auch keiner hergeben. Sie ist total unterstützt worden von den eltern. Und obwohl ich dachte, die wäre geschockt, wenn sie von mir erfährt, hat sie sich gefreut. Ich war nicht dabei, aber mein freund hat mir das erzählt. Ihr mann hat es auch gehört. Der grinst uns jetzt nur die ganze zeit an, wenn ich bei denen bin. Die schwester von meinem freund hat gesagt, wir sollen es den eltern nicht sagen, bevor wir uns nicht selbst entschieden hätten. Denn seine eltern wären total gegen abtreibung und würden mich sonst vielleicht zwingen, das kind zu bekommen, was auch nicht gut wäre. Die schwester hat gemeint, dass wir auf jeden fall in der oberen wohnung bei den eltern wohnen könnten und die auch auf unserer seite wären. Ihren rückhalt hätten wir auf jeden fall, auch den von ihrem mann. Die verwandten von meinem freund sind wohl nicht so streng wie meine mutter und stehen also hinter uns. Wenn mein freund es doch schon gleich sagen will, dann aber vorerst nur seiner mutter. Er meint, er sagt es seiner mutter am besten, wenn sie um 6 uhr heimkommt. Hoffentlich geht alles gut! Wäre eine chance!

Mittwoch, 3.6.2009

Schon um neun Uhr in der Früh sitze ich bei meiner neuen Frauenärztin im Wartezimmer und langweile mich, nachdem ich alle Illustrierten durchgeblättert habe und noch immer nicht an der Reihe bin. Besonders die kitschigen Babymagazine mit Artikeln über die wissenschaftlich korrekte Früherziehung und die modische Ausstattung der Kinder vom Stubenwagen bis zum Mützchen werden mir zur Qual.

Einiges davon klingt nicht nach zwischenmenschlichem Zusammenleben, sondern schlicht nach artgerechter Tierhaltung. Hübsche Fotos von kleinen Hunden und Katzen wären für einige der Artikel ebenso treffend und reizvoll gewesen. Vielleicht geht es aber ganz im Gegenteil auch längst darum, die Tiere zu Mitmenschen zu machen, wenn man beispielsweise an Weihnachten viele bunte Adventskalender mit Leckereien für die Vierbeiner erwerben kann? Mir wird schon wieder übel, auch weil die Fenster in dem schwülen Raum hier alle geschlossen sind.

Das, was ich am Kinderkriegen manchmal fast am meisten fürchte, ist in der Tat die Welle des Konsums, die vom Wochenbett bis zum Abiturball meines Kindes auf mich zurollen würde. Im schlimmsten Falle aber setzt sich das fort bis zur Diplomfeier und zur Trauung der Töchter und Söhne, nach der man dann selbst zur Großmutter werden könnte. Die Vorstellung, dass ich das eines Tages erleben müsste, drückt mir die Kehle zusammen und mir wird schwindelig.

Es kostet mich einige Überwindung, einer anderen werdenden Mutter, die ebenfalls im Wartezimmer sitzt und selig vor sich hin lächelt, einen einigermaßen freundlichen Blick zu schenken. Denn im Gegensatz zu ihr bin ich noch immer unentschieden und fürchte mich, zu guter Letzt auch sämtliche Ärzte, die ich besuche, gegen mich und meine Unentschlossenheit aufzubringen. Was soll ich heuchlerisch bitten, nach der Gesundheit eines Kindes zu sehen, das ich spätestens in zwei oder drei Wochen sowieso vernichten will?

Auch die junge Mutter mir gegenüber liest eifrig in den Elternmagazinen und beginnt zu allem Übel mit einer älteren Dame, die eben erst eingetreten ist, ein heiteres Gespräch über ihren Nachwuchs und ihre vielen hochfliegenden Pläne.

»Mein Mann ist Engländer«, betont sie mehrmals und reckt ihre lange Nase in die Höhe. »Da möchten wir natürlich, dass mein Kind von beiden Teilen der Familie voll profitiert und später eine besonders gute Anstellung findet.«

Bei reichen Eltern gehört es gewissermaßen zum guten Ton, die Kleinen in bilingualen Kinderkrippen zu erziehen, deren Gebühren von bis zu eintausend Euro im Monat ich mir aber auch nach Jahren des Sparens niemals würde leisten können. Und Lottogewinne sind statistisch betrachtet überaus selten. Also finde ich mich lieber sofort damit ab, dass aus mir leider keine Supermutter werden wird und ich mir eines Tages die berechtigten Vorwürfe meines Kindes gefallen lassen müsste, dass ich seinen Bildungsweg fahrlässig blockiere. Die Lösung, meine Eltern um finanzielle Unterstützung zu bitten, lehne ich natürlich weiterhin kategorisch ab, selbst wenn ich damit nicht nur mein eigenes Wohlergehen riskiere.

Das sollte mein Kind dann bitte selber übernehmen, wenn es alt genug wäre, um sich um einen Studienplatz zu bewerben, den ich ihm hoffentlich nicht einrede. Die andere Mutter ist sich immerhin schon jetzt ganz sicher, dass auch Studiengänge mit Numerus Clausus für ihr Kleines kein Problem sein werden. Nur leise nagt an mir der Zweifel, ob ich ohne Partner und geregeltes Einkommen und ausreichend freie Zeit als armselige Alleinerziehende unserer Tage meinem Kind überhaupt den Übertritt auf ein Gymnasium ermöglichen könnte. Schließlich hatte ich selbst bei allem Frust doch zweifellos das Glück, von meinen Eltern stets die Miete für mein Studentenwohnheim überwiesen zu bekommen, wenn auch manchmal gegen Vorlage meiner Klausurnoten und Hausarbeitsbewertungen.

Geschenke waren bei uns oft Belohnungen ganz eigener Art, nicht freigebige Erweise bedingungsloser Zuneigung, das stimmt. Und Familie selbst bedeutete mehr eine GmbH & Co. KG im Wettstreit um sozialen Aufstieg als ein echtes Lebensbündnis, das haben uns auch unsere Eltern nicht wesentlich anders vermittelt, als sie es selbst in ihrem Umfeld gelernt hatten.

Als ich ungefähr elf Jahre alt war, hörte ich einmal meine Mutter zu einer ihrer Bekannten sagen, wie unglaublich bescheiden und dankbar ich doch sei, weil ich niemals einen Wunschzettel schrieb oder sonst überhaupt nach Geschenken verlangte. Nun ja, die Wunschzettel schrieb ich natürlich wie jedes Kind; aber nicht an Mama, sondern an das richtige Christkind, weil ich wusste, dass es das, was ich ersehnte, nicht im Supermarkt oder bei Neckermann zu kaufen gab.

Marias Stolz, von der Familie ihres Freundes kein Geld zu nehmen und auch nicht weiter in Abhängigkeit von der eigenen strengen Mutter zu leben, kann ich da nur zu gut verstehen. Ich kenne nicht die Details ihrer Kindheit, aber ich glaube, dass ich mich mit siebzehn, so kurz vor dem Sprung in die vermeintliche Freiheit eines selbstbestimmten Lebens, ganz ähnlich gefühlt habe wie sie.

Alles, was ich von meinen Großeltern geerbt habe, sind eben ein paar Fotos, meine Diapositive, ein Porzellanservice für sechzehn Personen und eine Tiffanylampe, die auf meinem Nachttisch steht. Da konnte ich von Glück sagen, dass ansonsten kein Geld oder Immobilienbesitz für uns Enkelkinder übrig geblieben war. Denn so musste ich mich wenigstens nicht mit dem schlechten Gewissen belasten, von meiner Verwandtschaft irgendein Erpressungsgeld entgegen genommen zu haben.

Gerade heute, am 3. Juni, ist auch der Sterbetag meiner Großmutter väterlicherseits, an den ich immer wieder mit viel größerem Unbehagen denke als an die Sterbetage von Mutters Eltern, die für mich von stiller Dankbarkeit geprägt waren. Selten ist mir nämlich unser oberflächliches Familienleben so ins Auge gesprungen. Ich erinnere mich noch, wie ich anlässlich der Beisetzung meiner Großmutter lange mit Mama, Oma, Anne und Alex gesprochen habe, und ich glaubte damals, dass es endlich an der Zeit war, einmal ein paar schwarze Katzen aus dem Sack zu lassen, die ich aus Rücksichtnahme ihnen allen gegenüber hatte ruhen lassen.

Denn ich muss sagen, dass ich ehrlich verwundert darüber war, wie meine Familie plötzlich die Beerdigung der eigenen Mutter und Tante schnell und flüchtig abhandeln wollte, ohne sich inhaltliche Gedanken über das Begräbnis zu machen. Die direkte Verwandtschaft meines Vaters schien da auch nicht wirklich herzlicher miteinander in Kontakt zu stehen als Mama und ihre Geschwister. Nur nach außen hin bemühte man sich auch diesmal um den eindrucksvollen Auftritt, das hieß konkret um dekorativen Blumenschmuck und bunte Sterbebildchen. Letztere gestaltete mein Onkel mit schrecklichen Fotografien der Toten, die er nur kurz zuvor von der bereits bewusstlosen Frau aufgenommen hatte, selbstverständlich mit Digitalkamera.

Ich ahnte wohl, dass mein Vater und sein Bruder damit nur ihre Sprachlosigkeit angesichts des Sterbens zum Ausdruck bringen wollten, das sie an ihre eigene Sterblichkeit erinnerte. Aber sie konnten wohl froh sein, ihre verstörenden Bilder bloß Alexander und mir, nicht aber Anne und meiner Mutter geschickt zu haben. Denn die wären auf der Stelle an die Decke gegangen. Als

Mama überhaupt erst auf mehreren Umwegen erfuhr, dass Vaters Mutter im Sterben lag, war das per se Anlass genug, am Telefon ganz arg zu weinen und zu fluchen, um ihrer früheren Schwiegermutter alles erdenklich Schlechte zu wünschen. Rachsucht und Erleichterung zugleich schwangen in ihrer Stimme mit, als sie sagte, dass im Jenseits endlich alle übertünchten und verschwiegenen Konflikte ihrer Ehe ans Licht gebracht würden. Am Ende sagte Mama sogar, der Satan solle Oma hart bestrafen, denn obwohl sie nicht an Gott und an den Himmel glaube, so doch an eine höhere Gerechtigkeit. Auf den Friedhof wollte meine Mutter selbstverständlich gar nicht kommen, um das Grab eines derart verhassten Menschen anzusehen.

Im Übrigen verstand ich auch, warum meine Geschwister aus ganz eigenen Gründen ebenfalls nicht zur Beerdigung mitgehen wollten, während mein Vater dahinter beleidigt einen Anschlag auf das Ansehen der Familie und den gebotenen Anstand vermutete. Für Anne und Alex ging es jedoch nicht darum, dass sie in bösartiger Weise seiner Mutter persönliche Vorwürfe nachtragen wollten, sondern vielmehr darum, dass ihre persönlichen Wunden eine Konfrontation mit ihrer toten Oma nicht wirklich zugelassen hätten. Und jeder Psychologe hätte ihnen das bestätigt.

Vor allem Alexander musste beim bloßen Gedanken an Vater und Beerdigungen schon Angst bekommen, weil wir drei Kinder uns nur zu gut an seine himmelschreiende Heuchelei erinnern konnten, als er uns zwang, schon Jahre zuvor am Grab seines Vaters laut zu beten, obwohl unser Vater selbst die wenigste Ahnung davon hatte. Als Alexander sich mit gutem Recht verweigerte, hat Papa ihm damals mitten auf dem Friedhof die Baseballmütze vom Kopf gerissen und ihm eine heftige Ohrfeige versetzt. Hatte er damals eigentlich noch selbst eine Ahnung, was dieser Wahnsinn sollte? Wenn da zu allem Übel beim Begräbnis meiner Oma noch ein mittelmäßig motivierter Festtagsredner aufgelaufen wäre, um – wie mein Vater das ausdrückte – irgendetwas zu erzählen, damit es nicht gar so trostlos würde, hätte Alexander so oder so die Flucht ergriffen. Auf jeden Fall konnte Papa jetzt nicht ernstlich verlangen, dass Alex sich noch einmal frömmelnd mit ihm an ein Grab stellte. Die Sache hatte uns alle schwer verletzt und bis heute kommen immer wieder viele Bilder dieser Tage in mir hoch. Was für ein Leben sollte ich da einem Kind bieten können?

Wenn ich heute meine aktuellsten Ultraschallbilder bekomme, nur in Schwarz-Weiß zwar und nicht dreidimensional in farblich plastischem Sepia wie das Prospekte anderer Frauenärzte bewerben, werde ich wohl das Leben sehen, wie es nun einmal ist. Es ist hässlich und verletzlich und unerklärlich und leider auch sterblich. Leider gehört meine Oma zu den Menschen, die nicht verstanden haben, dass das bereits seine Tugenden sind, nicht seine zu tilgenden Makel …

Die Sprechstundenhilfe ruft mich mehrmals laut ins Behandlungszimmer und ich merke, dass ich eigentlich ganz vom Thema abgekommen, für eine Weile in Tagträumen versunken und eingeschlafen bin.

Antwort@alle
gesendet am: 04/06/2009 um 12:46
von: mariadelmar

Meine mutter war schon wieder ungerecht. Sie hat gesagt, ich hätte einen psychischen schaden, weil ich nun überlege, es zu behalten. Die will ja einerseits, dass ich bei der abtreibung einfach an die decke schaue oder die augen zu mache. Andererseits sagt sie, ich stelle mich bloß unnötig an: das kind ist angeblich viel zu klein, da passiere sowieso noch nichts! Ich habe mich wohl verhört, wenn sie das von sich gibt. Sie rät mir ja sogar, mir einfach vorzustellen, dass ich eine krankheit hätte, die der arzt nur kurz behandeln würde, dann ginge es mir wieder besser. Dabei kann ich seit tagen schon an gar nichts schönes mehr denken. Am montag will sie die entscheidung haben, weil sie ja sonst vor die hunde geht und nur noch aus sorge wegen dem Kind kein auge zu tun kann. Da denke ich, sie hat nicht mehr alle tassen im schrank! Sie hat sogar schon verlangt, dass ich ihr meinen mutterpass zeige. Gemacht habe ich das natürlich nicht. Und trotzdem bin ich heute hin und habe abtreibungspapiere geholt. Die kraft ist jetzt am ende. Ich werde am montag einen termin machen. Der arzt, der mir geraten wurde, gibt im Internet ein Interview. Er denkt wohl, er ist gott. Zu dem muss ich dann. Total unsympathisch, der Typ. Ich kann nicht mehr. Sie haben mich alle überredet. Ich bin so traurig, musste beim frauenarzt, am bahnhof und auf dem weg nach Hause heulen. War auch in der kirche, um kerzen anzuzünden. 2 kerzen brennen da jetzt und 2 briefchen habe ich dazugelegt, damit irgendwer mich und mein kind rettet. Wenn das nur möglich wäre, würd' ich es sogar zur adoption freigeben. Denn ich will nur, dass es lebt. Der frauenarzt hat mich ganz mitleidig angeschaut. Er hat gesehen, dass ich weine. Aber sein mitleid nützt mir jetzt auch nichts. Ich will kein mitleid von meiner mutter und kein mitleid von meinem freund, nicht jetzt, nicht hinterher. Denn meiner mutter geht es um das geld. Jede frage geht nur darum und niemand fragt nach mir. Ich tue es ja nur wegen den beiden. Mein schlechtes gewissen schreit in mir. Ich will ihnen ja nichts wegnehmen, vor allem nicht eine glückliche zukunft, vor allem nicht den beruf. Weder mein freund noch ich sind ja mit der ausbildung fertig. Und meine mutter sucht nach pillen im internet, um sich notfalls selber umzubringen. Dann will sie mir weismachen, sie setzt mich nicht unter druck. Alle machen sich angeblich nur sorgen. Jedes 2. wort ist abtreibung, jedes 3. geld, jedes 4. arbeit. Und alles, was mir bleiben wird, sind 2 bilder und ein spielzeug, das ich im ersten moment der freude gekauft habe. In einem wutanfall hab' ich alles durch mein zimmer geschleudert und nur noch geweint, weil es allen scheißegal ist. Geld ist nur materiell. Für die abtreibung aber bezahle ich allein mit meinem leben.

Antwort@mariadelmar
gesendet am: 04/06/2009 um 15:54
von: Blueberry9

Ich werde richtig sauer auf deine Mutter, wenn ich das so lese! Ausgerechnet DU sollst einen seelischen Schaden haben, wenn du das Kind behältst?

So eine Frau wie deine Mutter hat nicht einmal den Namen »Mutter« verdient, geschweige denn dich und ihr Enkelkind! Also ich glaube ganz bestimmt, dass hier jemand in der Tat den Schaden hat; und, nein, das bist nicht du, Maria! Wenn deine Mum nicht will, dass du mit 17 das Kind bekommst, nur weil sie dich unterstützen müsste, dann denkt sie nicht an dich. Sie weiß nur, dass sie keine Arbeit mit dem Kind haben möchte. Das ist enorm asozial und feige. Und abgesehen davon macht sie sich mit ihrem Verhalten strafbar, aber das ist eine andere Geschichte. Maria del Mar, hast du denn keine volljährigen Bekannten oder Verwandten sonst, die dir helfen würden? Bitte, tue das mit der Abtreibung bloß nicht, weil DIE es wollen. Dein Freund will das Kind auch nicht unbedingt, sagst du. Aber denkst du, dass du auf dieser Basis weiter eine Beziehung mit ihm führen möchtest? Maria del Mar, du solltest lieber deiner eigenen Kraft und Intuition vertrauen und dich zum Beispiel an die ALFA wenden, die dir helfen werden. Emotional und auch finanziell, das kann ich dir versichern! Entscheide nicht gegen dein Herz und höre nicht auf die bescheuerten Mütter. Lasse sie reden! Und wenn das Baby erst einmal da ist, dann freuen sie sich wie verrückt, du wirst sehen. Das war bei mir genauso, auch wenn ich schon ein paar Jahre älter war als du, als ich ohne »Vater« ein Kind zur Welt gebracht und groß gezogen habe. Bitte, bitte, folge deiner inneren Stimme. Ich werde dir auch weiterhin helfen!

Donnerstag, 4.6.2009

Heute Morgen fühle ich mich müde und matt und bin außerdem stinksauer auf Franziska. Ich habe schrecklich schlecht geschlafen und geträumt, dass mein Kind stirbt, und sie allein ist schuld daran, weil sie es gestern nicht lassen konnte, mir von gruseligen Vampirromanen zu erzählen.

Was mich noch mehr verwirrte als die blutige Geschichte ist aber wohl, dass es mir erstmals wirklich Leid um das Kind in mir getan hätte. Und damit meine ich nicht Moral und Mitleid im ganz allgemeinen Sinne, wie ich das längst empfunden habe. Ich meine Mitleid, das mich ganz konkret als Mutter dieses Kindes berührt, bewegt und aus der Fassung bringt. Vermutlich hat Marias Hysterie von gestern auf mich abgefärbt? Die seelische Not wird immerhin für sie so langsam unerträglich und ich ärgere mich, wenn ich die Worte ihrer Mutter lese, dass man ungewollte Kinder nicht lieben könne. Maria und ich, wir beide sind ungeplant gewesen und glauben doch, ein Recht auf Zuneigung zu haben. Das ist das schlechte Omen, das mich verfolgte, bis meine Oma starb. Das ist das schlechte Omen leider auch für mein Kind.

Von Franziska hätte ich da gestern wirklich mehr Einfühlungsvermögen erwartet, weil ihre Ironie mich nun wirklich nicht aufgemuntert hat. Doch leider passt ein solch makaberer Humor sehr gut zu meiner besten Freundin. Schon seit ich Franziska kenne begeistert sie sich für Thriller, Horror und sogar für Harry Potter. Es stört sie dabei nicht einmal, dass ich das Hobby gar nicht teile und gerade die Geschichten des kleinen Zauberlehrlings nicht so sehr als Romane für fantasievolle Kinder, sondern mehr als schaurige Fantasiegeschichten für Erwachsene betrachte. Und dennoch beherrscht Franziska es immer wieder meisterlich, ihren Hang zur Gewaltverherrlichung hinter einem intellektuell fundierten Mittelalterfaible zu verstecken.

In dem Buch, das sie diesmal in der amerikanischen Urfassung in einem dubiosen Onlineforum bestellt hat, ging es nur leider ausgerechnet um Dämonen, die sich in menschlichen Föten inkarnieren und daher aus dem Leib geschnitten werden müssen. »Glaubst du wirklich, dass das geeignete Lektüre für dich, eine Kindergartenleiterin, und mich, eine werdende Mutter, ist?«, fragte ich sie angeekelt und hielt mir meine Ohren zu, verließ aber nicht das Zimmer. Franziska grinste nur gelassen.

»Naja, man muss ja irgendwo seine heimlichen Aggressionen ausleben. Und was man in der Fantasie erlebt, das muss man in der Wirklichkeit nicht ausprobieren. Wusstest du denn nicht, dass es seinen Grund hat, dass viele Kindergärtnerinnen selbst nie Kinder haben, weil sie sie jeden Tag beruflich betreuen und zur Genüge wissen, worauf sie verzichten?« Ich erinnerte mich sofort an meine Mutter, der es als Krankenschwester ähnlich ergangen war und lachte angesichts der bitteren Ironie, obwohl ich nicht sicher war, ob Franzi mir nicht erneut einen Bären aufbinden wollte.

Vermutlich hatte Franziska unter ihren Kindern tatsächlich kleine Teufel, von denen sie sich sehnlich wünschte, sie so bald wie möglich an die Grundschulen abzutreten. Ich stellte mir ihr hämisches Grinsen vor und musste selber lachen.

Ich selbst hatte ganz im Gegensatz zu ihr eigentlich niemals daran gedacht, beruflich ausschließlich mit Kindern zu arbeiten, obwohl ich damals an der Uni immer ganz selbstverständlich Mutter werden wollte. Für mich gehörten Kinder an sich schon in das naturgegebene Privatleben und waren gar kein Diskussionsthema, gar keine Entscheidungsfrage. Am allerwenigsten aber sah ich sie als optionalen Gegenstand meiner persönlichen Berufswahl an.

Frauen, die Kinder haben, sind oft gereizter als andere, aber dann wieder gelassener und weniger abhängig von fremden Urteilen. Sie kennen ihren Wert, sie haben Schmerzen ertragen, verzichtet um eines anderen willen, sind letztlich selber neu geboren, wenn alles gut gegangen ist. Schade ist also, dass bei mir bislang alles schief gelaufen ist.

Da es meistens eben kommt, wie es kommen musste, hatte ich drei Wochen nach unserer ersten Vier-Augen-Begegnung in meinem Büro zum ersten und letzten Mal Sex mit Johannes und damit zum ersten Mal Geschlechtsverkehr in meinem Leben überhaupt. Es war nicht so, dass ich zu diesem Zeitpunkt wirklich darauf vorbereitet oder besonders daran interessiert gewesen wäre, aber weil seine männliche Lust so unwiderstehlich auf meine Arglosigkeit und Offenherzigkeit traf, kehrten sich unsere Rollen schließlich einfach um. Von der erwachsenen und überlegenen Mutterfigur wurde ich vor ihm zum Kind, das sich zugleich fürchtete und grenzenlos vertraute. Da war es nun für ihn an der Zeit, selbst die Führung zu übernehmen.

Vom Sommer 2008 bis hinein ins Frühjahr 2009 begegneten wir uns täglich auf dem Weg ins Büro oder auf dem Weg vom Büro zur Kantine, saßen oft beim Essen nebeneinander, unterhielten uns angeregt, aber nicht anzüglich, und schienen im Grunde einen durch und durch öffentlichkeitstauglichen und integeren Umgangston getroffen zu haben. Als wir uns zu einer Ausstellungseröffnung in der Galerie für zeitgenössische Kunst am Hauptbahnhof sogar einmal privat begegneten, fragte ich Johannes auch scherzhaft und gelöst, ob er brav gewesen sei, da ich sein Verhalten bei unserem letzten Geschäftsessen mit Herrn Frankel und Frau Friedrich schon wieder sehr grenzwertig gefunden hatte.

Wir beide freuten uns und lachten. Denn Johannes wusste nur zu gut, dass er sich meines Erachtens nach wieder einmal wie ein Kind benommen hatte, das ein neues Spielzeug ausprobieren wollte, bis das Objekt des Interesses schließlich kaputt war.

Erst nach dem Stehimbiss im Foyer hatten wir eine Weile Zeit genug durch den Garten mit den Marmorskulpturen zu schlendern. Dort waren wir ganz allein und mussten uns in der Stille auch nicht anschreien. Es war das beste Gespräch, das ich jemals mit Johannes hatte, da er endlich einmal in vollem Umfang seine Probleme und Ziele thematisierte. Vieles in seiner Geschichte schien typisch zu sein für erfolgreiche und karrierebewusste Männer. Vieles davon kannte ich immerhin aus meiner eigenen Familie und aus der von Christian. Allerdings hatten Christian und Johannes in letzter Konsequenz sehr unterschiedliche Wege eingeschlagen, und ich glaubte leider nicht, dass Johannes den besseren Teil gewählt hatte, als er mir beinahe nüchtern sagte:

»Einmal unverdient beachtet zu sein, das ist mein Traum seit meiner Kindheit, denn stets lernte ich nur, man müsse für das Lob und die Liebe alles opfern, ohne je davon befriedigt zu werden. Von meinen Eltern fühlte ich mich nicht geliebt, weil sie aus meiner Sicht immer meinen älteren Bruder vorzogen. Und um ihre Liebe zu erkaufen, ging ich auf ihre Bitte ein, nach dem Abitur einen ökonomischen Studiengang zu belegen. Meine Mutter war bei meiner Diplomfeier zum ersten Mal stolz auf mich und sagte mir das auch. Nur leider habe ich diesen Stolz auf mich selbst niemals zur Genüge verspürt. Also ist die Beziehung zu meinen Eltern immer mehr erkaltet, mit jedem meiner Karriereschritte vielleicht ein bisschen mehr. Als mein Vater gestorben ist, habe ich mich nicht einmal richtig mit ihm versöhnt und wollte das gar nicht. Gefühle strengen an, und das galt auch für meinen Umgang mit Frauen, für die ich oft nur den reichen Finanzierer ihrer Einkaufstouren oder den zweitklassigen Vibrator spielte.

Es ging mir damit ja nicht schlecht. Aber seither muss ich auch mit der tiefen Sorge leben, dass ich meine Seele selbst mutwillig so verletzt habe, dass das nie mehr zu reparieren sein wird. Da habe ich mich schon danach gesehnt, mehr zu bekommen, als die immer gleiche Lust ohne Liebe, als die Konkurrenz im Beruf, als den Kampf um Titel und Positionen, den ich scheinbar mit so viel Fanatismus kämpfe.

Wundert es dich da, dass ich schließlich deine Menschenfreundlichkeit beneiden und deine Güte begehren musste, bis ich fast zerfressen war von Selbstmitleid und Neid? Denn immer, wenn ich hoffte, du würdest doch noch von dir aus den Kontakt zu mir abbrechen oder hinter meinem Rücken über mich lästern, damit ich dich für deine Hinterlist beschuldigen könnte, bist du wie selbstverständlich vor mir gestanden und hast um ein Gespräch gebeten. Ich habe dich schlecht behandelt, aber du hast keinen Zweifel daran gelassen, dass du weiterhin auf das Wohl der Firma und damit auch auf meinen Erfolg bedacht sein würdest. Ich konnte und wollte das nicht glauben, bis zuletzt.

Und dann kam der Tag, als mich dein Brief erreichte, der so sehr hinter meine Fassade schaute, wie das noch nie in meinem Leben geschehen ist. Wenn ich jetzt noch daran denke, schäme ich mich noch immer dafür, wie sehr ich dich unterschätzt habe. Ich hatte das unbestechliche Gefühl, dass es dir in diesem Moment nur um mich ging, um mich als Mensch. Und ich sah, dass es nicht Routine und Abgeklärtheit waren, die dich so etwas schreiben ließen.«

Zum allerersten Mal spürte ich so etwas wie bewusste Zärtlichkeit mir gegenüber, wo ich zuvor ein sehr diffuses Geltungsbedürfnis allen Frauen gegenüber wahrgenommen hatte. Ungewollt huschte ein Lächeln über mein Gesicht. Ich konnte diesem Menschen einfach nicht böse sein, obwohl mein Zorn wohl für uns beide besser gewesen wäre.

War dieser Mann ein verhinderter Heiliger oder schlicht und einfach ein Irrer, wie so viele seiner männlichen Freunde über ihn sagten, um mich vor ihm zu warnen? Fest stand allerdings, dass Kinder in Johannes privatem Businessplan eigentlich gar keinen Platz haben würden. Denn dafür war er viel zu sehr ein kleiner Junge und ein Egoist geblieben.

Schließlich forderte man uns auf, wieder nach drinnen zu gehen und für musikalische Beiträge Platz zu nehmen. Auch nach Ende der Veranstaltung waren wir die absolut Letzten, die das Konferenzzentrum verließen. Johannes brachte mich nach Hause. Meine Nachbarin war ebenfalls noch auf und hatte Besuch einer Schulfreundin, die uns vor der Haustüre begegnete. Es bestand keine Gefahr, dass Johannes mit mir hinauf gegangen wäre. Er signalisierte mir nicht einmal Interesse, was sich zu meiner Freude und Erleichterung auch in den darauf folgenden Wochen nicht sofort änderte.

So war ich einigermaßen sicher, dass unsere Beziehung tatsächlich im Rahmen geblieben war, und als ich von unserer Sekretärin hörte, dass er seit nicht allzu langer Zeit eine attraktive Lebensgefährtin mit guter Anstellung und Eigentumswohnung an seiner Seite hatte, gab ich es frohen Mutes auf, mir weiterhin Gedanken über zu viel Nähe oder heimliche erotische Untertöne in unseren E-Mails und Unterhaltungen zu machen.

Allerdings hatte Johannes mich unerklärlicher Weise in einigen Punkten angelogen, in denen mir das im Grunde erst Wochen nach der Ausstellung bewusst wurde.

Keine Rede war zum Beispiel davon gewesen, dass seine derzeitige Freundin ausgerechnet eine Angestellte eines unserer Kunden war, an der er nach eigener Aussage allerdings genauso wenig echtes Interesse hatte wie an unseren Kolleginnen, denen er vor meiner Anstellung in der Firma schon ab und an eine Liaison angeboten hatte. Und als Johannes mir wie selbstverständlich gestand, dass er sogar zweimal im Büro Geschlechtsverkehr gehabt hatte, wurde mir auf der Stelle übel.

Trotzdem oder gerade deshalb lag es mir fern, in Alarmbereitschaft zu geraten, als ich an einem Mittwoch im März die Einladung erhielt, Johannes am Ende des Monats zu einer Konferenz zu begleiten, die nur zwei Tage später in unserer Stadt stattfinden sollte. Wir sollten gemeinsam seinen Dienstwagen nehmen und nach dem abendlichen Geschäftsessen würde er mich selbstverständlich direkt nach Hause fahren, bot er mir an. Als ich mit meinen Blicken nach Zeichen der Unsicherheit oder Erregung suchte, nach einem Zittern der Hand und einem Zucken der Augenlider, beschämten mich meine eigene Neugierde und Eitelkeit, weil ich nichts dergleichen entdeckte. Scheinbar ganz ruhig und selbstverständlich sah Johannes mich an, während er über die inhaltlichen Details unseres Auftrags zu sprechen begann, als sei ich lediglich eine beliebige Mitarbeiterin unter vielen. Im Nachhinein weiß ich nicht, wie sehr es mich jemals mit Stolz erfüllen sollte, dass ich mich letzten Endes irrte. Ich vermute, ich sollte mich nur noch mehr für alles, was geschehen ist, schämen. Denn die falsche Sicherheit oder Nachlässigkeit, in der ich auch an dem vereinbarten Freitag vor Johannes und den Geschäftspartnern erschien, währte diesmal nicht allzu lange.

Wie ein Mäuschen in der verlockenden Falle war ich überrascht und erschüttert davon, mit welcher Selbstverständlichkeit und welchem Nachdruck in Gesten und Blicken Johannes mir just an diesem Abend nach dem gemeinsamen Essen im Restaurant auf einmal signalisierte, dass die Phase des Herantastens für ihn endgültig vorüber, seine Zuneigung mehr als gewiss und damit eine Entscheidung auch für mich unvermeidlich war.

Ein paar Schritte schneller als er lief ich voran zum Wagen und hoffte stumm, ihn auf diese Weise nicht nur sichtbar abzuhängen, sondern auch spürbar zu entmutigen. Doch kaum dass ich mich umdrehte und ihn bat, mir das Schloss auf der Beifahrerseite zu öffnen, zog er nicht etwa den Schlüsselbund aus der Tasche, sondern bloß seine leere Hand, die er mir kalt und doch so sanft auf den Hals legte, dass ich aus mehr als nur einem Grunde erschaudern musste. Obwohl nur wenige Zentimeter zwischen mir und der Autotüre blieben, wich ich zurück.

»Weiß deine Freundin, dass du heute hier mit mir allein unterwegs gewesen bist?«, fragte ich und sah zu Boden. Es war die Frage einer peinlich berührten Verunsicherten, einfallslos und durchschaubar. Ich schob seine Hand von mir weg.

»Nein«, gab Johannes mir fast regungslos zur Antwort, und ich ärgerte mich, dass ich im Grunde nur zu gut erahnt hatte, dass er wie jeder Mann mit einem begründet schlechten Gewissen genau das sagen würde, ohne wirklich etwas zu bereuen, da ihm ja die Freuden seines Paradieses längst noch nicht zu teil geworden waren, sondern nur umso verlockender auf ihn warteten. Offenbar galt auch hier, dass Seifenopern trotz seichter Wiederholungen auch nach der einhundertsten Folge immer noch interessant für ihr treues Publikum sind. Er und ich, wir traten diesmal allerdings als Darsteller und Zuschauer in einem auf. Hatte ich vielleicht an einigen Tagen die Regie geführt und ihn damit bezaubert, so hatte er nun eigene Vorstellungen davon, welche Szenen folgen sollten. Und natürlich hielt er sich dabei am allerwenigsten an die Vorgaben meines gut geplanten Drehbuchs.

Langsam zog Johannes schließlich den Schlüssel aus der Jackentasche und ließ mich einsteigen. Sobald er hinter dem Steuer

Platz genommen und den Motor gestartet hatte, schaute er an mir vorbei zum rechten Seitenfenster hinaus, um auszuparken. »Ich fahre dich heute Abend wohl nicht nach Hause. Dazu fehlt mir im Moment einfach der rechte Antrieb. Oder um es deutlicher zu sagen: Ich begehre dich so sehr, dass ich nicht weiß, wie ich heute und in Zukunft ohne dich einschlafen soll. Am liebsten wäre mir, du kämst mit mir ins Hotel gleich hinter der St. Georgskirche. Eine wunderschöne Lage, wenn man morgens früh aufstehen und vor dem Kaffeetrinken einen ersten Blick auf die Altstadt genießen will.«

Als ob er geahnt hätte, dass ich ablehnen würde, bog er am Ende des Parkplatzes dennoch nicht in Richtung Zentrum ab, sondern fuhr sofort hinaus auf die Bundesstraße, um mich zehn wortlose Minuten später vor der Haustüre meines Wohnblocks abzusetzen. Ich stieg aus und suchte verzweifelt nach den richtigen Worten, um mich zu verabschieden. Was sollte ich sagen, um einerseits das Vertrauen und die berufliche Zusammenarbeit nicht zu beschädigen, aber andererseits doch endlich die Distanz zu wahren, die es jetzt dringender denn je bedurfte, um der festen Beziehung einer fremden Frau und meiner Integrität nicht noch mehr zu schaden? Sollte ich mich etwa höflich für den schönen Abend bedanken, der aber in Wahrheit gar nicht schön gewesen war?

Meine Stimme versagte mir, als ich von draußen eine zitternde Hand zu Johannes in den Wagen zurückreichte und er sie sehr eindringlich drückte und vorsichtig mit seinen warmen Lippen berührte.

»Ach, du scheinst ja sehr zu frieren, du Ärmste. Du hast ja beinahe Schüttelfrost. Und Gänsehaut an den Armen. Sieh zu, dass du ins Warme kommst.«

Sein Blick traf mich mit väterlichem Mitleid, das in mir eine tief verborgene Sehnsucht nach Schutz und Geborgenheit berührte. »Ja, ich werde mir eine Wärmflasche machen, vielen Dank«, erwiderte ich kurz und wandte mich zum Gehen. Meine Worte klangen in meinen eigenen Ohren merkwürdig dumpf und fern. Noch immer war meine Zunge wie gelähmt und meine Lippen gehorchten kaum meinen Befehlen. Ich zog den Reißverschluss meines Mantels hinauf bis unter das Kinn. Mein schützendes Bett war nur noch wenige Meter entfernt, die Treppe hinauf, im ersten Stock. Unterbewusst wartete ich auf das erlösende Brummen des Wagens, das schnell im Dunkel verhallen würde. Da hörte ich stattdessen noch einmal das laute Schlagen einer Autotüre, dann den Klickton des elektrischen Schlosses und schließlich Schritte auf dem Gehweg hinter mir, die diesmal noch eiliger schienen als es meine vor dem Restaurant gewesen waren.

»Was ist mit dir? Hast du noch etwas vergessen?«

Johannes blieb stehen und ich konnte sehen, dass sein Atem schwerer ging und sein Herz offenbar schneller schlug, weil er so gerannt war.

»Bitte«, stammelte er, »verlasse mich nicht. Ich liebe dich. Das hatte ich vergessen dir zu sagen, als ich sagte, dass ich dich begehre. Denn es ist mehr als das. Ich liebe dich wirklich. Aus ganzem Herzen.«

Hätte es sich um einen anderen Mann gehandelt, nicht aber um Johannes, wäre ich angesichts einer solchen Liebeserklärung wohl lauthals in Lachen ausgebrochen und hätte solche Aussagen keine Minute lang ernst genommen. Auch Johannes glaubte ich nicht, was er sagte, aber ich nahm ernst, wie er es sagte, und dass er so etwas überhaupt gewagt hatte. Am schlimmsten aber war für mich seine unerwartete Eröffnung, wie tief seine Gefühle für mich offenbar schon längere Zeit gewesen waren.

Schon wieder standen wir vor einer verschlossenen Türe, und schon wieder ging es darum, Einlass zu gewähren oder auch nicht. Vor einiger Zeit war es ausreichend gewesen, ihm Einlass in mein schwesterliches Herz zu schenken, doch dies genügte nun nicht mehr. Nichts auf dieser Welt gab Johannes zwar das Recht mehr zu verlangen; dennoch forderte er mit seiner Liebe einfach alles, was sündhaft bleiben würde, weil er es seiner derzeitigen Freundin und nicht mir versprochen hatte. Wenn ich mich ihm hingab, wäre ich doch kein bisschen besser … Hatte ich dafür so lange auf den Richtigen gewartet? Und ganz unabhängig davon: Was empfand ich eigentlich wirklich für ihn, wenn es nicht bloß die Selbstbestätigung war, von einem Mann wie ihm überhaupt beachtet zu werden?

In diesem Moment stand er plötzlich ganz nahe vor mir und ich konnte seinen Atem in der nebligen Kälte der Nacht nicht nur sehen, sondern fast auf der Stirn fühlen.

Ich gab es auf, ihn darum zu bitten, fort zu gehen und berief mich darauf, dass er es sowieso nicht mehr ohne Widerstand tun würde und ich im Übrigen zu müde sei zum Schreien und Kämpfen. Der weiße Nebel, der unseren Mündern und Nasen abwechselnd entströmte, vereinigte sich gespenstisch im Licht der Straßenlaterne und unserer Außenbeleuchtung.

»Wasche mich, so werde ich rein«, flüsterte ich und blies meine neuen Wölkchen direkt zu Johannes hinüber.

»Glaubst du etwa an die Bibel?«, fragte Johannes leise zurück. »Nein«, sagte ich, »nur an den lieben Gott.« – »Und warum dann dieser Psalm?« – »Ich weiß nicht. Ich dachte nur eben spontan daran. Es gefällt mir. Weißer als der Schnee. Ich denke, das ist es, was sich alle Menschen wünschen. Aber die wenigsten bekommen es. Und ich weiß, ich bekomme es zumindest nicht mit dir, so eindringlich du mir das vielleicht auch versprechen magst.«

Zwei Stunden später lagen Johannes und ich nackt und bloß und ebenso neugierig und scheu wie die ersten Menschen in meinem viel zu kleinen Bett und zeugten ausgerechnet inmitten meiner unschuldigen Sheepworld-Decken ein Kind, auch wenn ich davon zu dieser Zeit noch nichts wissen konnte. Weiter oben habe ich sehr nüchtern geschrieben, dass wir Sex miteinander hatten, was schlicht und einfach klingen mag wie das tägliche Frühstück oder der Einkauf im Supermarkt. Aber gerade das drückt nicht das aus, was ich sagen wollte, weil mich dieser Sex vollkommen überwältigte.

Das heißt vor allem, dass ich mich kaum an Details erinnere, nur daran, dass ich rasenden Schmerz in meinem Rückenmark spürte, der sich zum Becken hin ausbreitete und mich wie ein Vulkanausbruch durchbebte, so dass ich beinahe ohnmächtig wurde.

Ich hatte also einen Orgasmus, auch wenn ich mir die so genannte Lust irgendwie genussvoller vorgestellt hatte, und bis Johannes mich verließ, war ich nicht mehr in der Lage, auch nur ein Wort zu sagen. Vielleicht sollte ich daher zugeben, dass Johannes eher Sex mit mir hatte als ich mit ihm. Er wusste ja, was er tat, und tat es routiniert. Müde war er danach, aber nicht so erschöpft wie ich. Für mich war es gewiss eine Körperbegegnung der besonderen Art gewesen, existentiell und berauschend wie noch nie, aber nichts Gemachtes, nichts Besessenes, nichts Bewusstes, und von meiner Seite aus erst recht nichts besonders Aktives. Johannes war sehr stürmisch mit mir gewesen, und so altmodisch das klingen mag, so sehr bezeichnet das für mich Johannes ganzes Wesen. Nein, der Garten Eden war es nicht für mich gewesen mit ihm. Eher die Vertreibung aus dem Paradies, voll goldener Engel mit flammendem Schwert. Und dennoch hätte ich mich wehren können und wollte es nicht. Vielleicht, weil ich mich von Anfang an keinen falschen Hoffnungen hingegeben hatte, weil mir meine Liebe zu ihm wichtiger schien als seine Liebe für mich?

Antwort@mariadelmar

gesendet am: 05/06/2009 um 14:35

von: grazygirl1

Im Februar dieses Jahres habe ich mein Baby verloren. In der neunten Woche. Für mich ist eine Welt zusammen gebrochen. Ich bin absolut gegen Abtreibung. Ich sehe es wahrscheinlich deshalb als Mord, weil das, was ich vor Kurzem erlebt habe, mich sehr sensibel für die ungeborenen Kinder und ihre unschätzbare Bedeutung gemacht hat. Jede(r) muss trotzdem für sich entscheiden. Und auch wenn ich es wollte, kann ich keiner Schwangeren die Entscheidung abnehmen und an ihrer Stelle JA zu ihrem Kind sagen, weil ich meines so sehr vermisse. Traurig, aber wahr!

Freitag, 5.6.2009

Ich hatte einen durch und durch schwierigen Tag und nutze nun die Möglichkeit, erneut zu schreiben, als ein mittlerweile bewährtes Ablenkungsmanöver, obwohl ich kaum weiß, wo ich beginnen soll.

Endlich habe ich mich überwunden und noch einmal persönlich bei Johannes angerufen, sowohl im Büro als auch in seiner privaten Wohnung. Beide Male jedoch nahm er gar nicht erst ab, obwohl er ja nicht wissen konnte, welche Nummer Franziska und ihre Mutter haben, deren Apparat ich benutzte. Keiner kann mir helfen und meine neue Ärztin will bei allem Verständnis doch bald eine klare Aussage haben. Es sei unverantwortlich, bis zum allerletzten Moment zu warten und mehrmals pro Quartal die Praxis zu wechseln, um mein Handeln zu verdecken. Der Fötus wachse ja und damit auch sein Empfinden von Schmerz. Das steigert für mich die Sorge um mein Kind und mein ureigenes Leben ins schier Unermessliche.

Man könnte jetzt Gestose bekommen, eine schwere Stoffwechselstörung, habe ich gelesen. Dann besteht Gefahr für beide und man könnte abtreiben müssen, aus Not, um sich selbst zu retten. Man kann durch die Ernährung vorbeugen, aber es erschreckt mich doch, wie abhängig das Kind und ich rein biologisch voneinander sind. Wie rasch der Fötus sich entwickelt, das sah ich neulich erst beim Ultraschall. Wir sind am Beginn des dritten Monats angelangt und das Kind misst bereits sechseinhalb Zentimeter und wiegt schon einundzwanzig Gramm. Die Augen sind vollständig ausgebildet. Zehn winzige Finger und zehn winzige Zehen lassen sich nun voneinander unterscheiden. Man kann die Anlage für die Milchzähne erkennen und die Wirbelsäule kräftigt sich. Der kleine Fötus bewegt sich auch schon ein wenig und schlägt Purzelbäume. Er ahnt von nichts.

Marias Mutter irrt sich, wenn sie sagt, Abtreibung sei nur eine Lappalie. Das wissen sowohl Maria als auch ich. Vielleicht ist Marias Mutter nur eine dumme Hauptschülerin, um es böse zu sagen, doch auch Johannes beweist trotz Diplom nicht wirklich mehr Verantwortung und mehr Hirn.

Johannes hätte mich dabei schon auf der Stelle wegwerfen können als wäre ich nur gebrauchtes Toilettenpapier. Ein wenig hätte ich es ja dafür verdient gehabt, dass ich von Anfang an wusste, wie wenig ich als einzige Frau in seinem momentanen Leben existierte. Vage tröstete ich mich damit, wie negativ Johannes von ihr, der anderen, gesprochen hatte, als sei die Beziehung sowieso belanglos und beinahe vorüber. Im Übrigen kannte ich nicht einmal ihren Namen. Schließlich glaubte ich sogar, dass es ihm eines Tages mehr Skrupel bereiten würde als mir, seine Frauen allesamt bloß missbraucht zu haben. Ein schlechtes Gewissen starb in meinen Augen nie.

Für den Moment allerdings las ich in seinen Augen nur die Frage, ob ich ihn denn bereits so liebe, wie er das ersehne, aber die Antwort konnte ich nicht geben. Meine Beckenmuskulatur war noch immer angespannt und taub, denn alles Blut und alle Lebenskraft schienen nur noch zwischen meinen Beinen zu pulsieren. Mein Kopf war leer. Meine Gedanken schritten nur langsam und behäbig voran. Mein Herz klopfte laut, die Adern pochten. Es donnerte in meinen Ohren. So ging es mir mit einem Mann, der Sex angeblich nur an zweiter Stelle wollte, aber nur zu gut wusste, wie man selbst aus Nebensächlichkeiten reichlich Kapital schlägt. Johannes war eben Diplomkaufmann. Ein leiser Anflug von lebensrettender Ironie rang mir ein Lächeln ab.

Selten in meinem Leben war ich so erschüttert. Doch heute meine ich im Rückblick auch, dass in dieser Sache Johannes Wünsche sehr wohl in Erfüllung gegangen waren. Trotz seines schlechten Verhaltens mir gegenüber hatte ich ja stets zu ihm gestanden und ihn auch gegen die Vorwürfe meiner Freundinnen verteidigt, weil ich von der ersten Begegnung in der Firma an eine tiefe Ahnung von der Schönheit seiner Seele hatte, die leider niemand sonst erkannte. Und daran würde sich auch in Zukunft niemals etwas ändern.

Kaum war ich in meinem Zimmer allein, wusste ich allerdings nicht mehr, wie mir geschah. Ich hatte keine Ahnung, was ich bei Johannes ausgelöst haben könnte und fürchtete in meinem Wahnsinn, dass er sich das Leben nehmen würde. Die ganze Nacht konnte ich nicht schlafen und weinte nur, wobei ich in mein Kopfkissen beißen musste, um nicht laut zu schreien und die Nachbarn nebenan zu wecken. Es war eine schier unerträgliche Qual, aber ich musste das durchstehen. Ich musste. Ich hatte selbst diesen Weg gewählt, als ich Johannes das erste Mal eine unerschütterliche Freundschaft angeboten hatte, die auch in Krisen ihre Treue beweisen würde. Ich war ein Risiko für ihn eingegangen, ganz bewusst.

Das Weinen tat unsagbar gut und erleichterte mich, aber ich vermied es am nächsten Morgen, den anderen im Treppenhaus und auf den Fluren der Werbeagentur zu begegnen. Julia und Charlotte schwiegen taktvoll und in mütterlicher Sorge; nur Katrin sah mich mit schamloser Neugierde über den Schreibtisch hinweg an und ließ ihre Augen mehrmals fragend über mein Gesicht wandern. Aber ich schwieg gegenüber allen Dreien. Sollte ich ihnen etwa etwas in seinem Namen sagen?

Weder in der Teeküche noch im Kopierzimmer konnte ich allzu lange verweilen, weil Johannes in spätestens zehn Minuten im

Büro erwartet wurde. Und hätte er mich gesehen, dann hätte ich schlicht und einfach keine Ruhe mehr gehabt. Erst nach der übrigen Belegschaft bin ich mittags selbst in der Kantine gewesen und habe mich gezwungen, ein paar Nudeln zu essen und gegenüber meinen Kollegen so zu tun, als sei nichts gewesen. Auch am Tag darauf konnte ich allerdings außer einem Stückchen Kuchen, das ich essen musste, weil unsere Sekretärin ihren letzten Tag hatte, keine feste Nahrung zu mir nehmen. Mir war speiübel, sobald ich nur an Johannes dachte, und nach der frühen Kaffeepause im Konferenzraum wurde mein Zustand eben auch nicht wirklich besser. Ich hatte schließlich sogar große Angst, den Tag nicht zu überstehen und zu erbrechen, was mich neben vier Stunden Arbeitszeit ferner meine wohl gehütete Unauffälligkeit gekostet hätte.

Also habe ich tapfer meine Magenprobleme und meine störenden Gedanken ignoriert und nach Möglichkeit erst einmal jene Arbeiten erledigt, die keine besondere Aufmerksamkeit erforderten. Während ich etwa eine simple Niederschrift eines Konzeptpapiers aufsetzte, konnte ich wenigstens ein bisschen in mich hineinhorchen.

Erst im Laufe des Nachmittags meldete sich endlich Johannes, auf den ich sehnsüchtig gewartet hatte, auch wenn ich zugleich froh war, ihm aus dem Wege gegangen zu sein. Wider Erwarten ging es ihm gut. Er sagte, er mache sich Sorgen um mich und wolle sich bei mir entschuldigen, wenn er zu weit gegangen war.

Da musste ich zugeben, dass ich mir Horrorvisionen ausgemalt hatte, dass er jetzt zugeben würde, er hätte tatsächlich bloß mit mir gespielt. Viel mehr aber hatte ich mich mit der Furcht getragen, dass er jetzt allen in der Firma erzählen würde, er hätte mich verführt. Doch genau das tat er vorerst nicht. Das, was ich für ihn getan hatte, sei in seinen Augen sogar sensationell gewesen, der beste Augenblick seines Lebens.

Nichtsdestoweniger hielt mich eine intuitive Niedergeschlagenheit davon ab, mich vorbehaltlos mit ihm zu freuen. Es war schön, dass Johannes meinetwegen glücklich war, aber ich war nicht sicher, ob ich jemals seinetwegen glücklich sein würde. Immerhin hatte er seine derzeitige Freundin mit mir betrogen, und wenn mich nicht alles täuschte, bedeutete unser intimes Zusammentreffen und sein Lob meiner Qualitäten noch lange nicht, dass er sich jetzt für mich entschieden hatte. Am wenigsten jedenfalls bedeutete es, dass er seiner Partnerin den Seitensprung gestehen würde. Und ich bliebe dann vielleicht doch nur das fünfte Rad am Wagen?

Wäre meine Affäre mit Johannes bekannt geworden, dann hätte ferner die Personalabteilung darauf drängen können, einen von uns zu versetzen. Die meisten Männer, die mit einer Kollegin oder Untergebenen im Bett waren, haben Angst. Der Job ist wichtiger als Gefühle, wenn es darauf ankommt. Und Kollegenkontakte und Ansehen sind mehr wert als eine Frau, vor allem dann, wenn man als Vorgesetzter mit fast allen jungen Damen im Betrieb geschlafen hatte oder sich das auch nur wünschte.

Zum Glück war es in unserem Fall sehr, sehr unwahrscheinlich, dass Gegner Johannes anfeinden würden, weil sie mich von ihm bevorzugt sahen. Dafür, dass ich es schwerer mit ihm hatte als alle sonst, hatte er von Beginn an meisterlich gesorgt.

Umso mehr war ich selbst noch tagelang ganz benommen und müde von den unerwarteten Ereignissen und ließ mich krankschreiben – mit Fieber, das gewiss nicht von einem Virus herrührte.

Antwort@grazygirl1
gesendet am: 06/06/2009 um 14:59
von: Lotte0306

Hallo, grazy girl! Du hast gestern davon geschrieben, dass es schlimm sei, dass viele Kinder getötet werden, während andere Paare gegen ihren Willen kinderlos bleiben und sehr darunter leiden. Aber gerade der Leidensdruck, der immer subjektiv ist, spielt für mich eben die entscheidende Rolle! Im Grunde stimme ich dir nämlich in deiner Nachdenklichkeit zu und möchte auch, dass möglichst viele Kinder leben. Das wünscht sich wohl fast jeder. Doch keine Frau MUSS demgegenüber gegen ihre eigene Kraft und Stärke eine Schwangerschaft durchstehen, nur weil es anderswo Paare gibt, die keine Kinder bekommen können oder deren Kinder sterben. Das wäre genauso unmenschlich, finde ich! Und was kann man da tun, um diesen Widerspruch zu klären? – Leider nichts.

Samstag, 6.6.2009

An diesem Wochenende, nur etwa vierzehn Tage, bevor ich mich spätestens zu entscheiden habe, leide ich langsam aber sicher an Realitätsverlust. Zeit und Ort verlieren ihren Bezug zu mir, doch wie im Wahn starre ich auf Uhr und Kalender, frage mich, wie ich hierher geraten bin und ob der Alptraum durch ein Fingerschnippen vielleicht endet.

Dass Johannes und ich nach unserer schwerwiegenden Liebesnacht auch noch ein Kind zusammen erwarten würden, erfuhr ich erst im gebührenden Abstand der Kalenderwochen, die eine Frau benötigt, um das Ausbleiben der Regel einem tieferen Wandel in ihrem Körper als beruflichem Stress oder falscher Ernährung zuzuschreiben. Natürlich hatte ich gewusst, dass es potentiell möglich gewesen war, ein Kind zu empfangen, weil ich doch meine fruchtbaren Tage in etwa kannte. Aber ich hätte es absurd und taktlos gefunden, sofort zum Frauenarzt zu gehen und wie bei Krankheitsverdacht nachzuforschen, ob »es« nun da war oder nicht, so wie mein Vater früher den Geschlechtsverkehr oft abwertend als das »davon« bezeichnet hatte, von dem man schwanger werden könnte. Auch die Erinnerungen an meine Freundinnen lagen mir noch schwer im Magen, denen man entweder voreilig gratuliert oder ebenso voreilig die besagten »Pillenfehler« unterstellt hatte, wenn sie nicht sofort in Freude und Jubelschall ausgebrochen waren.

Nun bestätigte mir eine Medizinerin selbst am 13. Mai, dass ich – wie man früher sagte – »guter Hoffnung« war, als ich es längst schon in meinem Herzen erahnte. Und ich konnte demnach die Praxis ebenso gefasst verlassen, wie ich sie betreten hatte. Mein Nervenzusammenbruch folgte erst am nächsten Tag.

Von zu Hause aus schrieb ich Johannes sogleich eine ausführliche E-Mail an seine private Internetadresse, um ihm die Neuigkeit möglichst diskret mitzuteilen. Es wäre wohl kaum möglich gewesen, ihn ohne die neugierige Aufmerksamkeit Dritter im Büro oder in seiner Wohnung anzurufen. Im schlimmsten Falle erfuhr es dann ja seine Partnerin, der ich es mehr aus Rücksicht auf ihre Liebe zu ihm als aus Rücksicht auf seine Liebe zu ihr verheimlichen wollte. Mir ging es sowieso nicht darum, Johannes für mich einzufordern, wie Lisa damals Christian zu meinem Nachsehen eingefordert hatte. Ich wollte nur, dass Johannes sich über sein Kind freuen würde, egal von welcher Mutter es stammte, und dass er sich Mühe geben würde, mit mir einen Modus Vivendi zum Wohle dieses Kindes zu finden.

Leider nahm Johannes die Nachricht nicht annähernd so positiv auf wie ich mir das selbst bei pessimistischer Kalkulation ausgerechnet hätte. Er ging mir systematisch aus dem Weg und äußerte sich ansonsten gar nicht. Sobald ich doch versuchte, ihn in der Firma telefonisch oder persönlich zu erreichen, ließ er sich verleugnen und nahm absichtlich einen Außentermin nach dem anderen wahr. Es war so schlimm, dass er mir, wie gesagt, nicht einmal flüchtig in die Augen schaute. Das brach mir das Herz und machte mich krank.

Obwohl es eigentlich noch nicht an der Zeit war, in den Mutterschutz zu treten, ließ ich mich deshalb von meiner Arbeit beurlauben und reichte nur Tage darauf endgültig eine förmliche Kündigung in der Personalabteilung ein. Ich nehme an, dass Johannes sehr wohl davon wusste, aber es nicht wahrhaben wollte. Beides nicht. Die Kündigung und das Kind, das eben auch sein Kind war. Ich wollte es vermeiden, mich in Zukunft mit ihm um den Unterhalt zu streiten und hoffte sogar, dass ich eines Tages doch noch einen Mann finden würde, um das Kind gemeinsam aufzuziehen, sobald ich keine Chance mehr sah, mich mit Johannes zu versöhnen. »Soll ich für Dich eine Kontaktanzeige im Internet aufgeben? Alleinerziehende Mutter sucht Vater, oder so?«, fragte mich Franziska diesmal, und ich wusste doch ganz genau, dass dieser Vorschlag weder ernst gemeint noch wirklich praktikabel war.

Dennoch konnte ich mich auf Franziska und ihre Mutter voll und ganz verlassen, die mir sogar anboten, in ihre Wohnung zu ziehen und mich regelmäßig von ihnen bekochen zu lassen.

Weil ich jetzt aber mein Wochenende trotz alledem alleine verbringe, vermisse ich plötzlich nach all den Jahren Christian so sehr, dass sich meine Einsamkeit ins Unendliche steigert. Wenn ich morgens bereits in aller Frühe kurz nach Sonnenaufgang aus dem Haus gehe, höre ich Christian manchmal aus dem Nebel rufen. Er will nicht, dass ich sterbe. Er will, dass ich lebe! Nur leider wird er diesmal auch in höchster Not nicht kommen, um mir beizustehen.

Auf den Tag genau vor drei Jahren habe ich mit Christian zum bislang letzten Male in meinem Leben telefoniert. Es war kurz nach Pfingsten und er hatte die Feiertage diesmal nicht mit der Gemeinde, sondern auf der Hochzeit von Freunden verbracht. Und außerdem musste er mit Lisa, seiner Verlobten, sprechen; natürlich auch über seine eigene Hochzeit, die für den Juli 2006 geplant war.

Ich habe es in den zwei Stunden, die wir uns am Telefon unterhielten, nicht über das Herz gebracht, ihm von meinem traurigen Alltag zu erzählen, denn jetzt hatte sich so vieles geändert. Wir hatten nicht mehr die Zeit, die wir früher hatten. Und wir stellten uns weniger Fragen, weil wir die Antworten fürchteten oder beide wussten, dass es nichts zu sagen gab. Denn nicht zuletzt stand Lisa immer in Hörweite. Alles in allem waren Christian und ich uns bestimmt nicht fremd geworden; aber ich musste endlich lernen, dass ich nicht in Christians Kirchenwelt lebte, und dass er mich in meiner nur für kurze Zeit besucht hatte. Er war mein Gast gewesen und ich fragte mich jetzt oft, ob ich das auch immer zu würdigen gewusst hatte. Das schlechte Gewissen, das ich im Umgang mit ihm immer schon verspürt hatte, meldete sich nun immer eindringlicher zu Wort. Und wenn ich mich umdrehte, dann waren dort eben nur meine Abgründe.

Ich erinnere mich noch gut, dass er mir am Ende des Telefonats mehr oder weniger nahe legte, mich vorerst gar nicht mehr bei ihm zu melden, und ich war nicht sicher, ob dies mehr seinem eigenen oder eben Lisas Wunsch entsprach. Auf jeden Fall hatte ich nicht zu widersprechen.

Mein Stolz und mein Verstand verhinderten es demnach, dass ich selbst Monate später seiner Einladung nachkam, nochmals ein Treffen mit ihm zu vereinbaren. Und auch telefoniert haben wir danach nie mehr wieder. Aber eine Aussprache und Klärung in einigen E-Mails hat es eben doch gegeben.

»Liebe Catharina«, lautete die E-Mail vom 18.5.2005 um 14:15 Uhr, die ich ganz oben auf den Papierstapel in meiner Herzchenschachtel legte.

»Mir wurde von verschiedenen Seiten geraten, mit dir gar nicht mehr über die Sache zu reden, es einfach auf sich beruhen zu lassen. Ich bin jetzt aber doch der Meinung, dass wir noch einmal darüber reden sollten. Ich glaube, das wäre einfach gut für dich. Also, denke 'mal darüber nach. Du musst aber nicht, wenn du nicht willst. Wenn du dich nicht per Mail meldest, lassen wir es eben so. Christian.«

Mit Handtuch auf dem Kopf und nur im Morgenmantel, weil ich gerade geduscht habe, fingere ich meine gesammelten Nachrichten aus der Schublade. Zum Glück ist es Laserdruck und nicht Tintenstrahler gewesen, der jetzt bloß verwischen würde. Alles wird nass. Doch einige Tropfen sind nicht Badewasser, sondern meine Tränen.

Hat das Ende meiner größten Liebe meine Ansprüche damals derart verringert und mich solch übertriebene Demut gelehrt, dass ich überhaupt Johannes in die Fänge geriet? Es bleibt mir keine Zeit darüber nachzudenken.

Franziska kommt heute über Mittag zu Besuch und ich soll für uns beide kochen. Das bedeutet meistens, dass wir ein Frauenproblem zu besprechen haben, obwohl ich im Moment nicht annähernd ahne, worum es sich diesmal handelt. Am Telefon deutete sie nur kurz an, dass sie die ganze Nacht nicht geschlafen habe und am liebsten gar nicht aufgestanden wäre. Außerdem sei sie eifersüchtig auf die Vögel vor dem Fenster. Die kleinen Meisen hätten es einfach ohne ihre Erlaubnis in ihrer Regenrinne getrieben und sie leidvoll daran erinnert, dass sie niemanden habe, mit dem sie ihre Frühlingsgefühle teilen dürfe. Da stellen sich bei Franziska immer schlechte Erinnerungen an all ihre verflossenen Liebhaber und unglücklich Verehrten ein. Das waren in den vergangenen zehn Jahren mehr als ich an zwei Händen abzählen kann.

Bis Franziska bei mir klingelt und mir ihre jüngste Leidensgeschichte anvertrauen wird, muss ich wenigstens noch die Kartoffeln und die Karotten aufsetzen und Salat waschen. Kopfsalat aus dem Bioladen mit vielen Blattläusen und Schnecken werden wir essen. Dann werden wir weitersehen, vor allem in Bezug auf Johannes und mein Baby.

Antwort@grazygirl1
Gesendet am: 07/06/2009 um 10:00
von: TimeOfYourLife

Also ich finde es, wie schon einmal geschrieben, immer noch nicht gut, dass hier Leute, die hartnäckig gegen Abtreibung eingestellt sind, obwohl sie die Not der einzelnen Frauen gar nicht kennen, hier polemisieren oder wie Grazygirl auf die Tränendrüse drücken mit ihren Geschichten von behinderten Kindern oder Totgeburten. Das ist alles aus meiner Sicht nichts als psychische Erpressung, und wenn Marias Mutter so reagieren würde, wäre das auch nicht besser als ihre derzeitige Ablehnung, macht euch das bitte klar!

Es fehlte mir gerade noch, dass die Abtreibungsgegner unter euch hier noch offizielle Gräber und Gedenkstätten für die toten Kinder fordern, so wie ich das bei einigen Spinnerorganisationen im Internet gelesen habe, die mit weißen Kreuzen auf der Straße demonstrieren oder so. Die sollen lieber dafür sorgen, dass die Bedingungen für Kinder in unserem Land vorteilhafter werden! Sind wahrscheinlich eh alles alte Jungfern, die nie in der Lage waren, meine ich. Und ihr? Wer von euch kann wirklich von sich behaupten, er wisse, worum es hier wirklich geht???

Sonntag, 7.6.2009

Vor vier Uhr dreißig nachmittags konnte ich Franziska gestern trotz meiner Müdigkeit und einer komischen Übelkeit, die fortwährend mit meiner Schwangerschaft zusammenhängen muss, gar nicht mehr aus dem Haus bekommen. Ihre Männergeschichte war natürlich wieder einmal ein heilloses Desaster und Trost ebenso wenig angebracht wie Erfolg versprechend. Und wenn ich nicht gewusst hätte, dass die Skala des Unglücks bei Franziska grundsätzlich nach unten hin offen ist, dann wäre ich bestimmt überrascht gewesen, dass sie nach den Problemen mit mehreren verheirateten oder geschiedenen Männern nun ein ganz außergewöhnliches Problem mit einem Mann bekommen hat, das eigentlich gar keines sein dürfte: denn ihr neuer Geliebter ist waschechter Junggeselle und nicht zuletzt ganz ausgesprochen heiratswillig, nur leider diesmal fünfzehn Jahre jünger.

Wie bei einer Pädagogin nicht anders zu erwarten, hat sie ihn im Kindergarten kennen gelernt, und ich musste doch lachen, als ich mir vorstellte, dass ihr Freund tatsächlich erst drei Jahre alt gewesen war, als sie selbst schon den Führerschein machte und sich jeden Samstag betrank.

Franziska gab glücklicherweise zu, dass der Reifevorsprung von uns Frauen sich nur desto schlimmer auswirken muss, wenn der Mann der Jüngere in der Beziehung ist, und mit gerade einmal einundzwanzig hatte der Praktikant nicht annähernd die Lebenserfahrung, mit der Franziska selbst unter den gleichaltrigen Bekannten immerzu auftrumpfen konnte.

Trotzdem hatte sie sich in ihn verliebt, wie sie sagte, als sie mit ihm die Vorbereitungen für das Sommerfest in Kindertagesstätte und Hort besprochen und dann gelöst und fröhlich

Bastelideen mit ihm gesammelt hatte. Als ich Franziska zweifelnd fragte, ob sie wirklich glaube, dass es Liebe sei und nicht eher kurzweilige erotische Anziehung, konnte sie mir einigermaßen glaubhaft versichern, dass körperliche Attraktivität der geringste Vorzug ihres neuen Schwarmes sei, und dass sie eine tiefe seelische Erschütterung in seiner Nähe verspüre, wie sie das seit Jahren nicht mehr erlebt habe. Natürlich spekulierte ich sofort darauf, dass sie endlich einen Menschen gefunden hatte, um ihre verdrängten Muttergefühle auszuleben. Allerdings hatte ich meinerseits ein ebenso schwieriges Faible für wesentlich ältere Männer und wollte mich mit meiner Kritik nicht allzu weit aus dem Fenster lehnen. Ich musste zugleich unter Tränen daran denken, dass es wohl zu einem guten Teil ebenso unangebrachte Vatergefühle gewesen waren, die Christian zu mir hingezogen hatten, weshalb ich mich schließlich nicht mehr in der Lage sah, Franziska irgendwelche Ratschläge zu geben. Also rümpfte ich nur vorsichtig die Nase. Ich selbst hatte mir nach der Trennung von Christian wohlweislich vorgenommen, nie wieder eine derart schmerzliche Tiefe der Gefühle zuzulassen und notfalls alleine zu leben, hatte allerdings keine Ahnung davon wie.

Wie oft konnte sich ein Mensch überhaupt unglücklich verlieben, ohne daran zu zerbrechen? War Franziska nicht eine lebendige Tote, wenn man es so betrachtete? Insbesondere ist Franziska schon fünf Jahre älter als ich und glaubt nicht mehr daran, dass sie mit zunehmendem Alter noch den Mann für ihr restliches Leben finden kann. Und damit sinken ebenso die Chancen ihrer Mutter, endlich Oma zu werden, auf ein Minimum. Ihr Bruder möchte sich auf lange Sicht lieber seinen Hobbies widmen, anstatt sich mit Erziehungsgeld und Vätermonaten zu befassen. Seit er einmal bei der Geburt der Tochter seines besten Freundes dabei sein durfte, findet er außerdem Schwangerschaft und neugeborene Babies sowieso bloß ekelhaft und alles in allem wenig wünschenswert. Wenn man einmal gesehen habe, was da aus einer Frau unter grausamen Schmerzen heraus fließe, so verderbe es einem letztlich ganz und gar den Appetit, noch einmal sein Glied in die weibliche Scheide einzuführen. »Deswegen nannten sie im Mittelalter die Vagina ja Pforte zum Verderben«, neckte Franziska ihn gewohnt süffisant. Offenbar konnte ihr Bruder nur zu gut verstehen, warum Menstruationsblut als gefährlich galt und Frausein manchmal so geheimnisvoll wirkte, dass man Hexerei und Satanskult dahinter vermuten musste. Und manchmal glaube ich, Franziska wäre zu Ehren ihres scharfzüngigen Feminismus sogar stolz darauf gewesen, selbst ganz oben auf dem Scheiterhaufen zu landen. Das hätte ihr wenigstens das Gefühl vermittelt, ernst genommen zu werden; ganz im Gegensatz zu ihrer Seelenlage heute.

Wir saßen also nach dem Mittagessen beide da, versunken in unserer Weltuntergangsstimmung. Und je länger der Nachmittag sich hinzog und sich unser Gespräch ausdehnte, desto mehr warf Franziska nach und nach all ihre Überzeugungen über Bord, angefangen bei ihrer Kinderliebe. Abwechselnd rauchten wir eine kubanische Zigarre, die ich in alten Tagen von einer Studentenparty mitgenommen hatte, obwohl Franziska und ich beide Nichtraucherinnen sind.

Die Stütze, auf die ich mich so verlassen hatte, brach. Wir heulten beide herum wie dumme Teenager und beschlossen zusammen, dass unser beider Leben nun endgültig sinnlos geworden war.

Zum allerersten Mal, seit ich Franziska kenne, war sie sogar bereit, einer Abtreibung zuzustimmen, denn sie kann jetzt verstehen, in welche Enge mich die Probleme mit Johannes drängen.

»Heißt das also, du denkst immer noch daran, dass du die Wahl haben könntest?«, fragte sie offen und unbewegt zugleich, weshalb ich nicht mehr den Eindruck gewann, dass sie diese Option noch sonderlich störte. »Ich möchte dich nicht auch noch traurig sehen …«

Ich musste zugeben, dass ich die Zweifel an meiner Mutterschaft tagtäglich erlebte, seit ich ahnte, dass ich schwanger war und wusste, dass mich bis zur zwölften Woche niemand rechtlich belangen würde, wenn ich mich gegen das Kind entschied. Mit jedem Tag ohne Johannes rückte das Familienidyll in immer weitere Ferne. Jetzt war meine Geduld am Ende. In jeder Frau mag außer der liebenden Mutter eben auch die Kindsmörderin stecken, und mit Sicherheit habe ich ein schlechtes Gewissen, obwohl mir die Frauenärzte sagen, dazu bestehe gar kein Grund, weil es den meisten Frauen so gehe.

Viel zu oft habe ich die Berichte in den Zeitungen gelesen, als dass ich mir jetzt einbilden könnte, ich sei etwas Besseres. Wenn in Deutschland jedes fünfte bis vierte Kind, das gezeugt wird, sterben muss, dann stimmt da etwas nicht. In der dritten Welt, da sterben Kinder teils noch an Unterernährung, heilbaren Krankheiten und mangelnder Hygiene. Doch bei uns im Westen werden jährlich mehr als hunderttausend Kinder abgetrieben, obwohl wir im Vergleich so reich und begütert sind und Mütter überall Unterstützung beantragen könnten. Leider wissen das viele nicht und wollen wie ich den leichten Weg wählen, den stillen Gang zur Abtreibungsklinik, weil da unsere Namen und unsere Schicksale diskret behandelt werden und wir uns vorgaukeln, dass es unseren Ruf nicht schädigen wird.

Da ich seit Mayas Überlegungen gut genug über die Methoden der Abtreibung Bescheid wusste, war ich abgeschreckt genug, mir keine leichtfertigen Gedanken zu machen. Denn ich weiß, dass es fast keine legale Tötungsweise auf Erden gibt, die eine Schwangerschaftsunterbrechung – im Fachlatein »Interruptio Graviditatis« – an Brutalität übertrifft.

Früher hatte meine Mutter mich oft vor dem Galgenhumor der Ärzte und Krankenschwestern gewarnt, den sie selbst aus ihrer Berufstätigkeit kannte, und angesichts solcher Begriffe konnte ich erahnen, was sie damit meinte. Nie war ich in den vergangenen Wochen näher daran, mich genau um eines solchen Seelenfriedens willen von meinem Kind zu trennen. Wenigstens, so überlistete ich mich, konnte das, was die Regierung erlaubte, nicht wirklich verboten sein, selbst wenn wir Menschen uns bewusst belügen.

Franziska und ich verabschiedeten uns so traurig wie selten zuvor. Ich lehnte mich langsam auf dem Sofa zurück und drehte mich auf meine Seite, um meinem Baby nicht zu schaden. Pervers war das, weil ich trotz allem soeben eingewilligt hatte, auf jeden Fall eine Beratung direkt in der Abtreibungsklinik auszumachen. Noch habe ich circa zwei Wochen Zeit, die Klinik ist leicht zu erreichen, angeblich haben sie viele Termine frei. Wenn ich auf anderem Wege bislang keine Klärung finden konnte, dann käme sie wohl spätestens da.

Nun ist der Tag gekommen, an dem es nichts mehr bringt, sich weiterhin im Kreis zu drehen. Mein Druck wird immer größer und ich tendiere zum Nein. Franziska wird mir bald schon nicht mehr helfen können. Und wie geht es gerade Maria del Mar?

Antwort@TimeOfYourLife
gesendet am: 08/06/2009 um 02:24
von: mariadelmar

So wie sich die Lage momentan entwickelt, werden mein freund und ich das kind doch nicht behalten. mein freund und ich müssen uns leider gegen das kind entscheiden, da ich heute erfahren habe, dass ich kein geld vom arbeitsamt bekommen werde und mein auszug von daheim nicht bewilligt werden wird. Habe ich mich umsonst so gefreut? Muss ich es jetzt hergeben nur wegen dem geld? Später will ich keine kinder mehr, das weiß ich jetzt schon. Denn DAS ist JETZT mein kind. Ich find es nicht gut, zu dem kind zu sagen: »Oh, ich hab jetzt nicht so viel geld, passt jetzt nicht so, also komm' wieder, wenn ich das möchte.« Aber was soll das, wenn man gleich gar kein geld bekommt? Mein freund will im herbst eine lehre in der bank machen und weiß auch nicht, ob er dann förderungen kriegt. Da habe ich wohl keine wahl, denn meine mum hat auch nichts, und von seiner familie will ich nichts annehmen wie eine bettlerin. Ich muss es wegmachen, aber ich werde niemals vergessen, wie scheiße manche zu mir waren und was für ein großer mist das rechtssystem in deutschland ist. Für jeden scheiß, z. b. rauchen in kneipen, was ja schädlich ist, gibt es ausnahmen. Aber wenn es um ein leben geht und ums überleben, dann sagen sie nur: tut uns leid, das wird auf keinen fall bewilligt. Ich bin traurig und stinksauer.

Mein Leben ist damit für immer ruiniert. Ich werde lachen, aber nicht von herzen. Ich werde da sein, aber nur körperlich. Ich werde keine gefühle mehr haben, auch nicht für meine familie und meinen freund. Meine seele wird abgesaugt mit meinem kind. Alles in mir wird sterben wie mein kind. Was bleibt mir dann? Ein paar ultraschallbilder. Ich werde dann für immer beschmutzt sein und keiner wird das ändern. Vielleicht vergeben mir die menschen um mich herum, aber selbst wenn die ganze menschheit mir vergeben könnte, ich werde es niemals akzeptieren, verstehen oder mir selbst vergeben. Warum darf es sein, dass ich es doch wollte, aber dann keiner da ist, der einem hilft?

Warum bekomme ich das bisschen geld vom amt nicht, damit mein kind leben kann? Andere sind nur faul und kriegen das geld in den a**** 'reingesteckt. Nur ich in einer echten notlage bekomme nichts. Aber über diese fragen brauch' ich mir jetzt keine gedanken mehr zu machen. Den bürohengsten ist das ja egal.

Antwort@mariadelmar
gesendet am: 08/06/2009 um 8:36
von: celebration77

Hey süße, bitte tu's nicht nur wegen der blöden Beamten. Ich weiß ja nicht, ob ihr bei euch ein Gesundheitsamt habt, aber die können dir auf jeden Fall weiterhelfen. Du musst dein Kind nicht abtreiben! Mache es nicht! Du wirst daran zu Grunde gehen, das hört man jetzt schon 'raus aus deinem Beitrag!!! Da musst du wirklich etwas falsch verstanden haben, da die staatlichen Stellen in Deutschland immer noch Frauen mit Kindern reichlich unterstützen. So etwas habe ich noch nie gehört, dass man sich gegen das Kind entscheiden muss, weil man kein Geld bekommt. So etwas gibt es nicht, zum Glück. Ich kenne Leute, die haben vier Kinder und leben vom Staat. Die kriegen reichlich Geld auf ihr Konto, solange die Kinder noch nicht im Beruf stehen. Also, wenn der Sachbearbeiter vom Amt so etwas wirklich gesagt hat, dann musst du ganz schnell mit seinem Vorgesetzen reden. Hier geht etwas falsch zu. Rechtliche Beratung bekommst du zum Beispiel bei der Diakonie. Die Beratung ist kostenlos. Auf Wunsch können Rat Suchende anonym bleiben. Die Beraterinnen und Berater stehen unter Schweigepflicht. Das Angebot reicht von Information über soziale und psychologische Beratung bis hin zur Vermittlung von finanziellen Hilfen und zur Durchsetzung von Ansprüchen. Was du an finanzieller Stütze erhalten müsstest sind immerhin Arbeitslosengeld, Elterngeld und Kindergeld sowie Wohnungsgeld je nach Lage.

Viel Glück und hoffentlich wirst du das Kleine behalten! Unser Staat muss dafür aufkommen, denn immerhin sind alle Kinder seine zukünftigen Steuer- und Rentenzahler!!! Da hast du außerdem das gute Recht, mit dem Vater des Kindes zusammenzuziehen. Denn es wäre ja keine günstige Lebenssituation, wenn du mit dem Kind bei deiner bösen Mutter bleiben müsstest. Immerhin braucht ja ein Kind auch den Vater. Das verstehen auch die Behörden und bewerten euch als eigene kleine Familie, obwohl ihr nicht verheiratet seid.

Die Benachteiligung von Kindern aus unehelichen Lebensgemeinschaften ist ja schon abgeschafft. Du hattest da bestimmt einen sehr unfähigen Sachbearbeiter, aber es gibt beim Jugendamt viele Sozialarbeiter, die schwere Fälle wie deinen kennen und engagiert dafür eintreten. Erkundige dich doch mal! Wofür hast Du denn Zugang zum Internet??? Alles Liebe und nur Mut!

Antwort@celebration77
gesendet am: 08/06/2009 um 16:19
von: mariadelmar

Hallo! Meine Lage ist einfach blöd, weil mein freund nicht genau weiß, ob er bafög bekommt, wenn er nach dem zivi seine ausbildung beginnt. Meine mutter hat seit kurzem wieder arbeit, jammert aber trotzdem, was das kosten wird. Ein kind ist außerdem laut arbeitsamt kein grund für jugendliche auszuziehen. Unsere wohnung war ja für uns sowieso ein bisschen groß, das stimmt sogar. Also wird das nach gesamtquadratmeterzahl berechnet. Da hätte ein kind natürlich theoretisch noch platz, aber wer schaut auf die hintergründe? Ich würde ja am liebsten zu meinem freund ziehen. Habe aber tatsächlich gehört, dass ich nicht ausziehen darf, weil ja alle anderen unter 25 auch nicht ausziehen dürfen ohne not. Und somit würde ich kein geld bekommen, wenn ich es doch täte. Dann kriege ich nichts, weil ich mich ja selber in die situation gebracht habe, sagen sie. Dazu kommt, dass meine mutter dann auch wieder beihilfen beantragen müsste, weil ihr gehalt ohne mein kindergeld nicht mehr reicht. Mit 18 bekommen wir keinen unterhalt von meinem vater mehr. Was bleibt mir denn dann anderes, als abzutreiben? Ich verstehe die gesetze in deutschland wirklich nicht, sorry!

Dienstag, 9.6.2009

Frau Singer hat mir unaufgefordert Babykleidung ihrer Enkelin vor die Türe gelegt. »Wird es ein Mädchen?«, fragte sie heute draußen an der Mülltonne und ich war schockiert, dass sie von meiner Schwangerschaft wissen konnte, denn sie wohnt nicht einmal neben mir. Wahrscheinlich hat Franziskas Mutter sich verplappert als sie letzte Woche hier war, um mir zu helfen, meine Gardinen aufzuhängen. Am liebsten hätte ich da einfach nur lauthals geschrien. Denn bei allem, was Franzis Mutter Frau Singer wohl erzählt hat, hatte sie ihr offenbar verschwiegen, dass ich das Kind gar nicht will. Mit dem Geschlecht wollte ich mich bislang nicht im Geringsten befassen, wenn ich ehrlich bin. Doch die Wahrheit sagte ich Frau Singer nicht. Stattdessen habe ich mich artig für die Sachen bedankt und damit nun erst recht den Skandal provoziert, dass alle mit dem Finger auf mich zeigen werden, wenn ich nächste oder übernächste Woche frisch und fröhlich durch das Treppenhaus marschiere und alle wissen: Die ist jetzt nicht mehr schwanger!

Der Arzt hätte mir erst in vierzehn Tagen zu sagen gewagt, welches Geschlecht mein Baby hat. Das brauche ich jetzt gar nicht mehr zu wissen, zumal die Bestimmung allgemein nur möglich ist, wenn das Kind günstig liegt und seinen Unterleib nicht verdeckt.

Genau wie die kleine Maria habe ich mich mittlerweile so in all meine wirren Gedanken hinein gesteigert, dass ich, die Frau, die immer gegen Abtreibung war, nun drei Stunden vor dem Computer saß, um Abtreibungskliniken zu finden. Immer wieder erfüllt mich Panik und genau wie Maria denke ich dann, es bliebe mir eben einfach nichts anderes übrig.

Ich bin nicht ich selbst und kann selbst das nicht ändern. Zwar bin ich sicher die Person, die den Termin vereinbaren wollte, und ich allein nahm den Telefonhörer zur Hand; aber wie sollte ich noch einen klaren Kopf bewahren nach all den Wochen des Wartens, Zweifelns, Verzagens?

Gestern, genau um vier Uhr nachmittags, habe ich beim nächstgelegenen Gynäkologen angerufen, der auch Abtreibungen vornimmt. Meine Frauenärztinnen haben mir zwar den Schein empfohlen, machen so etwas aber nicht, wie sie sagten; und beide schienen froh darüber.

Jedes Mal, wenn ich zum Einkaufen gehe oder nur schwerfällig und einsam um die Häuser spaziere, bilde ich mir ein, wenn ich nach Hause käme, dann warte bestimmt der lang ersehnte Brief von Johannes auf mich, in dem stehen wird, was ich von so vielen Frauen im Internet lesen musste, die von den Reaktionen ihrer Partner berichten: »Schwanger bist du? Mein Gott, ich hab's gewusst! Ich bringe mich noch um! Treib' es ab! Oder willst du es etwa bekommen? Mit mir jedenfalls nicht!« Hinterher sitze ich noch als allein erziehende Mutter da und keiner will mich. Und doch wollte ich gestern unbedingt die bestmögliche Klinik finden und sicher sein, dass ich dort gut behandelt werde. Wenn man sich für eine Abtreibung entscheidet, dann soll es wenigstens keine unnötig dramatische Erfahrung werden. Es reicht mir ja so schon.

Also habe ich mich endlich an eine ganz kleine Praxis und einen Frauenarzt gewandt, der in einer Tagesklinik operiert, weil ich mich nicht in ein großes Krankenhaus überweisen lassen wollte, wo man womöglich wie in einer Fabrik abgefertigt wird, routinemäßig und ohne großartig darüber nachzudenken. Demgegenüber hoffe ich, dass ich einen Arzt gefunden habe, bei dem es schnell und dennoch tröstlich über die Bühne gehen wird, was auch immer ich mir darunter vorstelle.

Die Sprechstundenhilfe, mit der ich telefoniert habe, war wirklich sehr nett und wies mich nur darauf hin, dass ich meinen Beratungsschein mitbringen müsse. Den habe ich ja bereits. Also hat sie mir sofort für heute Vormittag um zehn Uhr einen Termin zur Voruntersuchung gegeben. Ich wollte nicht, dass Franziska mich begleitet, obwohl sie bestimmt sehr verständnisvoll gewesen wäre. Genauer gesagt wollte ich es gerade deswegen nicht. Mich muss in meinem Tun hier niemand seelisch unterstützen oder freisprechen, und dass Franziska ihre Meinung zur Abtreibung nun doch so plötzlich relativiert hat, finde ich sogar enttäuschend.

Ich hätte sie gebraucht, um weiterhin zu irgendeinem Menschen aufzuschauen. Meine Selbstachtung ist jedenfalls dahin. Dem Arzt, bei dem ich heute war, habe ich das nicht so geschildert und habe auch die Tränen zurück gehalten, damit er nicht auf die Idee käme, mich wegen psychischer Labilität nicht zu behandeln und unverrichteter Dinge nach Hause zu schicken. Wie ein Mann, dem es Spaß macht, kleine Babies zu töten, sah er jedenfalls nicht aus, egal was man im Internet sonst über Abtreibungsärzte verbreitet.

Wenn ich mehr Zeit und mehr Mut mitgebracht hätte, so hätte ich ihn gerne nach seinem Berufsethos und vielleicht auch nach seinem Glauben befragt. War das hinter der freundlichen Maske auch ein Kerl wie dieser Arzt, von dem ich gelesen hatte, dass er stolz ist auf das, was er tut? Glaubte auch er, Frauen die verlorene Würde wiederzugeben? Gewiss spricht das meinen eigenen Wunsch nach Emanzipation und Liebe an. Nur die Auffassung davon, was Freiheit und Liebe bedeuten, ist nach Jahren schlagartig eine andere.

Mit feuchten Augen und zitternden Händen füllte ich einen Fragebogen aus und der Arzt, bei dem ich jetzt am Tisch im modern eingerichteten Behandlungszimmer saß, schien ehrliches Mitgefühl mit mir zu haben. Ich brachte kein Wort heraus und fand es schwer genug mit Nicken und Kopfschütteln auf die Fragen der Arzthelferinnen zu antworten. Eine von ihnen nahm mir Blut ab und fragte mich zum Glück nicht weiter, wieso für mich nach so vielen Wochen Bedenkzeit nun doch eine Abtreibung in Frage käme. Nur dem Arzt legte ich meine Situation dar. Er lachte mich nicht aus, obwohl ich das an seiner Stelle gerne getan hätte.

Bei der vaginalen Untersuchung sah ich auf einem Bildschirm den Embryo, der erneut ein Stück gewachsen war und lebendig seine winzigen Arme und Beine von sich streckte. Vorsichtshalber schaute ich zur Decke und vermied es, den Gefühlen für mein Kind weiteren Raum zu geben. Es war entsetzlich. Schon vor einigen Tagen hatte ich ja eine Webseite entdeckt, die notariell beglaubigte Fotos von den Ergebnissen einer Ausschabung je nach Alter des Ungeborenen zeigt. Ich wollte nichts verharmlosen müssen und ekelte mich dennoch vor mir selbst.

Vielleicht war es im Nachhinein ein Fehler, überhaupt so lange zu überlegen? Wie wäre es denn wirklich, wenn ich das Kind mit Hilfe von Staat und Kirche großziehen müsste? Schäme ich mich nur um meinetwillen, weil ich egoistisch und eitel bin? Oder geht es wirklich um das Wohl eines Kindes, das ohne Vater aufwachsen wird und vielleicht mehr Zeit in fremden Händen verbringt, als gut für es ist?

Bischöfen und konservativen Politikern ist gewiss Recht zu geben, dass Zärtlichkeit und familiäre Nähe für Kinder in den ersten Lebensjahren unabdingbar sind. Und ebenso muss – wie Psychologen fordern – eine unzulässige Kollektivierung von Babies nach rein marktwirtschaftlichen Gesichtspunkten verhindert werden. Aber weil der Missbrauch nicht automatisch den rechten Gebrauch in Abrede stellt, wäre eine Diskussion um das Wie der

Kleinkinderbetreuung außer Haus vielleicht fruchtbarer als die ideologische Verhärtung der gegnerischen Fronten.

Schließlich beweisen die zahlreichen Skandale um innerfamiliäre Misshandlungsfälle immer wieder, dass die Idealbedingungen in deutschen Familien generell nicht existieren. Keinesfalls ist es also so, dass es ausreichen würde, den Eltern von Staats wegen bloß mehr Geld und Zeit zu geben, um Krippenplätze überflüssig zu machen. Und sofern zu Unwissenheit und Überforderung noch Zügellosigkeit oder ein fragliches Menschenbild hinzutreten, muss ich fast einer Kollegin zustimmen, die provokant formulierte: »Lieber ein lebendiges Kind in einer Krippe, als ein totes Kind in einem Kühlschrank!« Und jetzt wird so getan, als hätten die böse Wirtschaft und die böse Regierung plötzlich die selige BRD aus einer ehemals heilen Welt der Kinderfreundlichkeit und Musterfamilien gerissen?

Da steht der Arzt plötzlich mit einem Terminkalender vor mir und schlägt mir Mittwoch, den 24.6.2009, um halb acht in der Frühe vor, ganz in der Nähe in einer Tagesklinik. Das Datum liegt sehr knapp am Ende meiner zwölften Woche, aber ich bin dankbar, dass mir bis dahin Ruhe gegönnt ist. Auch der Arzt scheint zu sehen, wie sehr ich leide, und es nur noch meinetwegen zu verzögern, nicht zum Wohle des Kindes. Auch der Termin am Morgen kommt mir sehr entgegen. Da wäre ich gegen zehn schon wieder zu Hause und hätte Zeit, mich den Nachmittag über zu erholen, es mir gut gehen zu lassen, meine Freundin zu treffen. Ich nicke, als er mir versichert, die Vollnarkose sei zuverlässig und erprobt, da würde mir nichts passieren. Doch natürlich muss er mich pro Forma dennoch auf einem langen Bogen über mögliche Risiken informieren. Ich unterschreibe im Delirium. Eine junge Sprechstundenhilfe will nett zu mir sein, als ich gehe und ruft mir noch hinterher: »Wir freuen uns auf Sie!«

Aber ich freue mich gar nicht.

Was ich tue ist eine Schande, so schießt es mir ein letztes Mal durch den Kopf. Aber gleich sind alle Skrupel wieder vergessen. Und auch Franziska lobt ganz überraschend die gute Atmosphäre, als ich ihr zu Hause davon erzähle. Sie sei überrascht, dass man sich doch so sehr auf die Patientinnen einlasse. Was sie erwartet hätte, sei ein Massenbetrieb gewesen. Aber heiligt die Methode schon die Mittel?

Auf dem Rückweg im Zug sprach ich jedenfalls mit keiner Menschenseele. Dann dachte ich an meine Familie. Vier Kinder sitzen im Geiste auf der Sitzbank mir gegenüber und lachen. Aber ihre Namen kenne ich nicht. Nur ihre blassen, blutleeren Gesichter.

An der vorletzten Haltestelle packt es mich und ich bücke mich erschreckt nach vorne unter meinen Sitz. Ich hatte Kinderblut vermutet, aber da ist nichts zu sehen. Zu Hause drückt Franziska meine Hand und bringt mir einen heißen Tee, weil ich trotz des sommerlichen Wetters friere.

Vor einiger Zeit, als ich schwor, dass ich niemals an Abtreibung denken würde, habe ich auch von einer Klinik in Lateinamerika gehört, wo sie die Kinder vor der Tötung sogar taufen, selbstverständlich im Beisein eines geweihten Priesters. »Engelmachen« nannte man das früher. Und angeblich gibt es noch immer Menschen, die denken, es sei schon besser so, die Babies gleich in den Himmel zu schicken, als ihnen ein Leben in Armut und Gewalt zuzumuten, mitten in den Slums lateinamerikanischer Städte.

Da könnte ich mich fast noch rühmen, mir immerhin ernstere Gedanken gemacht zu haben. Denn, nein, ich glaube nicht, dass ich ein Frauenrecht auf Abtreibung habe. Daher bin ich bereit zu büßen. Verzweifelt beiße ich mir in den Arm, als ich außerdem an eine Klinik in Barcelona denke, in der angeblich illegale Spätabtreibungen vollzogen wurden, bis die Europäische Union durch die dänische Presse Wind davon bekam. Bis zur dreißigsten Woche sollen sie dort Kinder getötet haben und ich frage mich, ob die Klinik nicht vielleicht genauso ordentlich und freundlich war wie die, die ich gerade selbst besucht habe.

Der Tod, der lässt sich gut kaschieren und beinahe zelebrieren, so leise kommt er da, begleitet von hervorragender Technik und Medikamenten, als »prokreative Gesundheit« getarnt.

Und doch, was soll ich sagen, da ich nicht mehr siebzehn bin? Ich hoffe nur, dass Maria del Mar nicht handeln wird wie ich, und das meine ich ehrlich. Wie wäre sie, wenn sie in meinem Alter wäre, die ersten Spuren eines harten Lebens im Gesicht, die erste Angst vor Einsamkeit vor Augen? Ja, mit dreißig, da würde Maria wahrscheinlich nachgeben. Da würde sie keine Zukunft mehr darin sehen, ihren derzeitigen Freund zu heiraten. Oder es käme schlimmer und er würde sie für eine Jüngere verlassen. Eine Heirat aus Not oder eine voreilige Rückkehr zu unseren Eltern können jedenfalls weder ihr noch mir noch unseren Kindern irgendeinen Vorteil bringen. Und wenn nur wir erziehen, können leider auch nur wir das Einkommen nach Hause bringen.

Eine Sorge zuviel für unser Leben scheint uns das, weil die Leute uns hinter verschlossenen Türen und vorgehaltenen Händen peinlich berührt fragen und bedrängen: »Wollt ihr es denn nicht abtreiben lassen?« Es ist früh genug. Die Väter sind nicht da. Wir sind in Not. »Wollt ihr euch denn das Leben ruinieren?«

Der letzte Kampf in mir hat längst begonnen, ein Kampf zwischen Gut und Böse. Und wie soll ich noch Liebe geben, wenn ich selbst nicht geliebt werde?

Antwort@celebration77
gesendet am: 10/06/2009 um 12:46
von: mariadelmar

Danke! Werde jetzt mal beim jugendamt fragen. Kümmern die sich überhaupt noch um eine fast 18-jährige? Trotzdem rufe ich auf jeden fall mal an. Ich sage ja, ich versteh' nicht ganz, wieso ich nichts bekomme. 😐 Ich hasse schreibkram. Und diese woche gehe ich auch noch einmal zur beratung bei donum vitae. Wenn die auch behaupten, dass ich kein arbeitslosengeld bekomme, sondern gleich hartzIV, dann gehe ich ende der woche auch noch in die klinik. Muss ich ja dann wohl! Was bleibt mir denn anderes übrig? Ich weiß, dass ich mich jetzt wie eine scheißkapitalistin verhalte, die es nie vom geld abhängig machen wollte, aber wenn ich ganz ehrlich bin, dann habe ich einfach fest damit gerechnet, dass ich insgesamt wenigstens so an die 1000 euro bekomme, um anständig leben zu können wie jeder andere auch. Mein kind soll ja gescheite kleider kriegen und gesundes essen, damit nicht alle denken, dass wir asozial sind und es später von den anderen kindern gehänselt wird. Wenn das jedoch weg fällt, geht es nicht, denn ich will wirklich nicht leben wie die asylbewerber und betteln müssen. Dann MUSS ich es abtreiben! Tja, aber dann bin ich diejenige, die ihr leben lang bluten wird. Kein anderer. Ich weiß, dass die schmerzen dann nie aufhören. Also vielen dank an das tolle deutschland und die zahlreichen unterstützungen für minderjährige mütter! Das macht mich nämlich kaputt, abgesehen eben von meiner mutter.

Mittwoch, 10.6.2009

Als Einzige im Internet habe ich heute Mittag Marias jüngsten Beitrag gelesen. Sofern ich nicht die Einzige war, hat jedenfalls niemand sonst etwas dazu geschrieben.

Naiv ist es gewiss, dass sie denkt, man könne einfach so auf die Ämter gehen und dann sofort eintausend Euro bar auf die Hand kriegen. Die Antragswege sind eben verschlungen und oftmals besteht ein größerer Zuschuss dann aus vielen kleinen bewilligten Einzelsummen. Noch nachdenklicher aber stimmt mich, dass plötzlich von ihrem Freund gar nicht mehr die Rede gewesen ist. Ist er denn etwa nicht mehr zu den Behörden mitgekommen, als beträfe ihn das nicht?

Ich selbst, ich habe ja noch nicht einmal begonnen, meine Elternzeit entsprechend zu organisieren. Im Moment kalkuliere ich jede Woche so, als wäre ich alleine und würde das auch bleiben. Da spürt man bei Maria eben doch, dass sie im Gegensatz zu mir sehr gerne Mutter werden will. Bedenklich ist da eben nur, welche finanziellen Bedingungen sie stellt. Die werden sich wohl kaum erfüllen.

Wie soll sich das entwickeln, wenn ihr Freund sie schließlich verlässt, um sich in Ruhe auf seine Ausbildung zu konzentrieren?

Ich wünsche dem armen Mädchen endlich einmal wahre Liebe und kann ihr zugleich nicht im Geringsten versprechen, dass sie sie finden wird. Entweder kommt sie ganz von selbst, oder sie begegnet einem nie.

Als ob es tatsächlich die Fügung des Himmels gebe, bin ich ja um die Zeit meiner Zwischenprüfung, zu der ich fast täglich bis zehn oder elf Uhr abends in der Bibliothek verbrachte und am

Sinn des Lebens zweifelte, viel früher und gewaltiger dem Mann meines Lebens begegnet, als ich nach den Enttäuschungen mit Peter je für möglich gehalten hätte. Christian heißt dieser Mann, von dem ich leider nicht das Kind erwarte. Denn er hätte es bestimmt gern gehabt und wäre dankbar dafür gewesen. Sein freudestrahlendes Gesicht sehe ich vor mir, sobald ich nur an ihn denke. Und manchmal möchte ich da gerne wissen, wie Sex mit Christian jetzt gewesen wäre.

Seit er verheiratet ist, darf ich gar nicht mehr darüber nachsinnen. Ich schäme mich sonst vor seiner Frau, die im Übrigen froh ist, dass ich nicht mehr in seiner Nähe lebe. Sie weiß ja, dass ich Christian noch immer liebe, wie man nur den Menschen lieben kann, der einem das Leben rettet. Ja, mit Christian fing mein Leben vielleicht sogar erst an. Und erst durch Christian lernte ich: »Nimm nicht immer alles so wichtig; vor allen Dingen dich selbst nicht!« Denn damit meinte er im Grunde auch: »Kümmere dich doch endlich einmal um dich!«

Christian war es, für den ich täglich fröhlich aufgewacht und selig eingeschlafen bin, nachdem ich zuvor morgens oft nicht aus dem Bett kam, wo mich mein lieb gewonnener Halbschlaf fesselte und jene sanfte Müdigkeit, die alle Schmerzen eine Zeit lang verbannt. In vielen Briefen half er mir meine Vergangenheit zu begraben und ein Leben voller Neugierde und Gelassenheit zu beginnen, vielleicht sogar an seiner Seite. Eigentlich wäre Christian, der heute als promovierter Theologe und Lehrer im Schulreferat tätig ist, gar nicht Diener der evangelisch-lutherischen Landeskirche und des Kultusministeriums, sondern Rechtsanwalt geworden, wenn nicht verschiedene Faktoren es verhindert hätten, dass er sein Jurastudium abschloss. Sein Theologiestudium hatte er jedoch mit Bestnote beendet und war ein strenggläubiger Kirchgänger, das wurde mir bald deutlich. Obwohl ich mich sonst nicht übermäßig für fromme Männer begeisterte, spürte ich sofort, dass sein Verzicht auf eine Anwaltslaufbahn zugleich ein Segen für mich sein musste. In der Juraabteilung nämlich hätte ich ihn sicherlich nie kennen gelernt oder kennen lernen wollen.

Mir gefiel seine abwechslungsreiche und freche Art zu schreiben, die so gar nicht zu seinem biederen Äußeren passte und mich nicht bloß in meinem eigenen Selbstmitleid bestätigte. Man darf so vieles nicht aus den Augen verlieren. Dazu gehört auch die Familie, die Beziehung zu den Eltern und deren Wohlergehen. Dazu gehört in meinem Falle an vorderster Stelle meine Mutter, die ich höchstens ein bis zwei Mal pro Jahr gesehen habe, und die es ihrerseits vermied, mir allzu persönliche Briefe oder sogar Bilder zu schicken.

Doch nicht nur in meinem Leben gab es dunkle Flecken, sondern auch im Leben von Christian, was aber langsamer und weniger selbstverständlich ans Licht kam, weil er sein sicheres und beschützendes Auftreten mir gegenüber zu verteidigen hatte. Eines Tages gestand er mir aber doch, warum er lange Jahre zurückgezogen und einsam geblieben war und nie geheiratet hatte. Er sagte, das sei die Panik gewesen, einer Frau niemals zu genügen.

Auch seine Eltern hatten versucht, ihn sich zum Ebenbild zu machen, ganz nach ihren Wünschen. Denn er war nicht einfach ein Zufallsprodukt wie ich, sondern geplante Erzeugung. Christians Kindheit war so behütet gewesen wie ich mir das kaum vorstellen konnte. Denn jeder seiner Tage war geprägt von musikalischer Früherziehung, Privatschule und Nachhilfe. Ich schwankte anfangs, ob ich ihn dafür bemitleiden oder beneiden sollte, weil seine Eltern sich derart um ihn bemüht hatten. Seine Eltern wollten unbedingt das Beste für ihn, ihren einzigen Sohn, das Wunschkind. Für ihn setzte man alles ein, für ihn stresste man sich, machte Überstunden, fuhr kilometerweit zu Veranstaltungen und unterwarf sich dem Bildungsdruck. Für ihn setzte man das eigene Leben aufs Spiel, aber natürlich erwartete man von Christian im Gegenzug mehr als ein Junge allein höchstmöglich geben konnte.

Und das war der Grund, warum Christian seine warmen Sommernächte als Student eher mit den Büchern als mit Freunden verbracht hatte, in sich gekehrt und voller Angst vor einer zwischenmenschlichen Beziehung, die wertvolle Arbeitszeit kosten und einen Blick über den eigenen Schreibtisch hinweg verlangen müsste.

»Überforderung in ihrer reinsten Form, wenn Sie so wollen!«, beschrieb mir Christian seine ersten drei Semester als Student der Rechtswissenschaften eines Tages beim gemeinsamen Mittagessen in der Mensa, als wir uns noch nicht duzten. »Ich bin sehr oft an allen Ansprüchen gescheitert. Eine Weile saß ich jeden Tag bis spät am Abend da und brachte gar nichts mehr auf die Reihe, fürchtete mich vor meinen Zwischenprüfungen am Ende des vierten Semesters, vor nahenden Todesfällen, Ablehnung, Ausgrenzung, Enttäuschung, Hass. Auch meine Dozenten an den juristischen Lehrstühlen haben anfangs in gewisser Weise in das Horn geblasen, das ich nur zu gut aus meiner Familie kannte. Denn wie sonst hätte sich Herr Dr. Müller das Recht herausgenommen, mir Vorschriften über mein gesamtes Leben zu machen? Noch immer verfolgt mich der Gedanke an jenen Tag, an dem er mich von meinem Computer wegholte und zu einer Unterredung in sein Büro bat, wo er mich dann wissen ließ, wie unzufrieden er mit meinen universitären Leistungen war. Wenn ich nicht so wäre, wie ich leider nun einmal bin, hätte ich vielleicht gelacht und über solchen Größenwahn bloß überlegen den Kopf geschüttelt; aber so ging ich damals am Boden zerstört nach

Hause und weinte hinter verschlossener Türe, bis ich vor lauter Tränen nichts mehr sah. Denn alles, was soeben geschehen war, gab mir das schreckliche Gefühl, in meinem Leben bislang gar nichts richtig gemacht zu haben. Ich fühlte mich sehr klein und unverstanden und sehr nutzlos obendrein. Den endgültigen Anstoß mein Jurastudium abzubrechen und mich der Theologie und einem neuen Lebensstil zuzuwenden aber gaben mir tatsächlich erst die katastrophalen Ereignisse bei meinen Eltern, die mich so in die Verzweiflung gerissen haben. Da war mir bewusst, dass aus mir kein Rechtsanwalt mehr werden würde. Und meine Eltern gingen an die Decke.«

Sein Vater und seine Mutter waren genauso alt wie ich jetzt, als Christian damals geboren wurde. Sie hatten beide akademische Bildung und fühlten sich verpflichtet, ihrem Kind eine vergleichbare Karriere zu ermöglichen. Ich bin traurig, wenn ich jetzt länger darüber nachdenke, dass ich vielleicht nicht anders handeln und das Thema Kindererziehung irgendwann viel zu ernst nehmen könnte.

Und ich denke auch an all die jungen Paare mit Kindern, die mir schon bei Franziska in der KiTa oder im Supermarkt begegnet sind, hektisch und immer auf der Suche nach den idealen Angeboten. Wenn nicht »pädagogisch besonders wertvoll« auf den Spielzeugen steht, kauft man sie nicht. Und beim Essen muss es Bio und Vollwert sein, natürlich. Die meisten jungen Eltern in meinem Alter fühlen sich deshalb leider auch dann finanziell unter Druck, wenn beide Partner arbeiten. Der Kampf um den Wiedereinstieg in den Beruf nach der Erziehungsphase, der Stress mit Pisa und Co., die sinnvolle Freizeitgestaltung, die ökologisch erstklassige Ernährung – all das belastet Geist und Geldbeutel und Gesundheit schwer. Immer weniger hat man jeden Monat zur Verfügung, immer weniger Zeit nur für sich. Und ich bin unsicher, ob es stimmt, dass zufriedene Kinder ihren eingespannten Eltern immer auch Zufriedenheit und Kraft zurückgeben. Schnell ist man ja bei elterlichen Nöten auch im ach so treuen Freundeskreis allein gelassen, statt nachbarschaftlicher Hilfe erreichen einen höchstens Klagen über die unerzogenen Gören. Oder die Leute haben Mitleid mit den Kindern und attackieren die armen Mütter. Das Werten und Wettbewerben beginnt in den Kindergärten und endet nicht einmal in den eigenen vier Wänden. Denn alles soll perfekt sein, und wo es das nicht ist, brauchen wir sofort Therapeuten und Medikamente.

Damals, als Christian mir erzählte, dass er diesen Wahnsinn schon in den angeblich so liberalen Siebzigern in aller Härte durchlebt hatte, fragte ich mich, ob es nicht besser wäre, Kinder nach der Geburt sofort im Wald auszusetzen und sich selbst zu überlassen. Die Chance, dass trotzdem aus ihnen brauchbare Menschen würden, schien mir im Grunde höher als in den »Gefängnissen« der zivilisierten Aufzuchtindustrie. Denn weder Christians Familie noch meine eigene hatten trotz größter Mühen nennenswerte Musterwerke der Erziehungskunst vollbracht. Stattdessen mussten wir nun gegenseitig unsere Wunden verbinden.

Antwort@celebration77
gesendet am: 11/06/2009 um 15:49
von: mariadelmar

Gestern waren mein freund und ich noch einmal bei donum vitae. Behalten will er das Kind zwar nicht unbedingt, aber er würde zu uns stehen, sagte er. Die beraterin hat gesagt, dass das arbeitsamt spätestens bei der geburt zahlen muss, auch wenn sie sich jetzt weigern. Ich würde also ganz bestimmt 'was bekommen. Wenn mein freund jetzt endlich auch mit seinem papa spricht und meine mama mich nicht weiter terrorisiert, werden wir unser kind behalten! Mein freund hat sich sehr gefreut, als ich mich freute. Auch seine mutter, der er es jetzt schon gesagt hat, hat sich für uns gefreut. Jetzt müssen wir es außer dem vater irgendwann noch seinen freunden und seinem bruder sagen, aber damit warten wir noch ein bisschen. Im august würde ich gerne zu ihm ziehen. Sie haben noch zwei zimmer frei, weil die geschwister ja eigene wohnungen haben. Dann müssen wir noch ein bisschen was renovieren, vor allem das kinderzimmer für mein baby! Ich möchte hier jetzt mal allen danken, die mir schreiben und mir viele gute tipps geben! Das hat mir oft neue hoffnung gegeben. Eure Maria.

Donnerstag, 11.6.2009

Natürlich ahnte ich nicht von Anfang an, wie sehr Christian meinen Lebensmut steigern würde, denn bei den ersten Begegnungen, die ich mit Christian noch ganz in meine Arbeit versunken zwischen den Regalen der philosophischen Teilbibliothek hatte, würdigten wir uns gegenseitig nur kurzer und zwangsläufig höflicher Blicke.

In einigen Situationen war es mir sogar regelrecht lästig, dass dieser stets mit hohen Bücherstapeln beladene Mann mit Anzug und Krawatte, den ich für einen ausgesprochenen Spießer und Doktorandenstreber hielt, immerzu nach den gleichen Signaturen zu suchen schien wie ich und mir oft genug den Weg oder zumindest die Sicht versperrte, wo ich es doch so eilig hatte, meine Prüfungsliteratur zu finden.

Sobald ich mühsam auf die wackeligen Trethocker geklettert war und mit meinen viel zu kurzen Armen nach den dicksten und schwersten Bänden ganz oben auf den Ablagen griff, tänzelte er auch noch unter mir und neben mir herum, was mich noch zusätzlich so sehr aus dem Gleichgewicht brachte, dass ich einmal fast mit zwei ansehnlichen Exemplaren der SUMMA THEOLOGICA des Thomas von Aquin auf ihn gefallen wäre.

Knallend ließ ich die Bücher zu Boden sausen und hielt mich gerade noch mit beiden Händen an den Eisenstangen der Regale fest, bevor mir Schlimmeres zugestoßen wäre. »Blöder Affe!«, dachte ich mir außerdem und sah verbissen zu dem Anzugträger unter mir herunter, dessen braune Augen aber diesmal fröhlich hinter seiner randlosen Brille hervor leuchteten, anstatt leer und nachdenklich über die Buchrücken mit der Signatur 75 zu gleiten.

»Na, wollen Sie mich hier mit der christlichen Dogmatik erschlagen, oder wollen Sie mich bloß bekehren?«, fragte der fremde Studiosus spöttisch, aber half mir höflich, ohne weitere Pannen von der Trittleiter zu klettern. Er war stärker, als ich erwartet hatte, und seine großen Hände legten sich sicher um meine Handgelenke.

»Keines von beidem«, antwortete ich, »ich bin selbst nicht getauft, wenn Sie das wissen wollen.«

»Ach!«, rief der Fremde aus und seine Augen funkelten noch mehr. Diesmal war es aber nicht mehr Spott, der ihn bewegte, sondern offensichtlich christlicher Drang zu missionieren. »Dann nehme ich an, dass Sie die Werke der Theologie als philosophische Zeugnisse lesen. Schade eigentlich, denn ich hatte mich schon gefreut, hier eine so fleißige Frau in der Bibliothek zu sehen, von der ich mir gut vorstellen konnte, dass sie Pastorin werden will.«

Jetzt war das Lachen ganz auf meiner Seite. Denn der Talar war gewiss nicht die Amtstracht, nach der ich mich sehnte. Ich erklärte also, dass ich Arbeitspsychologin werden wollte und mich auf die freie Wirtschaft vorbereitete, im Nebenfach aber Philosophie belegte. Und es dauerte nicht lange, bis der Fremde, der selbst Lehrer für Latein und Religion im Promotionsstudium war, mich immer tiefer in ein Fachgespräch über unsere Lieblingsbücher verwickelte. Der Geruch der teils schon vergilbten Buchseiten und der vielen alten Holzbuchdeckel und Ledereinbände ringsum in den Regalen vermischte sich auf dem engen Raum des Zwischengangs, in dem wir standen, zunehmend mit den Gerüchen unserer beiden Körper, die von den Anstrengungen des Studierens und der Wärme eines nahenden Frühlings merklich zu schwitzen begannen. Doch keinem von uns beiden wurde es unangenehm, den Duft des anderen einzuatmen.

Wir waren allein und unbeobachtet und mussten nicht flüstern. Und wir konnten uns immer ungezwungener über uns und unser Leben unterhalten.

Für einen Moment zögerte ich, ob ich Christian nicht einfach bitten sollte, mir seine Adresse und Telefonnummer zu notieren, fand dies aber selbst zu aufdringlich, weil ich ja immerhin wusste, wo ich ihn an seinem reservierten Arbeitsplatz im Bibliotheksgebäude finden würde. Die völlig unbegründete Angst, dass ich ihn nie mehr wieder sehen würde, stieg in mir auf und ehe ich sie verdrängen konnte, musste ich mir selber eingestehen, dass sie mir vor allem mitteilen wollte, wie sehr ich Christian schon nach unserer ersten Unterhaltung liebte.

Der Satz »Ich liebe dich« kommt ja vielen so leicht und unbedacht über die Lippen, dass man danach gar nicht fragen darf, welche Bedeutung er hat. Meine Eltern und ich haben darunter jedenfalls niemals dasselbe verstanden, während ich mich für eine Weile der Illusion hingab, Christian und mir genüge für erfülltes Leben allein schon die Schönheit unserer Seelen. Eine schöne Seele überstrahlt alles, selbst einen wenig attraktiven Körper. Und wer darf schon von sich behaupten, wirklich und besonders schön auszusehen? Ich hatte von Christians Äußerem auf den ersten Blick keinen besonders guten Eindruck und sogar einmal ein abschreckend schlechtes Foto auf der Lehrstuhl-Homepage im Internet gesehen. Je mehr Zeit verging, desto mehr bildete ich mir aber ein, ich liebe Christian geradezu unsterblich. Und weil ich dem auch gerne einen bleibenden Ausdruck im Leben und ein sichtbares Zeichen gegeben hätte, träumte ich bald heimlich davon, mit ihm ein Kind zu haben.

Anfangs wagte ich es lediglich nicht, das zuzugeben. Er wusste es also nicht, und ich wünschte mir, dass er niemals erfahren würde, wie sehr ich ihn verehrte und gleichzeitig begehrte, so ungestüm und willenlos wie Schulmädchen junge Lehrer oder Pfarrvikare anhimmeln.

Immerhin hatte ich zu Anfang Angst vor ihm, dem Fremden. Und ja, auch er hatte bisweilen Angst vor mir. Ich war ein junges Mädchen, vielleicht noch nicht einmal Mitte zwanzig, eine Studentin aus einer anderen Stadt. Und er war ein dreiunddreißigjähriger Mann, berufstätig und unabhängig.

Aber ich hatte endlich einen Menschen gefunden, mit dem ich meine Überlegungen über Familie und Kinder teilen konnte, anstatt andere Frauen mit dicken Bäuchen oder Kinderwägen bloß argwöhnisch oder neidisch zu betrachten. Jetzt sitze ich hier und weine mir die Augen aus dem Kopf. Vielleicht sind es Christian und meine zärtlichen Erinnerungen an ihn, die meinem Kind noch in letzter Sekunde das Leben retten werden?

Doch nein, das Ende all meiner Träume kam damals für mich viel zu schnell und hinterhältig, weil ich mich eigentlich auf Urlaub eingestellt hatte. Christian und ich hatten nämlich beschlossen, gemeinsam mit einer Reisegruppe eine Bildungsreise auf den Spuren Martin Luthers in den Osten der Republik zu machen.

Am Christi-Himmelfahrtstag sind wir schon ganz in der Frühe mit zwei Kleinbussen gestartet, die angemessene Rast an den Autohöfen inklusive. Insgesamt waren wir zwanzig Personen, sechs Ehepaare, zwei Pärchen und vier Singles, unter Letzteren ein geschiedener Mann und drei ledige Frauen. Die meisten waren – wie für solche Fahrten üblich über fünfzig und nur Christian und ich, der Single-Mann und eine der ledigen Damen gehörten noch zur Generation derjenigen unter vierzig.

Die Fahrt verlief angenehm staufrei und voller Vorfreude, weshalb wir noch einigermaßen fit unsere Erfurter Herberge erreichten. Am ersten Abend stand bloß eine lockere Stadterkundung auf dem Programm. Zu Fuß sind Christian und ich in die westliche Altstadt gelaufen, die dort zunächst von dem romanischen Dom begrenzt wird, dessen Chor im 14. Jahrhundert im Stile der bezaubernden Sainte-Chapelle zu Paris gotisiert wurde. Ich konnte mich nicht satt sehen an den schmalen, meterhohen Glasfenstern, die unter anderem Szenen aus dem Leben der Heiligen Elisabeth von Thüringen zeigten. Mit Christian habe ich einige Zeit eng umschlungen in einer Bank gesessen und die schönen Lichtspiele der Abendsonne auf dem Marmorboden bewundert, bevor wir die übrigen Schätze der Kathedrale begutachtet haben, von denen eine ottonische Leuchterfigur aus Bronze mir in ihrer geradlinigen Würde besonders imponiert hat. Sogar den barocken Hauptaltar in Weiß und Gold hatte man entgegen der Neogotik-Welle des 19. Jahrhunderts am Originalplatz belassen.

Die Frau im angrenzenden Domladen war so nett, uns noch bessere Stadtpläne zu geben als die ziemlich groben Kopien, die unser Reiseleiter in der heimischen Pfarrbibliothek angefertigt hatte. Und so sind wir dann erstmals durch die wunderbar renovierten Straßen Erfurts geschlendert, die fast märchenhaft schön waren mit all den bunt gestrichenen Häusern. Die Vielzahl an zumeist mittelalterlichen Kirchen hätte fast mit italienischen Städten konkurrieren können. Man sieht eben das, was man sehen möchte.

Am besten gefiel Christian das ehemalige Augustinerkloster, in das Luther als junger Student der Rechtswissenschaften anno 1505 nach seinem Gewitter-Erlebnis eingetreten war. Aus Angst soll er damals versprochen haben: »Hilf du, heilige Anna, ich will ein Mönch werden!« Und St. Anna hatte ihn erhört – ob zum Segen oder zum Schaden der Kirche, darüber mag man streiten.

Das Kloster selbst hatte zu Luthers Zeiten jedenfalls einen herausragenden Ruf. Und weil die Augustiner-Eremiten sich traditionell der Seelsorge, der Jugenderziehung, der Wissenschaft und

Missionsaufgaben widmeten, hatte Luther dort über seine spätere Tätigkeit als Beichtvater besondere Gelegenheit fragwürdige Formen der Volksfrömmigkeit kritisch zu reflektieren.

Außer der Bibliothek des Klosters, die leider im Zweiten Weltkrieg den Bomben zum Opfer fiel, sind noch fast alle Gebäude einschließlich des vormaligen Wirtschafts-und Gästetraktes erhalten. Ganz an den Idealplan eines Klosters angelehnt, besitzt auch der Erfurter Konvent einen umlaufenden gotischen Kreuzgang mit Zisterne im Atrium, über den man nicht nur in Refektorium und Schlafsaal, sondern vor allem in den Kapitelsaal und die bunt verglaste Kirche gelangt. Da seit den Neunzigerjahren evangelische Benediktinerinnen der *Communität Casteller Ring* hier leben und arbeiten, finden dort noch jeden Tag Chorgebete statt, was dem hohen und hellen Raum eine wunderbar spirituelle Atmosphäre erhält.

Christian war überwältigt, den heiligen Boden betreten zu dürfen, auf dem Luther vor fast genau fünfhundert Jahren seine ewigen Gelübde abgelegt und seine erste Heilige Messe als Priester gefeiert hatte. Ich konnte das Strahlen in seinen Augen sehen, das dieser Ort in ihm hervorrief und ich freute mich für ihn, so wenig ich auch selbst eine Beziehung zur Kirche und zum Glauben besaß.

Während Christian neben mir an den Wurzeln seiner Überzeugung betete, war es für mich einfach schön, die Stille des anbrechenden Tages in der fast leeren Kirche zu genießen. Von draußen war nur das Zwitschern der Vögel zu hören und eine kleine Schwalbe flog durch die Türe zu uns herein, kreiste wild über dem Altar und entschwand schließlich durch eine offene Fensterluke in den wolkenlosen Himmel.

Es war ein sorglos-glücklicher, wenn auch nachdenklicher Moment, der Christian und mich trotz all unserer Unterschiede so tief zu verbinden schien, dass ich ihm selbst auf der Stelle geschworen hätte, ihn zu lieben und zu ehren und mit ihm gemeinsam dem Gott der Christen und den Menschen zu dienen, wie das bei einer kirchlichen Trauung von mir verlangt worden wäre. Ich hoffte, dass auch Christian den Zauber dieses Augenblickes fühlte, und ich nahm mir vor, mit ihm darüber zu sprechen, ob ich nicht vielleicht Glaubensunterricht nehmen und einen Eintritt in die christliche Kirche erwägen sollte, weil ich ahnte, dass die Aussicht, auf Abendmahlsfeiern mit mir zu verzichten und die Kinder schlecht zu erziehen, einen Schatten auf unser Miteinander warf. Gewiss war Christian nicht mein Guru oder Sektenführer, und ich war weit davon entfernt ihm alles zu glauben. Aber ich liebte ihn mit gewöhnlich außergewöhnlicher Liebe, und das stärkte mein Vertrauen. Leider geboten die Liturgie der Schwestern vorne im Chorgestühl und der heilige Ort mir in diesem Moment absolute Stille.

Und ich ahnte nicht, dass genau an diesem Tag, an dem ich mich so tief wie nie zuvor mit einem Kircheneintritt befasste, Christian ironischer Weise beginnen würde, sich nicht etwa besonders um meine Bekehrung zu bemühen, sondern sich allmählich Lisa zuzuwenden. Lisa war die jüngere ledige Frau, die alleine an unserer Gruppenreise teilgenommen hatte und für die ich mich nicht im Geringsten interessierte. Doch es gelang ihr überraschend bald, Christians Aufmerksamkeit auf sich zu ziehen, da sie am besten von uns allen die Vita Luthers erzählen konnte, mit der sie sich auf ihrem eigenen Glaubensweg stark identifizierte.

Spätestens auf der Wartburg bei Eisenach, die wir noch am Freitagnachmittag besichtigten, war mir das Touristenaufkommen fast schon zu viel, und meine übliche Skepsis motivierte mich nicht gerade, mit ständigen »Ahhs« und »Ohhs« vor den Devotionalien und den Exponaten der Ausstellungen zu stehen.

Je müder und informationsgesättigter ich wurde, desto mehr wünschte ich mir im Stillen, dass Christian meine Abneigung und Lustlosigkeit teilen und ein bisschen mit mir über allzu kitschige Historienbilder und den Lutherkult im Museumsladen scherzen würde. Aber er hatte nicht einmal Augen für die absurden Details, die mich so provozierten, sobald seine Blicke nur noch an Lisas fortwährend geöffneten Lippen hingen. Wenn sie nicht in lautstarker Begeisterung erklärte, was ihr unsere Reise nicht alles bedeute, lächelte sie selig oder staunte mit weit geöffnetem Mund, dessen kindlichem Reiz selbst ich mich kaum entziehen konnte. Noch immer quält es mich daher zu schreiben, wie Lisa ihre Wirkung täglich mehr auf Christian entfaltete, obwohl sie mindestens zehn Jahre älter war als ich. Während ich zwei Stunden lang schwieg, kamen Christian und Lisa immer intensiver ins Gespräch, und als wir uns endlich auf den Weg ins Hotel machen wollten, beschlossen sie, auf jeden Fall noch gemeinsam in den Souvenirladen zu pilgern, um Postkarten und Thesennägel zu erwerben.

Zum ersten Mal in meinem Leben war ich rasend eifersüchtig. In jeder Sekunde, die ich mit oder ohne Lisa verbrachte, fragte ich mich von nun an im Stillen, was mir fehlte, und litt unsäglich, weil ich vieles fand, was ich im Gegensatz zu ihr nicht bieten konnte.

Mein Aussehen und meine Intelligenz brauchte ich bestimmt nicht zu verstecken, und ich hielt mich für sehr unterhaltsam und umgänglich und konnte besser als die stille Büroangestellte aus dem Stegreif eine ganze Abendgesellschaft zum Lachen bringen. Lisa konnte das alles nicht, doch irgendwie war sie die Gute, und ich die Böse, und ich ahnte, dass das viel eher an ihrem frommen Wesen und der Art und Weise, wie sie dies in Kleidung und Benehmen betonte, hängen musste. Neidlos anerkennen musste ich, dass ich zu ihrer unnahbaren Versenkung beim Beten und zu all der liebenswerten Ungeschicklichkeit in ihren Bewegungen auch in hundert Jahren nicht gelangen würde; es sei denn, dass das Wasser der Taufe mich in einen völlig anderen Seelenzustand überführen könnte, und zwar in den einer verzückten Pietistin?

Offenbar betrachtete Christian mich in diesem Sinne eher als eine kluge Universitätskollegin denn als bevorzugtes Objekt seiner männlichen Begierde. Und ich fragte mich, ob es nicht vielleicht ganz unspektakulär und wenig heldenhaft daran hatte liegen können, dass er kaum jemals versucht gewesen war, mich überschwänglich zu berühren?

Der Gedanke, dass er meinetwegen nie wirklich erregt gewesen sein könnte, ernüchterte mich plötzlich. Wenngleich ich immer im Stolz auf seine Rücksichtnahme und Ritterlichkeit mir gegenüber schwelgte, was meine Fantasien ganz gefahrlos nährte, erschien mir seine Tugend diesmal altmodisch und zäh und alles andere als erstrebenswert. Denn was wäre das für eine Beziehung geworden, wenn uns die Leidenschaft für alle Zeiten so sehr gefehlt hätte?

An den Abenden auf unserem Doppelzimmer, die wir in Eisenach noch verbrachten, fühlte ich mich schließlich nur mehr eingesperrt und in mir selbst gefangen.

Das Religiöse, das ich so an ihm bewundert hatte, wurde mir mit einem Male fremd. Ich verabscheute die Bibel auf seinem Nachttisch, neben dem Socken und Shorts auf dem Boden lagen und bei mir Tränen des Verlustes und alles andere als heilige Fantasien hervorriefen. Und wenn ich ehrlich bin, dann war ich nicht nur eifersüchtig auf Christians Lisa, sondern nicht zuletzt auf Jesus, für den er täglich alles tat, was Frauen sich im Allgemeinen ganz vergebens wünschen: denn Jesus schwor er ewige Liebe, und das bisweilen tief gebeugt auf seinen Knien. Weil mir mein Herz zu zerspringen drohte und in mir ein Sturm tobte, hielt ich es nicht aus, am letzten Abend in unserem gemeinsamen Hotelzimmer so nah und fern zugleich neben Christian im Bett zu liegen.

Also bin ich nachts aus dem Haus gegangen und durch die ganze Stadt gelaufen. Erst um zwei Uhr nachts schlich ich mich leise zurück. Christian hatte die Decke bis über beide Ohren gezogen und hörte meine Schritte nicht. Kurz schaute ich auf seinen aufgeschlagenen Kalender auf dem Beistelltisch am Fenster. Er hatte einen roten Kringel um das Datum gezogen und drei Bibelstellen dahinter notiert, die offenbar liturgische Lesungen angaben. Es war schon Sonntagmorgen, der Tag seines Herrn. Nur freuen konnte ich mich nicht und legte mich beschämt zu Bett. Ich war im Grunde merkwürdig froh, Christian doch nicht meine Taufe und mein Eheversprechen angeboten zu haben.

Von Wittenberg nun, wo mit den Thesen die Reformation überhaupt erst so richtig ihren Anfang genommen hatte, kann und will ich entsprechend meiner Trauer und Verzweiflung dieser Tage gar nicht mehr viel erzählen. Die Schlosskirche, in der Luther und Melanchthon begraben liegen, ist durch Umbauten mittlerweile zu einem Wahrzeichen des Wilhelminischen Staatsprotestantismus mit deutlichen Anleihen an Westminster Abbey oder die Ritter der Tafelrunde geworden. Und schön fand ich das eigentlich nicht mehr.

Obwohl wenigstens das Essen in unserer Herberge hervorragend gewesen wäre, fehlte mir zunehmend der Appetit. Christian gab vor, sich treu um mich zu sorgen, überließ es dann aber bei der erstbesten Gelegenheit ausgerechnet Lisa, mir Kopfschmerztabletten zu geben und mich aufs Zimmer zu begleiten, als sei er ein mir Unbekannter, der aus Anstand das Schlafzimmer einer ledigen Frau auf keinen Fall betreten dürfe. Während die anderen sich irgendwo vergnügten, steckte ich den Kopf unter die Kissen und weinte bitterlich, weil ich nicht mehr verstand, warum sich mein Schicksal so schnell gewandelt hatte, und vor allem, was ich versäumt haben könnte, um Christians wertvolle Liebe nicht für immer mein Eigen zu nennen.

An unserem letzten Samstagabend vor der Heimreise kam er doch mit ernstem Gesicht und mehr Falten als jemals zuvor auf mein Zimmer und rückte scheu einen Stuhl an mein Bett, während ich nur langsam aus dem düsteren Halbschlaf erwachte.

»Ich nehme an, du möchtest dich nicht zu mir auf die Bettkante setzen«, sagte ich zu ihm. Mein Tonfall lag irgendwo zwischen bittender Frage und kühlem Vorwurf.

Christian schüttelte den Kopf.

»Nein, ich wollte nur kurz fragen, wie es dir geht. Kopfschmerzen?«

»Natürlich«, gab ich zurück. »Und sie werden jeden Tag mehr. Nicht wegen des Virus, oder was immer das ist. Sondern deinetwegen. Und wegen Lisa. Was habe ich getan, dass ich so von dir beiseite geschoben werde? Liebst du mich denn gar nicht mehr?«

»Oh doch, das weißt du. Aber weißt du, Catharina, ich habe gemerkt, dass es darum nicht geht. Ich liebe dich, aber wir passen nicht zusammen. Ich muss dir zu viel erklären, wir müssen zu viel diskutieren. Manchmal fühle ich mich wie dein Lehrer, nicht wie dein zukünftiger Mann. Vielleicht bist du wirklich zu jung? Mein Pfarrer hat mich gleich davor gewarnt. Doch selbst wenn das nicht wäre, so wäre es schwierig genug. Wir sind die beiden Königskinder an zwei entlegenen Ufern, und ich fürchte, dass einer von uns beiden ertrinken würde, wenn wir versuchen wollten, zum anderen hinüber zu schwimmen. Das deprimiert mich. Jetzt, wo ich meine Promotion beendet habe und Arbeit bei der Landeskirche suche und so selten daheim sein kann, wird das ja bloß schlimmer. Und ich denke nicht, dass das eine gute Basis für die Ehe und das Kinderhaben ist, so Leid es mir tut. Ich schäme mich, dass ich es nicht früher überdacht und nicht früher als Problem erkannt habe, aber ich möchte Lisa heiraten. Sie hat mir das vorgeschlagen, und ich denke, ich sollte das bedenken. Immerhin ist sie eine engagierte Christin und betätigt sich sogar im Pfarrgemeinderat. Sie würde auch unseren Kindern christliche Werte vermitteln und ist ebenso begeistert wie ich, wenn wir sie taufen. Aber wie ist das mit dir?«

In diesem Moment wirkte Christian auf meine verletzte Seele tatsächlich unendlich alt und unattraktiv und oberlehrerhaft und ich wandte mich ab. An der Wand neben mir, die erst kürzlich frisch gestrichen worden war, ließ ich meine Augen hilflos über die Farbtropfen wandern, die ein ungeschickter Maler überall hinterlassen hatte. Schöne weiße Wand. Aber mit hässlichen Rotznasen. Genau wie mein Leben.

Als ich mich wieder zu Christian umdrehte und dabei die Bettdecke fort schob, um ganz schutzlos und Mitleid erweckend vor ihm zu liegen, fragte ich nur: »Sollen wir also Schluss machen, wie das im Fernsehen und in den Jugendzeitschriften so heißt? Ich hatte gehofft, dass ich es nie wieder nötig haben würde diese Worte zu bedenken, seit Peter und ich uns damals getrennt haben. Und nun soll eine Woche alles ungeschehen machen, was uns verbunden hat?«

Christian wusste nur zu gut, dass er der erste Mann gewesen war, dessen Küsse mir wirklich etwas bedeutet hatten. Ich bereute es fast, dass es nicht längst dazu gekommen und ich nicht von ihm schwanger geworden war, denn dann hätte ich mein Kind als Erinnerung an ihn behalten können. Ich weinte aus Selbstmitleid und dachte doch, dass es dem Kind gegenüber nicht Recht gewesen wäre. Denn wollte ich nicht genau davor fliehen?

Christian streichelte kurz meine Wange, als er meine Sorgen sah, stand auf und verließ wortlos das Zimmer. Ich wusste, dass auch er leiden musste, aber seine Entscheidung war offenbar fest genug, um mir ein so deutliches Zeichen zu geben, anstatt weiter auf mich und meine Bedürfnisse einzugehen. Zornig überlegte ich, ob er jetzt vielleicht schon vor der Hoteltüre von der strahlenden Lisa erwartet wurde, die ihn umarmen und küssen würde, wie nur mir das in meiner Fantasie zugestanden hatte. Später hat Christian mir mehrmals geschworen, Lisa damals noch nicht geküsst zu haben, so als wolle er sich gegen jedweden Vorwurf der Untreue wehren. Früher oder später aber, das war mir egal. Fakt blieb, dass er es überhaupt tun wollte, und dass er mir damit fast den Todesstoß versetzte. Aber es stimmte ja, dass wir noch nicht verheiratet waren und ich ebenso meine Zweifel gehabt hatte wie er.

Wenn es möglich war, dann wollte ich wenigstens mit ihm befreundet bleiben. Auch wenn ich dazu freundlich und unterwürfig mit Lisa würde verkehren müssen. Ich liebte ihn so sehr, dass ich auch dieses Leiden mutig ertragen wollte, und ich wollte vor allem auch mein eigenes Zeichen setzen für ihn, dass meine Liebe siegen würde, auch wenn Lisa äußerlich über mich triumphierte.

Unser Urlaub ging ebenso dem Ende zu wie meine Beziehung, das wusste ich. Und schade fand ich für den Augenblick nur, dass beim allerletzten Stadtrundgang meine Namenskollegin Katharina von Bora, die ehemalige Klosterschwester und Ehefrau Martin Luthers, eigentlich zu kurz kam. Christian beeindrucken oder zurückgewinnen würde ich jedoch selbst mit meinem edlen Namen nicht.

In den Jahren danach habe ich folglich wenig Motivation verspürt mich dem Christentum doch noch intensiver zu widmen.

Das hätte mir nur immer neue Schmerzen gebracht. Vielleicht sollte ich eher gemeinsam mit den Juden einen kommenden Erlöser erwarten, der sich bisher in meinem Leben noch nicht gezeigt hat? Vielleicht sollte ich Franziska raten, einfach irgendwann mit mir einen Zwei-Frauen-Konvent zu eröffnen, falls wir beide eines Tages wirklich unverheiratet und einsam bleiben?

Zwei unfreiwillige Nonnen sind wir schon, ganz so wie das wohl einstmals viele nachgeborene Söhne und Töchter der reichen Familien waren. Und eine davon auch noch schwanger!

Antwort@mariadelmar
gesendet am: 11/06/2009 um 15:49
von: celebration77

Hallo, liebe Maria! Das ist ganz super, dass Du Dich doch noch auf den Weg machst. Wir sind alle sehr stolz auf Dich. Und Du wirst sehen: die Mühe lohnt sich! Viel Erfolg weiterhin wünscht Dir Deine Celebration.

Freitag, 12.6.2009

Während ich heute Mittag mit dem Bus unterwegs war, um in der Stadt ein paar Lebensmittel zu kaufen, zur Post zu gehen und mich mit Franziska im Café hinter der Peterskirche zu treffen, begegnete ich einer Gruppe Jugendlicher, die an der größten Schule des Landkreises zu uns einstiegen und nur wenige Sitzreihen hinter mir saßen. Um genau zu sein sollte ich sagen, dass sie eigentlich noch mehr Kinder als Jugendliche waren, kleine Jungen von kaum elf oder zwölf Jahren. Wenn ich richtig rechnete, gingen sie in die fünfte oder sechste, höchstens aber in die siebte Klasse. Alle nahmen ihre Rucksäcke ab und holten sofort zwischen den Schulbüchern ihre Handies und MP3-Player hervor, sobald der Bus anfuhr. Und nach einiger Zeit der Stille, in der nur die Tastaturen piepten oder leise die Musicbeats aus den Kopfhörern zu mir drangen, begannen sie eine Unterhaltung, die mir und den beiden älteren Damen vor mir den Atem stocken ließ.

»Wisst ihr eigentlich schon, dass die Jenny aus der Parallelklasse jetzt 'was mit dem Serkan hat? Das geht doch nie gut mit den beiden!«, rief der erste Junge lautstark in die Runde. Sofort stieg einer seiner Freunde darauf ein. »Aye, Mensch, Alter, die Tussi habe ich doch schon zehnmal durchgefickt. Über die rutscht doch jeder d'rüber. Voll die Matratze, aber echt. Und die hat nicht 'mal einen richtigen Arsch und anständige Titten, bloß Knochen, so dünn ist die. Auf der liegst du nicht bequem!«, war die betont coole Antwort. Die beiden älteren Damen drehten sich mit offenen Mündern um, sagten aber kein Wort und beschlossen sichtlich beschämt, den weiteren Verlauf des Gesprächs einfach zu ignorieren. Die Jungen lachten. Und wie es schien hatten sie nun erst recht Spaß an der Sache gefunden. Weitere fünf Minuten drehte sich danach die Diskussion nur noch um Pornofilme und Oralsex, bis ich mich umdrehte und fragte, ob sie dächten, dass das außer ihnen irgendjemand sonst im Bus interessierte. Ich persönlich jedenfalls fühlte mich sexuell belästigt. Verbal belästigt, um es genauer zu sagen.

Drei der Jungen hatten offenbar nicht mit meiner Intervention gerechnet und senkten leicht errötet die Köpfe. Ihr Wortführer aber wollte sich nicht so schnell geschlagen geben und zeigte mir den Mittelfinger: »Was willst du denn von uns? Brauchst du auch einen Freund? Wie alt bist du eigentlich? Dein Arsch gefällt mir jedenfalls. Willst du von mir gebumst werden?« Für einen Augenblick wusste ich nicht, ob ich lachen oder weinen sollte und entschied mich für die gleiche gespielte Coolness, mit der die Jungs mich wohl einschüchtern wollten. Ich fragte mich, ob sie wirklich schon so viele Pornos gesehen hatten, wie sie vorgaben, und ob sie diese dann vielleicht sogar im elterlichen Wohnzimmer vorgefunden hatten. Immerhin war das gut möglich und manchmal sogar traurige Realität. Außerdem konnte ich mir nicht vorstellen, dass man bereits ihre vorgeblichen sexuellen Aktivitäten entfalten konnte, ohne im Stimmbruch gewesen zu sein. Also ließ ich die Jungen wissen, dass ich sie für ziemliche Aufschneider und Angeber hielt und bat sie, noch einmal im Stillen zu überdenken, ob es nicht eher peinlich gewesen war, wie sie sich hier in aller Öffentlichkeit benahmen.

Jetzt sahen mich alle an, besonders aber die älteren Damen, die meine Offenheit wohl alles andere als angemessen fanden. Die Jungen aber wussten offenbar nicht mehr, wie sie reagieren sollten, und schalteten wieder ihre MP3-Geräte ein, um tödlich hämmernden Hiphop zu hören. »Und wie alt bis du jetzt?«, wollten sie nach einer Weile doch noch überraschend ruhig und umgänglich in Erfahrung bringen. »Fast dreißig«, sagte ich. »Wenn ich mir Mühe gegeben hätte, könnte ich vielleicht schon Kinder in eurem Alter haben.« – »Und warum hast du das nicht? Hast du keinen Mann gefunden?« – »Doch. Aber ich habe mir viel Zeit damit gelassen. Vielleicht schon wieder ein bisschen zu viel, das mag sein. Doch ich bereue das nicht. Jeder muss seinen Weg finden. Hauptsache, man bleibt ehrlich und tut nur das, was man wirklich tun will. Für sich und andere. Und Pornovideos helfen dabei sicherlich nicht weiter.« – Einer der Jungen sah mich plötzlich besonders nachdenklich an und sagte bloß noch: »Schade. Wenn du sechzehn gewesen wärst, hätte ich dich genommen. Drei Jahre älter, das geht noch in Ordnung.«

Dann hielt der Bus bereits am Hauptbahnhof und alle fünf stiegen aus. Ob sie meine Anspielung mit den audiovisuellen Nachhilfestunden registriert hatten, wusste ich nicht.

»Saubengel. Denen und ihren asozialen Eltern sollte man doch wirklich einmal die Ohren lang ziehen. Bestimmt alle Hartz-IV-Empfänger. Und dann bezahlen wir auch noch den Unterhalt und die Schule, obwohl sie sowieso nichts aus ihrem Leben machen«, grummelte eine der älteren Damen. Die andere schüttelte stumm den Kopf und sah den Kindern nach. Langsam strich ich währenddessen über meinen Bauch und freute mich einfach. Ich war nicht sicher, ob ich noch vor wenigen Jahren so offen über Sexualität mit fremden Menschen gesprochen hätte, aber ich hatte das gute Gefühl, dass es wichtig war, den Kindern so oder so ganz ehrliche Antworten zu geben und ihr aggressives Verhalten nicht einfach zu ignorieren und tot zu schweigen.

Vielleicht, so hoffte ich, würde ihnen das nach einer Weile Mut machen, auch untereinander mehr über Gefühle als über die passende Technik im Bett und bloße Äußerlichkeiten wie die

Körbchengröße ihrer Freundinnen und die eigenen Schwanzlängen nachzudenken.

Denn mit all meiner mütterlichen Liebe zu diesen missratenen Kindern, die aus meiner Gebärmutter auf mich auszustrahlen schien, traute ich ihnen fast ein Übermaß an eigener Feinfühligkeit zu und wunderte mich selbst darüber.

Als ich den vereinbarten Treffpunkt erreichte, wartete ich danach lange und vergeblich auf Franziska. Offenbar hatte sie mich einfach vergessen, vielleicht sogar mit einiger Absicht, um nicht als meine Komplizin immer tiefer in meine Abgründe gezogen zu werden. Ich war nicht böse auf sie, trank meinen Orangensaft alleine und blieb in meinen Gedanken immer wieder bei den Jungen aus dem Stadtbus stehen.

Gerade heute habe ich grundsätzlich überlegt, welche Bedeutung Kindern oder Kinderkriegen überhaupt in unseren erotischen Fantasien zukommt, wenn doch oft darüber geklagt oder gejubelt wird, wie wenig Sexualität und Fortpflanzung heute noch eine Einheit bilden. Sehnsucht nach Berührung ist etwas zutiefst Menschliches, das wird sich niemals ändern. Aber wir haben in unserer Zeit den Rahmen des erlaubten Sexualverhaltens tatsächlich immer weiter ausgedehnt. Immer früher machen Heranwachsende ihre ersten sexuellen Erfahrungen und das Recht auf sexuelle Selbstbestimmung dringt auch vor in ehemals strafrechtlich relevante Gebiete.

Öffentlich tolerierter oder sogar propagierter Sex wird innovativer, exzessiver, aber auch visualisierter und letztlich sogar Teil virtueller Realitäten, wenn im »Second Life« die ersten Bordelle eröffnen und Chatrooms mehr als nur zur Partnervermittlung dienen. Dabei kann ich mich nicht entsinnen, dass wir Jugendlichen uns in der Schule jemals zustimmend über Schwangerschaften unterhalten hätten. Wir sprachen entweder gut über Sex oder schlecht über das Kinderkriegen, nie aber über beides zusammen. In den seltenen Fällen, in denen es im Eiscafé oder im Schwimmbad doch einmal darum ging, dass Kondome und die Pille versagen könnten, war dann auch den meisten Jungen und Mädchen das Thema einigermaßen unangenehm.

Immerhin waren wir alle Gymnasiasten, und ungewollte Kinder anhängen ließen sich in unserem Standesverständnis eigentlich bloß die Hauptschüler. Leider gab es Ausnahmen, wie zum Beispiel das Mädchen, das in der neunten Klasse von einem Jungen aus der Kollegstufe geschwängert wurde. Ihr Mädchen war dann genauso alt wie ihre eigene kleine Schwester, die die Mutter noch mit Mitte vierzig zur Welt brachte. Und alle Mitschüler und Mitschülerinnen machten sich entweder lustig oder waren recht peinlich berührt. »Wenn mir so etwas passieren sollte,« sagte Bianca, »dann lasse ich es wegmachen. Ich bin ja nicht blöd!« Und prompt gab es im Ethikunterricht heftigen Streit mit dem Lehrer, der uns zu verantwortlicher Sexualität erziehen wollte.

»Was soll der auch anderes sagen? Der ist selber Vater von vier Kindern! Aber die arme Frau, die das mitmachen musste, die würde ich ja schon gerne mal sehen!«

Schnell war das Thema dann beendet, denn es gab Wichtigeres zu bereden. Ganz ähnlich wie in Liebesfilmen, Videoclips und Büchern hatten die erotischen Wunschträume natürlich meistens auf dem genussvollen Höhepunkt ein Ende. Selten stellte dagegen jemand die Frage nach dem Danach oder gar nach den unangenehmen Risiken.

Vermutlich war das bei den Jungen ähnlich, wenn sie sich in der Sportstunde an den Brüsten der Mädchen und Lehrerinnen in der Turnhalle nebenan ergötzten und dann in den Umkleideräumen ihre anzüglichen Witze rissen. Nichtsdestoweniger hatte ich als eine der wenigen unter uns sehr häufig Träume davon, schwanger zu sein, was mir als größtes Wunder und größte Herausforderung zugleich erschien. Und mit vierzehn oder fünfzehn fühlte ich mich noch zu klein, um dieser Aufgabe entgegen zu gehen.

Dabei möchte ich ganz und gar nicht behaupten, überhaupt nicht an Sexualität interessiert gewesen zu sein. Nur meine Fantasien waren vielleicht vor dem Hintergrund meiner Kindheit einfach andere als die der meisten Mädchen, die sich gerne ihre Eroberung durch einen Schauspielstar oder berühmten Musiker ausmalten und ansonsten immer wieder darüber beratschlagten, ob man sich vorzugsweise mit Shampooflaschen oder mit Karotten voller Bodylotion heimliche Lust verschaffen sollte, solange die begehrten Männer unerreichbar waren.

Ganz im Gegensatz zu meiner Zurückhaltung in den praktischen Dingen sprach ich schließlich sogar öfter mit gleichaltrigen Männern über Sex und Emotionen als all jene Mädchen, die häufig Liebschaften mit Jungen hatten, aber selten ihre Unsicherheit und Neugierde in Worte fassten. Und immer wieder fragte ich mich: »Ist das der Sinn des Lebens? Einen anderen Menschen ganz für sich zu haben? Mit ihm zu leben? Vielleicht sogar für immer? Und wenn der Sinn des Lebens viel abstrakter die Liebe war, wo sonst als in der Partnerschaft war sie für mich zu finden?«

Immer aufs Neue denke ich im Blick auf meine eigene Jugend deshalb an Maria. Wie ist sie wohl an den jungen Mann geraten, der mit ihr so widerwillig ein Kind erwartet und dessen Namen sie nie nennt? Immer wieder fällt mir auf, wie wenig sie von ihm erzählt, und wenn, dann zumeist Negatives. Ein komischer Freund scheint das zu sein, zu feige und unreif, der sein Fähnchen nach dem Wind hängt, sie an einem Tag unterstützt und am anderen verlässt. Doch ja, er ist erst zwanzig, das habe ich nicht vergessen. Mein Gott, wie kindisch waren wir in diesem Alter?

Ich schalte meinen Computer ein und verfasse eine bitterböse E-Mail, in der ich von Maria berichte, an Johannes, verschicke sie aber nicht. Es bringt so wenig einen Menschen zu hassen, der gar nicht geliebt werden will. Das ist die Wahrheit und ganz einfach nur schlimm.

Antwort@alle
gesendet am: 13/06/2009 um 17:28
von: monalisa22

Hallo an alle! Also, ich wundere mich tatsächlich, dass hier jede Woche wieder x Frauen schreiben, dass sie schwanger sind und das nicht geplant war. Ja leben wir denn noch im Mittelalter??? Ich muss sagen, dass ich doch denke, dass der Stand unserer Medizin schon so hoch ist, dass heutige Verhütungsmittel tatsächlich sicher sind. Sicherer jedenfalls als die mehr oder weniger magischen Tricks früherer Jahrhunderte. Aber warum passiert euch das mit den ungewollten Kindern trotzdem dauernd??? Eine schlechte Ausrede ist es da, dann im Nachhinein zu jammern und den Partner oder die Eltern oder die bösen Behörden für die miese Lage verantwortlich zu machen. Natürlich gehören zu euren Schwangerschaften und der Zukunft eurer Kinder mindestens zwei dazu. Aber die Frau hat gefälligst die Pille oder was anderes zu nehmen und anständig zu verhüten, und der Mann 'nen Kondom, wenn die keine Kinder wollen. Der Steuerzahler bezahlt

schließlich die ganzen Beratungen und die Abtreibung und im schlimmsten Falle noch die Ernährung und Erziehung der Kinder, wenn die Eltern sich da herausreden und sich schlecht um ihren Nachwuchs kümmern! Gesellschaftsschädigendes Verhalten, so sehe ich das. Das musste mal gesagt werden.
DANKE!

Antwort@monalisa22
gesendet am: 13/06/2009 um 17:55
von: Romeo

wer sich hier über wen zu wundern hat, wäre bei deinem beitrag erst einmal die große frage, monalisa. denke darüber lieber noch einmal gut nach. z. b. bezahlt man in deutschland die abtreibung als frau doch grundsätzlich selber. also bitte ...

Sonntag, 14.6. 2009

Der Countdown läuft und ich habe die Tage, die uns noch bleiben, im Kalender mit Filzstift blutrot umrandet. Ein letztes Mal bin ich mit meinem Kind hinaus an den See gefahren und genieße das Schwimmen und Spazierengehen in vollen Zügen, weil ich weiß, wie oft mich frühere Depressionen von Sport und Freizeit abhielten.

Jetzt liege ich dagegen ganz wach und aufmerksam in der Sommersonne und denke fast, es ginge mir besser als jemals zuvor. Wenn ich mich jetzt im Spiegel oder hier im Bikini auf der Liegewiese betrachte, muss ich sogar sagen, dass ich gut aussehe, trotz meiner viel zu langen Haare. Einer der wenigen Vorzüge der hormonellen Umstellung in der Schwangerschaft ist immerhin, dass meine Hautprobleme ein Ende haben. Auch die Verkäuferin im Supermarkt, die mich seit vier Jahren kennt, weil ich seit meinem ersten regulären Arbeitstag nach dem Studium bei ihr einkaufte, hat das sofort bemerkt. Und je mehr ich mich an das Alleinsein mit dem Baby gewöhne, desto weniger vermisse ich meine Geschäftsgespräche mit den Kunden, den Smalltalk mit den Kollegen und das Großstadtleben um sieben Uhr morgens in der U-Bahn.

Gleichzeitig aber bin ich mir auch bewusst, dass ich all das nur deshalb so gelassen aussprechen kann, weil ich seit ungefähr zwei Tagen systematisch die Dramatik meines Daseins verdränge, die mich tief und tiefer in die Katastrophe zieht.

Ich denke über Nebensächlichkeiten nach, flüchte mich in die Vergangenheit, treibe ziellos durch den Tag, konzentriere mich auf Essen und Trinken, als wäre ich ein Tier und kein Homo Sapiens Sapiens. Maria und ich, wir stehen mit dem Rücken zur Wand. Und meine Freundin Franziska hat mich zu Recht auf diesem letzten Stück des Weges alleine gelassen. Mein Kreuz, das muss ich ganz alleine tragen. Denn nur ich, aber niemand sonst, wird je daran geschlagen.

Antwort@alle
gesendet am: 16/06/2009 um 15:57
von: mariadelmar

Mein freund hat heute mit seinem vater gesprochen und ihm gesagt, dass ich bald zu ihnen ziehen will, wenn meine mutter mir nicht hilft. Leider hat sein vater total sauer reagiert, wie blöd wir sind. Er findet, dass man erst auf festen beinen stehen muss für ein kind. Da hat mein freund feige den schwanz eingezogen und seinem vater fast schon recht gegeben. So geht das nicht weiter, es reicht mir jetzt! Ich will mein kind, aber sonst will es keiner. Nur seine schwester und die mutter sind anders, die haben es gut aufgenommen und waren ruhig und freundlich. Aber wenn ich so wenig unterstützung habe und vor allem mein freund immer so zweifelt, kann ich es nicht behalten. Das tut mir so leid für mein kind. Ich werde nie vergessen, wie scheiße ich behandelt worden bin von denen! Und wildfremde hier im forum meinen es so gut! Danke an alle, die hier so nett zu mir waren. Habe leider mehr erwartet von den eltern und besonders von meiner eigenen mutter. Es ist jetzt an der zeit, dass ich mich einfach nur ergebe. Ich halte es nicht mehr aus. Ich habe gehofft und gekämpft, doch es ist egal, was ich will. Für alle zählt nur das geld und die ausbildung, und dass wir so jung sind. Ich hasse mich schon jetzt. Aber ich gebe auf. Sorry!

Antwort@mariadelmar
gesendet am: 16/06/2009 um 16:36
von: JeannedArc

Nicht aufgeben!!! Seine Mutter und seine Schwester haben doch so positiv reagiert. Ignoriere einfach alle Arschlöcher, die dich zur Abtreibung zwingen wollen. Unsere vielen Hilfsangebote hier stehen doch nach wie vor. Melde dich bei uns allen und wir werden dich nicht alleine lassen, versprochen!!!

Dienstag, 16.6.2009

Heute Morgen ist ein Brief ohne Absender mit der Post bei mir eingetroffen. Meine Anschrift war mit Schreibmaschine geschrieben und ich konnte nicht erraten, woher die unerwartete Postsendung kam. Der Poststempel ist nass geworden und etwas verschwommen, das Datum aber ist das des Vortags.

Ich ging in die Küche, um ein Messer zu holen und mein Herz klopfte immer schneller. Natürlich hoffte ich heimlich, dass der Papa meines Babys doch noch zur Besinnung gekommen wäre und sich bei mir entschuldigen würde, dass er mich bislang so vernachlässigt hatte und nichts von mir wissen wollte, auch nicht, wie es unserem ungeborenen Kind gesundheitlich geht.

Als ich den Umschlag aufschlitzte, sah ich sofort, dass das jedenfalls nicht seine Schrift war, und ich war ein wenig enttäuscht.

Der Brief kam von einer früheren Arbeitskollegin, die Gott sei Dank nicht in Johannes und meiner PR-Abteilung saß. Sie schrieb, dass sie mich gerne besuchen würde, aber demnächst ins Ausland reisen müsse. Außerdem ginge es ihr nicht gut, da sie sich nach sechsjähriger Fernbeziehung nun doch von ihrem langjährigen Freund getrennt habe. Sie wisse nicht, ob sie jetzt eine Kontaktanzeige aufgeben solle wie ihre und meine Eltern. Sie glaube nicht an den Erfolg und wolle doch etwas unternehmen, um die Einsamkeit zu verdrängen. Im Sportverein seien nur ledige Frauen oder verheiratete Männer zu bekommen, in der Arbeit ebenso, doch das wisse ich ja wohl am besten. Die böse Anspielung versuchte ich einfach zu ignorieren. Der Brief landete im Altpapier, nur die Briefmarke schnitt ich aus, weil mir das Motiv gefiel, als kleiner Blickfang für die Pinnwand.

Später, gegen dreizehn Uhr, ging ich mehr aus Zufall und ohne nachzudenken allerdings noch einmal an den Briefkasten, und diesmal lag ein handschriftlich adressierter Umschlag darin, dessen unbeholfene und viel zu kleinen Buchstaben, schon auf den ersten Blick auf einen wenig talentierten männlichen Schreiber hinwiesen. Ich wagte kaum zu glauben, dass es tatsächlich Johannes gewesen war, der mir persönlich dieses Schreiben eingeworfen hatte. Doch sobald ich auch diesen Umschlag aufgeschnitten hatte, war die Sache klar. Nur Grund zur Freude besteht jetzt immer noch nicht, wenn ich es nüchtern betrachte. Gemessen an meiner derzeitigen Verfassung ist der Brief sogar eine Katastrophe für mich und mein Baby gleichermaßen.

Was bildet sich dieser Kerl eigentlich ein, mir nach all den Wochen meines Bangens und Wartens so etwas zu schreiben und dafür sogar bis hinaus in die entlegenen Vororte zu fahren? Seine Worte scheinen mir allein schon das Papier nicht wert, auf das er sie geschrieben hat.

Und dass ich es jetzt überhaupt schaffe, selbst noch einen schriftlichen Kommentar für mein Tagebuch zu verfassen, zeigt nur, wie sehr ich mich in meiner Verwirrung schon innerlich von meinem Ich gelöst habe, wie in Trance, wie unter Drogen, wie in geistiger Umnachtung.

Erst nun, Wochen später, da ich schon drei Monate schwanger bin, schickt er mir also einen Brief, in dem er mitteilt, dass alle finanziellen Angelegenheiten fortan über einen Anwalt zu regeln sein werden, sofern ich mich nicht doch – wie er es sich wünsche – eher dafür entscheiden sollte, das Kind nicht zu behalten. Ob er damit sagen möchte, dass ich es abtreiben oder zur Adoption freigeben sollte, ist mir dabei ein Rätsel. Ich will kein Kind von einem Mann, der mich so eiskalt stehen lässt. Vorläufig werde ich also lieber gar nicht auf sein Schreiben eingehen, obwohl ich neulich sogar ein Plastikembryo in naturgetreuer Proportion und Größe von einer Lebensschutzorganisation geschenkt bekommen habe, das ich ihm und auch meinen Eltern nur zu gerne als wortlose Nachricht zusenden würde. Das würde ihnen wohl zu denken geben, meinem Vater und Johannes, und mit Sicherheit auch Mama. Ich weiß zu viel darüber, um mir einzubilden, es sei nebensächlich. Ich weiß auch, dass eine Frau, die abtreibt, sich nur zwischen verschieden großen Übeln entscheiden wird.

Weiteres Aufsehen in der Firma und in meinem Bekanntenkreis möchte ich jedenfalls nicht erregen. Daher werde ich auch nicht wieder bei Franziska anrufen, bevor alles vorbei ist. Vermutlich ist sie eh nicht zu Hause und trifft andere Leute, nachdem sie neulich schon das Treffen mit mir vergaß und sich sichtlich unwohl fühlte, sich länger mit meinen Problemen abzugeben. Nur den Brief, den Johannes mir schickte, den werde ich ihr sofort in den Briefkasten stecken; mit einer Hasstirade meinerseits auf dem Umschlag. Mein Schicksal ist besiegelt. War das der letzte Anstoß, den ich irgendwie gebraucht habe?

Antwort@mariadelmar
gesendet am: 17/06/2009 um 9:15
von: Corinna2307

Hey! Würde mich jetzt auch mal interessieren, wie du dich entschieden hast!
Und wie es dir geht, natürlich. Hoffe gut – und melde dich bei uns und schreibe doch bitte zurück! Lieben Gruß, Corinna.

Mittwoch, 17.6.2009

»Die goldenen Strahlen der Sonne,
sind lang schon verloschen im Meer.
Und ich lebe fern aller Wonne.
Schlafe, was willst Du mehr?

Die warmen Farben der Lichter,
die gaben dem Sein seinen Schein.
Jetzt seh' ich nur fremde Gesichter,
ich fühle mich krank und allein.

Die Welt im Flug zu verlassen,
war manch eines Menschen Traum.
Doch lahm quäl' ich mich durch die Gassen,
die Freiheit ist Seifenschaum.

Der Weg, dem ich folgte nach vorne,
der führte in Wahrheit zurück.
Verloren die Sonne, verloren wir alle!
So schlafe, nur das bedeutet noch Glück!«

Donnerstag, 18.6.2009

Ich habe es gemacht wie Maria del Mar und bin in die Kirche gefahren, in die größte der Stadt, um es genau zu sagen, weil ich wusste, dass es dort viele Opferlichter geben würde, gleich links neben dem Eingang an einem Seitenaltar. Ich habe vier Kerzen angezündet. Eine für Maria, eine für ihr Baby, eine für mein Baby und eine für Johannes. Für mich selbst konnte ich keine mehr kaufen, da ich nur zwei Euro Kleingeld im Geldbeutel hatte. Und einen Zwanzig-Euro-Schein, den spende ich der Kirche nicht. Dann brennen die übrigen Kerzen nun eben für mich mit, so hoffe ich. Eine andere Frau trat neben mich und steckte ebenfalls mehrere Lichter an. Danach ging sie zum Fürbittenbuch und machte einen kleinen Eintrag. Den habe ich gelesen, sobald sie gegangen war. Sie betete für ihren kranken Mann und für die Enkelkinder. Zitternd nahm auch ich den Bleistift zur Hand und kritzelte etwas hinein, als plötzlich ein Mann im schwarzen Anzug aus einer Seitentüre hinein in das Kirchenschiff huschte.

Er hatte ein goldenes Kreuz am Kragen und nickte mir zu, weil ich ihn anstarrte. Ich dachte, es sei der Pfarrer und wäre am liebsten zu ihm gelaufen und auf der Stelle vor seine Füße gefallen. Ich hatte das im Fernsehen gesehen, in einem Dokumentarfilm über einen mittelalterlichen Papst. Und ich dachte, es wäre den Versuch wert, bloß damit der Pfarrer mir hilft, wo ich doch nicht einmal wusste, welche Erwartung genau ich an ihn hätte haben sollen. Mein Kind, das rettet auch er nicht für mich. Und war es Trost, wonach ich mich sehnte? Trost von einem Mann? Lossprechung? Befreiung? Entbindung von meiner Pflicht? Aber was bewirken Trost und Absolution von einem weltfremden

Menschen, der meine Lage nicht im Geringsten nachvollziehen wird? Die Kirche voller Kerzen ist katholisch und der Priester, so dämmerte mir sofort, lebt demnach ohne Frau und Kind. Im schlimmsten Falle ist er froh, der Qual der Ehe zu entgehen. Also blieb ich scheu hinter meinem Pfeiler stehen. Für eine Sekunde nur lächelte ich müde.

Aus den Augenwinkeln beobachtete ich, wie er langsam das breite Mittelschiff durchquerte und mitten vor dem Altar eine Kniebeuge machte, direkt vor der roten Lampe, die dort an einer langen Kette von der Kirchendecke hing. Dann verschwand er. Und ich kniete mich in meiner Verzweiflung und nach seinem Vorbild ebenfalls hin, auf beide Knie nun und ungeschützt auf den eiskalten Boden. Ich kniete vor dem Meer aus Kerzen unter der Statue der Muttergottes aus dunklem Holz mit ihrem Jesuskind. Ich schämte mich dafür, dass ich das machte, so öffentlich und für jeden Besucher sofort zu sehen. Doch ich meinte auch, es sei noch gar nichts im Vergleich zu dem, was ich an Schande mit dem Baby in mir plante. Der Spott der Leute geschähe mir da recht. In meinen Gedanken betraten auch Maria und Johannes nacheinander die kühle Kirche und ließen sich neben mir nieder, betend, obwohl uns allen nie erklärt worden war, wie. »Hilf mir!«, hatte Maria wohl zu Jesus gesagt, so wie sie das im Forum beschrieb. »Hilf mir!«, das brachte ich aber nicht einmal mehr über meine Lippen, die ich lautlos und sinnlos bewegte. Zitternd beugte ich mich vor, die Hände auf der Brust verschränkt, bis meine Stirn die staubigen Steinplatten berührte. Schritte kamen näher, die wohl dem Priester gehörten. »Was machen Sie denn da? Kann man Ihnen helfen?«, fragte plötzlich aber eine Frau dicht hinter mir. Ich drehte mich um und bemerkte, dass es eine Nonne war, in schwarzem Kleid und mit schwarz-weißem Schleier, die sich genähert hatte und verwundert zu mir herunter blickt.

Eilig stand ich auf und griff nach meiner Tasche. »Nein, danke!«, murmelte ich und wollte damit sagen: »Nein, danke, Schwester! Mein Anliegen verstehen Sie nicht! Sie nicht und der Pfarrer! Deshalb behalte ich's lieber für mich.«

Samstag, 20.6.2009

Ich weiß nicht, ob es nicht doch langsam seelisch zu erklären ist, dass ich erneut mit schrecklicher Übelkeit erwache. Es ist noch nicht einmal drei Uhr in der Nacht, aber dennoch bin ich hellwach und traue mich nicht mehr einzuschlafen, weil ich erneut von Vampiren und Zombies geträumt habe. Auch mein Kind war darunter und drohte mir mit dem Tod.

Vielleicht sollte ich lieber häufiger an die frische Luft gehen anstatt stundenlang im Haus zu sitzen, sinnlos mein Tagebuch zu füllen und endlos viele Selbstgespräche zu führen? Mein Appetit ist jedenfalls seit Tagen auf dem absoluten Nullpunkt und ich ärgere mich, dass mein Schwangerschaftsratgeber höhnisch empfiehlt, mir zur Anhebung des Blutzuckerspiegels lauwarmen Tee und Zwieback ans Bett bringen zu lassen, wo ich ja nicht einmal jemanden habe, der mir diesen Gefallen in aller Frühe tun würde. Auch der Ratschlag fettiges Essen, Nikotin und Alkohol zu meiden, erscheint mir völlig überflüssig. Ich trinke grundsätzlich nur Saft und Tee.

Und im Übrigen wüsste ich gar nicht, bei welchem Arzt ich mir Akupunktur verschreiben lassen sollte. Ob das tatsächlich mehr ist als nur ein Trend, der sich schon morgen wieder verliert? Damals, als Kommilitoninnen von mir mitten im Studium ein Kind erwarteten, hatten wir für solche Extravaganzen auch keine Zeit und ganz und gar kein Geld, und trotzdem ging alles gut. Schade ist da vielmehr, dass ich schon lange keinen Kontakt mehr mit Maya habe, die nach dem Studium nach Amerika gezogen ist, wo ihr Mann auf Auslandseinsätze der NATO vorbereitet werden sollte.

Bestimmt hätte sie mir die allerbesten Ratschläge geben können. In meinem Herzen war ihr Baby zu einem gewissen Teil auch meines, weil ich von Anfang an von ihrer Schwangerschaft wusste. Vielleicht wären auch in der Geschichte meiner Mutter einige Dinge anders verlaufen, wenn Mama ebenso treue Freunde gehabt hätte. Aber die hatte sie nie. Nur meine Oma hat sich immer um sie bemüht und das Beste für sie gewollt. Aber Mütter sind selten anerkannte Beraterinnen. Eines Tages zählen vor allem die Meinungen der Männer im Leben einer Frau viel mehr. Und viel zu lange hörte meine Mutter fast ausschließlich auf meinen Vater.

Der Tag, an dem ich meine Menstruationsblutung bekam, ist mir als der vielleicht schlimmste meines Lebens in Erinnerung geblieben, obwohl alle Jugendmagazine so gerne betonen, dass man sich über sein Frausein freuen sollte. Ich hingegen hatte einfach gehofft, dem Frauwerden ganz und gar zu entgehen und damit den Kreislauf der Fortpflanzung, den ich im Grunde als Kreislauf der Gewalt erlebte, mit aller Macht zu boykottieren.

Die Schmerzen, die mir meine Gebärmutter seither immer wieder verursachte, waren also kein Vergleich zu der Trauer, die es in mir wachrief, dass auch ich ein Mensch aus Fleisch und Blut war, verletzlich und liebesbedürftig, und dass ich eines Tages wohl auch selbst wider besseres Wissen und Gewissen einen Mann suchen und Sex haben würde. Und erst Jahre später konnte ich mich überhaupt mit dem Gedanken daran anfreunden.

Paradoxer Weise wollte ich Liebe, Sexualität und Kinder aber zu dem Zeitpunkt ganz besonders, zu dem ich plötzlich dem Geheimnis meiner Eltern auf die Spur kam, dass sie sich zwar gegenseitig die alleinige Schuld an ihren Krisen zusprachen, aber lange zuvor schon gemeinsam aneinander und an ihren Kindern schuldig geworden waren.

Was sie selbst vor sich verleugneten und nur indirekt in ihren Beschimpfungen zum Ausdruck brachten, wenn sie sich »Rabenmutter« oder »schlechter Vater« nannten, erfuhr ich denn auch keineswegs offen und ehrlich aus ihrem Munde, sondern aus einem Brief meiner Oma an meinen Vater, den dieser leichtfertig auf dem Schreibtisch liegen gelassen hatte. Mein Bruder fand ihn dort, als er Klebstoff für sein zerbrochenes Modellauto suchen wollte, und weil er Omas zittrige Handschrift nicht so gut und schnell lesen konnte wie ich, seine ältere Schwester, brachte er ihn mir recht unschuldig vorbei, als er auf der ersten Seite die Worte »du skrupelloser Egoist« gelesen hatte. Weil er ein spannendes Abenteuer aus der Welt der Kreuzfahrer und Piraten vermutete und unbedingt wissen wollte, was »skrupellos« und »egoistisch« überhaupt sei, sollte ich ihm alles übersetzen. Auch ich hatte darauf mit dreizehn kaum eine Antwort, wusste jedoch, wo meine Eltern im Wohnzimmer das Fremdwörterbuch aufbewahrten, und wie man darin nach fast allen dubiosen Begriffen suchen konnte. Immerhin hatte ich einige Zeit zuvor Schimpfwörter nachschlagen müssen, als Jungen auf dem Pausenhof uns Mädchen angriffen.

Auch die Worterklärungen zu »skrupellos« und »Egoist« waren in der Tat nicht sehr erbaulich, aber weil es sich bei Papa und Oma nicht um Raufereien unter Schulkindern handelte, war ich besonders schockiert, wie sehr sie sich demnach hassen mussten. Obwohl ich wusste, dass es falsch war, fremde Briefe zu lesen, schlossen mein Bruder und ich uns mit dem brisanten Dokument in seinem Kinderzimmer ein und versteckten uns vorsichtshalber unter dem Schreibtisch, um nicht ertappt zu werden. Dort las ich ihm mit pochendem Herzen vor, weil wir wussten, dass wir nicht mehr allzu lange Zeit hätten, bis unser Vater aus der Arbeit käme und das Fehlen des Briefes gewiss bemerken würde. Oma hatte offenbar noch eiliger und unruhiger als sonst geschrieben, was nicht nur an ihrer zunehmenden Herzkrankheit liegen konnte, sondern seinen tieferen Grund eindeutig im Inhalt ihrer

Zeilen hatte, die mir viel zu früh für mein Alter und doch früh genug die Augen für den tatsächlichen Hintergrund der gescheiterten Ehe und der Lieblosigkeit unter meinen Eltern öffneten:

»Mein lieber Schwiegersohn«, begann Oma ungewohnt förmlich, um dann sofort in einen übermäßig vertrauten und fast aufdringlichen Ton zu wechseln, als sei mein Vater ihr eigenes ungehorsames Kind, für das sie sich schämte und verantwortlich fühlte.

»Mein lieber Schwiegersohn. Schon seit Langem wollte ich Dir meiner Tochter wegen einmal schreiben. Jetzt darf ich es nicht länger hinausschieben. Mein Gesundheitszustand ist derart labil, dass zu jeder Stunde ein plötzliches Ende eintreten kann. Oder bist Du so ein skrupelloser Egoist, der nur an sein eigenes Wohlbefinden denkt? Wie nämlich sahen denn die vergangenen Jahre ihres Lebens wirklich aus? – Es begann mit der ständigen Einmischung Deiner Eltern, besonders der Deiner Mutter. Ich besitze noch heute ihren Brief, in dem sie mir nach Annes Geburt zu drohen versuchte, Dir die monatlichen Zahlungen aus ihrer persönlichen Rente zu streichen, trüge ich nicht Sorge dafür, dass sich Brigitte umgehend sterilisieren ließe. Ständig bombardierte sie Brigitte mit irgendwelchen Zettelchen im Briefkasten, sie würde Dieses und Jenes sowieso verkehrt machen. Dazu kamen noch die Erniedrigungen Deines Vaters, wohlweislich stets in Deiner Abwesenheit, sie habe in EUREM Hause nichts zu melden und solle am besten wieder auf unseren Bauernhof zurückgehen, wo sie schließlich hingehöre. Du hast das alles ignoriert, stillschweigend hingenommen und geduldet, warst unfähig – aus Berechnung? – dem Ganzen Einhalt zu gebieten, zu ihr zu halten, wie jeder anständige Mann zu seiner Frau halten sollte. Ja, das hast Du nicht, obwohl Du jede Stunde erlebtest, wie sie sich um Dich und die Kinder Tag und Nacht bemüht hat. Hast Du nicht bemerkt, wie bald sie da begann, seelisch vor die Hunde zu gehen? Und dabei klagte sie bei

mir nie. Erst später, viel zu spät! So, lieber Bernd. Und dann ging das los mit den ständigen Schwangerschaften.«

Ich konnte die meisten Worte der folgenden Zeile nicht sofort entziffern und brach ab, während mein Bruder mich mit starrem Blick ansah und sich zögernd erkundigte: »Sag' mal, meint die Oma, dass es nicht gut ist, dass Mama und Papa so viele Kinder haben? Bei mir in der Klasse haben die meisten Kinder gar keine Geschwister oder nur einen Bruder oder eine Schwester. Dann haben die Leute also ein oder zwei Kinder. Aber drei ist doch nur eins mehr. Ist das denn etwas Schlimmes?«

Weil ich keine Antwort darauf wusste und im Grund ebenso verwirrt war wie mein kleiner Bruder, ignorierte ich die Unterbrechung und bemühte mich jetzt, laut und deutlich die Worte vorzutragen, von denen ich im Biologieunterricht vage gehört hatte, die mich bislang aber nie interessiert hatten, ebenso wenig wie Alkohol und Autofahren. Außerdem hatte meine Lehrerin solche Begriffe gar nicht zustimmend in den Mund genommen:

»Eine Verhütungspille vertrug sie nicht, sie löste lebensbedrohliche Blutungen aus, auch keine Spirale. Wenn es nach Dir gegangen wäre, würde schon Anne nicht geboren worden sein, aber das Kondom ist ja gerissen.«

Als mein Bruder mich sofort fragte, was denn ein Kondom sei, von dem er noch nie etwas gehört hatte, beschloss ich, den Rest des Briefes alleine zu lesen, wogegen mein Bruder heftig protestierte, an meinen Armen zerrte, mich zwickte, und sogar zornig damit drohte, mich nie mehr aus seinem Zimmer zu lassen, wenn ich ihm nicht alle Geheimnisse offenbaren würde. Zum Glück war ich damals noch gut zehn Zentimeter größer und im Übrigen stärker als er und konnte ihm gerade noch entkommen, bevor der Brief, um den wir so handgreiflich stritten, zerknittert oder in tausend Teile zerrissen war. Allerdings war es nun so spät, dass es riskant gewesen wäre, ihn länger bei mir zu behalten. Und um ihn an Ort und Stelle zurückzubringen, bedurfte ich genau genommen der unliebsamen Hilfe meines Bruders.

Die beste Lösung war, ihn einfach anderswo im Büro meines Vaters zu verstecken, wo nur ich ihn finden konnte, und notfalls zu lügen, wenn Papa fragte, ob wir ihn ausspioniert hätten. Ich kalkulierte allerdings richtig, dass Papa bei all seinen Aktenbergen am ehesten davon ausgehen würde, ihn selbst verlegt zu haben, und dann würde er ihn schon finden.

Sobald nachts alle ins Bett gegangen waren, schlich ich mich barfüßig die Treppe hinunter und schaltete im Büro nur die kleine Tischleuchte ein, um nicht durch einen hellen Lichtstrahl auf der Schwelle auf mich aufmerksam zu machen, falls Mama oder Papa noch in die Küche kommen sollten, um ein Glas Wasser zu trinken. Zu dieser Zeit schliefen beide schon in getrennten Betten, mein Vater im Dachgeschoss, meine Mutter im Keller. Mit nackten Füßen stand ich da und fror, als ich lautlos die schon leicht zerknitterten Seiten zwischen den Versicherungsunterlagen hervorzog, inmitten derer ich sie am Nachmittag versteckt hatte. Ich war sicher, dass Papa sie auch am kommenden Tag nicht mehr vermissen und suchen würde und beschloss daher, dass es sicherer war, sofort damit auf meinem Zimmer zu verschwinden und für alle Fälle eine Kopie in der Schulbibliothek zu machen. Meine Schultasche packte ich morgens alleine und niemand würde vermuten, dass ich außer Büchern und Schreibheften auch brisante Schmuggelware hinein gesteckt haben könnte. Nur auf diese Weise ist es mir gelungen, einen Beleg der Wahrheit für immer in meinen Besitz zu bringen, auch wenn Papa alles abstreiten und eines Tages vollständig verdrängen würde. Bis heute habe ich ihm nicht gesagt, dass ich Omas Brief mit eigenen Augen gesehen und mit den eigenen Händen auf das Kopiergerät gelegt habe. Und er weiß nicht, wie sehr er mir als Lügendetektor für alles diente, was er in den kommenden Jahren Schlechtes über meine Mutter und ihren Beitrag zu seiner Scheidung sagte.

»Ich weiß es noch wie heute, wie ich hier in meiner kleinen Küche mit Dir saß und diskutierte, wie ich Dir einredete, ein Abbruch sei das Verkehrteste. Doch bei den nächsten dicht aufeinander folgenden Schwangerschaften hast Du meine Tochter so lange alleine und systematisch mit den unmöglichsten Argumenten unter Druck gesetzt, bis sie keine Kraft mehr aufbringen konnte gegen Dich anzugehen. Schon der Versuch einen gewillten Arzt zu finden, der den Abbruch befürworten sollte, war eine grausame Tortur für Brigitte. Manche der Ärzte, die sahen, dass sie eine verheiratete Frau und zudem nicht in finanzieller Not war, demütigten sie bei den Beratungsgesprächen zutiefst und hatten mit ihrer Abscheu wohl auch den Kindern zuliebe mehr als Recht.

Aber Brigitte selbst hatte diese Kritik und Verurteilung bestimmt nicht verdient, sie, die ihr Baby jedes Mal so liebend gerne ausgetragen hätte. Du kannst heute im Nachhinein nicht behaupten wollen – zu keinem und niemandem! –, dass Du nur 'mal so, aus guten und logischen Gründen heraus, einen Abbruch vorgeschlagen hättest und es Brigitte frei gestanden habe, Deine Ansicht zu teilen oder nicht. Nein, Bernd. Das wäre eine Lüge! Heute hättest Du keine Macht mehr über sie, aber zu jener Zeit besaß sie noch nicht genügend Durchsetzungsvermögen. Nur ich alleine habe mitbekommen wie unendlich sie vor und nach einem Abbruch gelitten hat. Morgens, nachdem Du zur Arbeit gefahren warst, rief sie mich nahezu täglich an, weinte herzzerreißend und schluchzte: »Ich will doch mein Baby behalten!« Verzweifelt versuchte ich sie dazu zu überreden, nicht auf Dich zu hören und ihr Kind unter allen Umständen auszutragen, notfalls wieder zu mir nach Hause zu kommen, Dich zu verlassen. Aber Du warst ihr wichtiger. »Bernd duldet es doch nicht, Bernd will es doch nicht«, waren ihre ständigen traurigen Gegenargumente. Sie fügte sich am Ende viermal Deinem Willen, aber ihre Seele hast Du ihr dadurch entrissen.«

Meine Kinderwelt prallte hart und grausam auf das Denken der Erwachsenen, das mich so wütend machte, dass ich am liebsten selbst auf jeden Fall die vier Kinder gebären wollte, die meine Mama nicht zur Welt gebracht hatte. Ich fühlte mich in den Minuten, in denen ich diese Worte zum ersten Mal und danach immer wieder las, als hätte mich jemand auf einen Schlag uralt werden lassen. Ich fühlte mich, als hätte mir jemand all meine Freude, all meine Hoffnung, all meine Zukunft genommen. Und ich wusste, dass ich meinen Eltern nie wieder arglos in die Augen würde sehen können, weil ich nur zu gut verstand, dass Omas Brief bedeutete, dass ich tote Geschwister im Himmel hatte. Und Mama und Papa hatten sie getötet.

Wenn ich richtig gerechnet hatte, dann war ich bereits acht Jahre alt gewesen, als meine Eltern das Letzte ihrer Kinder abgetrieben hatten, und auch davon gab der Brief meiner Großmutter in allen Details ein dramatisches Zeugnis:

»Erinnere Dich, bitte, noch einmal an den letzten Abbruch. Es dürfte bereits Ende der elften Woche, vielleicht sogar schon die zwölfte Woche gewesen sein. Wie Brigitte mir später sagte, habe sie bis zum letzten Moment versucht Dich umzustimmen und Dich angefleht. Doch Du ignoriertest ihr Bitten erneut, packtest Deine drei älteren Kinder ins Auto und braustest los. Seelisch und körperlich am Ende

erlitt Brigitte in der Abtreibungsklinik zunächst einen Nervenzusammenbruch, bat den operierenden Gynäkologen laut schreiend um Einhalt, er solle ihr das Baby nicht nehmen. Angeblich, was ich bezweifele, sei es dafür aber bereits zu spät gewesen. So musste sie miterleben, wie man ihr den schon relativ großen Fötus aus dem Leib riss. Es wäre ein kleiner Junge geworden. Als ihr damals zu mir kamt, als wäre nichts gewesen, erfuhr ich erst nach und nach von dem abermaligen Drama. Brigitte glich einer lebendigen Toten, die Augen wie erloschen, sie war nur noch ein trostloses und erbarmungswürdiges Wrack. Wochenlang sprach sie nur noch das Notwendigste mit Dir. Vielleicht wäre es danach doch noch irgendwie weiter gegangen, vielleicht hätte sie die Kraft aufgebracht, Dir irgendwann zu verzeihen, wenn Du rechtzeitig erkannt hättest, was in ihr vorging. Sie war todunglücklich, machte sich im Gegensatz zu Dir sogar Vorwürfe, fühlte sich schuldig und wertlos.«

Wenn ich diese Sätze wiederhole, schlucke ich heftig, denn ihren Schrecken werden sie für mich niemals verlieren.

Nun war es noch schlimmer zu wissen, dass ich offenbar nicht so sehr auf Kosten meiner Eltern am Leben war, sondern vielmehr die unverdiente Gnade besaß, nicht wie vier andere Buben oder Mädchen abgetrieben worden zu sein. Im Biologieunterricht hatten wir bereits davon gesprochen, was Abtreibung war, und ich dachte wohl, dass nur ganz arme und asoziale Leute, zu denen ich meine Familie selbstverständlich nicht zählen wollte, so etwas tun würden. Und obwohl es vielleicht gerecht gewesen wäre, beide Eltern gleichermaßen dafür zu verurteilen, solidarisierte ich mich größtenteils mit meiner Mutter. Nicht etwa, weil ich einfach nur Omas Liebe zu ihrer Tochter unkritisch übernommen hätte, sondern weil ich mich selbst in meiner Weiblichkeit betroffen und herausgefordert fühlte.

Bei allem, was schon in Mamas Kindheit zu schweren Ängsten beigetragen haben mochte, waren wohl die Schwangerschaftsabbrüche für sich Grund genug, eine Frau ins Elend zu stürzen. Keine Mutter der Welt wollte so etwas, sobald sie wusste, worauf sie sich einließ, und wie sie ihre eigene Gesundheit an Leib und Seele gefährdete. Gerade unter christlichen Ärzten und Psychologen sind mittlerweile genug Studien dazu erschienen, die dem Großteil aller Frauen, die abgetrieben haben, ein so genanntes »Post-Abortion-Syndrom« bescheinigen, das sich in manisch-depressiven Verstimmungen bis hin zu Suizidgedanken äußert. Und die allermeisten dieser Frauen hatten das traumatische Erlebnis zum Glück nur einmal durchgestanden.

Mama hatte natürlich auch nicht alles richtig gemacht, wenn sie nach jahrelanger Unmündigkeit und Feigheit das Abenteuer mit fremden Männern suchte, aber Papa wusste ihre eigenen tiefen Verletzungen immer sehr pragmatisch dazu zu nutzen, sie gerade auch vor uns Kindern als eine Verrückte abzustempeln. Dabei konnte ich mich erinnern, dass das nicht immer so gewesen war. Ich verstand deshalb auch nicht, warum mein Vater offenbar allgemein nicht zustimmte, dass Mama jemals vor oder nach der Scheidung zu einer kirchlichen oder staatlichen Beratungsstelle ging, um mit sich ins Reine zu kommen.

Wahrscheinlich fürchtete er, man könnte auf der Straße über uns reden und sich abfällig nach uns umdrehen, falls jemand davon erfuhr, der es lieber nicht erfahren sollte?

»Dass Brigitte heute nach all den Ängsten und Demütigungen ein völlig anderer Mensch ist, das wundert mich keinen Augenblick«, hatte meine Oma mit der Bitte um therapeutischen Rat geschrieben. Denn auch sie konnte die Stimmungsschwankungen ihrer Tochter kaum noch einordnen, die auch die letzten freundschaftlichen und familiären Bindungen meiner Mutter zerstörten. Ge-

nau wie mein Bruder konnte ich da nicht einmal verstehen, warum es einen Unterschied machen sollte, drei oder vier oder fünf oder sechs Kinder zu haben, wo es doch Kindergeld und Kindergärten gab und ich gerade die Klassenkameraden zutiefst bemitleidet hatte, die als Einzelkinder aufgewachsen waren und sich zu Hause langweilten.

»Um alles wieder gut zu machen«, so formulierte es meine Oma für meinen Vater am Ende ihres Briefes, *»hättest Du ihr tausendfache Aufmerksamkeit entgegenbringen und ihr sagen müssen, wie sehr Du sie trotz allem liebtest, damit sie sich in ihrem Schmerz nicht alleine fühlte. Später, als alles schon zum Scheitern verurteilt war, erzählte sie mir immerhin, wie oft sie Dir von sich aus kleine Briefchen hingelegt hätte, Du solltest Dich doch mehr um sie kümmern. Warum und weshalb hast Du ihre verzweifelten Hilferufe nicht wahrgenommen? Als ich die letzten Male bei euch war, hat Brigitte nun voller Zorn herausgepoltert: »Ich lasse mich scheiden! Ich pfeife auf sein ganzes dreckiges Geld!«*

Aber wovon soll sie leben, wenn sich eure Wege trennen und sie vielleicht keine Arbeit findet? Vor vielen Jahren, als Vater und ich den letzten Acker verkauften, zahlte ich 50 000 DM auf ein eigenes Konto für sie ein. Du hast dieses Geld aber mittlerweile, so viel ich weiß, ohne eine schriftliche Einwilligung auf Annes Sparbuch überwiesen. Empfindest Du denn gar keine Scham, besitzt Du gar kein Gewissen? Der Tag kommt, an dem Du alles bitterlich bereuen wirst. Es geht mir heute nicht besonders gut, ich schreibe weiter, sobald es mir etwas besser geht. Bis dann. Deine Schwiegermutter.«

Meine Mutter selbst habe ich nach dem Hergang der Abtreibungen niemals befragt, aus Angst vor der bitteren Wahrheit. Und mein Vater, der nie dabei gewesen ist, hatte davon sowieso keine Ahnung. Er ging mit uns Kindern zum Eisessen oder in den Zoo, während meine Mutter da bei irgendwelchen Medizinern in den Operationsräumen lag. Aber ich habe im Internet und auch in Büchern viele Berichte darüber gelesen.

Zu Anfang bekommt man eine Tablette unter die Zunge gelegt, soll sich ausziehen und auf einen Stuhl legen, bis der Arzt kommt. Nach einer halben Stunde sollte die Betäubung wirken. Während des Eingriffs wehrt sich dann der Körper, auch wenn man nichts davon spürt. Der Bauch bläht sich auf, dass man denken müsste, man sterbe, wenn man es bei Bewusstsein erleben würde.

Nach diesem Kampf sind viele so schwach, dass ihr Anblick die Menschen draußen auf der Straße erschrecken und wachrütteln würde, wenn man sie so sehen könnte. Aber all das passiert hinter weißen Fassaden und geschlossenen Türen, in modern eingerichteten Behandlungsräumen und Wartezimmern.

Der Schein wird prophylaktisch ausgestellt, zum Zwecke einer therapeutischen Ausschabung oder ganzheitlichen Prävention, wie das die gynäkologischen Praxen und Beratungsstellen teils euphemistisch formulieren. »Ambulante Operationen« titelt diesbezüglich ein Arzt im Internet, dessen Webseite ich mir nachts alleine bei geschlossenen Vorhängen angesehen habe, weil niemand erfahren sollte, wo ich mich herumtrieb. Wie viele andere Gynäkologen versprach auch er seine kompetente und vertrauliche Hilfe bei »Fehlgeburt, Konfliktschwangerschaft oder abgeschlossener Familienplanung«, was zunächst ganz unverdächtig und alltäglich klingt. Doch von anderen Schwangeren im Netz wurde ich schnell aufgeklärt, was es mit solchen Worten alles auf sich hat. Sollte ich mich da nicht einfach einmal unverbindlich bei dem attraktiven Doktor mit den graumelierten Haaren und der Professorenbrille melden?

Die Namen und Adressen aller Praxen, die in Frage kommen, habe ich gut sortiert in einem Textdokument gespeichert, das abrufbereit und sicher auf meiner Festplatte liegt. Jetzt habe ich mich ja sogar schon für eine davon entschieden und mich angemeldet.

Trotzdem und ausgerechnet jetzt trifft mich die Sorge meiner Oma um die ungeborenen Enkel gleich mehrfach in mein Herz. Das Urenkelchen, das ich zur Welt bringen könnte, werden wir wohl auch nur noch unter den Engeln finden können.

Schön wäre es, wenn wir wenigstens ein Grab gehabt hätten, an dem man trauern könnte, und wenn Mütter wie ich wenigstens irgendwo ein öffentliches Mahnmal bekämen, an dem man Blumen niederlegen dürfte wie an den Denkmälern der gefallenen Krieger. Doch Kinder unter tausend Gramm Geburtsgewicht werden weder standesamtlich registriert noch offiziell beerdigt. Erst über tausend Gramm spricht man von Fehlgeburt und akzeptiert das Kind damit als einen vollwertigen Menschen. Das Grab, das ich mir wünschte, wäre zwar ein leeres Grab geblieben, aber doch ein Beet mit Stiefmütterchen zu Ostern und ab und zu einer Vase weißer Rosen.

Der liebe Gott, an den ich irgendwie glaube, weil ich die Kirchen und ihren Duft nach Weihrauch und Kerzen immer so berauschend finde, sollte wissen, wie gerne ich manchmal mit den toten Kindern getauscht und ihnen mein Leben geschenkt hätte. Oft frage ich mich weinend, ob es nicht besser wäre, ich wäre nie geboren, für sie oder an ihrer Stelle. Was haben denn die anderen schon davon, dass es mich gibt? Warum lebe ich noch und warum kann ich nicht einfach sterben?

Es war vielleicht ein Fehler, dass ich den Brief von Oma erneut so detailliert gelesen und in mein Herz gelassen habe. Bei dem Gedanken allein schon wäre mir schlecht genug geworden. Und ich denke, ich sollte ihn doch noch verbrennen, wenn schließlich alles vorüber ist und ich keine Beweisstücke für mein Recht auf Widerstand mehr brauchen werde.

Alpträume und schlechte Gedanken sollte ich in nächster Zeit gewiss vermeiden. Franziska sagt, dass Stresshormone schaden. Aber in nächster Zeit sollte ich so vieles tun für das Kind und überlege jetzt, ob nicht alles vergebliche Mühe ist. In nächster Zeit sollte ich nicht zuletzt einen Geburtsvorbereitungskurs besuchen, hat die Ärztin mir vorgeschlagen und damit angedeutet, dass auch sie jetzt möchte, dass ich mein Kind endgültig behalte.

Doch wozu noch allgemeine Informationen zum Schwangerschaftsverlauf einholen? Das viele Baden im See könnte mich durchaus motivieren, eine Wassergeburt ins Auge zu fassen, sofern ich nicht zugleich immer noch gute Lust hätte, mich in einer Badewanne zu ertränken. Warm wie im Uterus wäre es dort, und leicht und frei schwebt man im Wasser, bis die Lungen sich langsam füllen …

Antwort@mariadelmar
gesendet am: 22/06/2009 um 23:41
von: Bine1984

Hallo, ihr alle! Bin auch in einer Konfliktschwangerschaft und habe jetzt entschieden, abzutreiben. Bei mir ist Montag der große Tag, ich werde ausgeschabt. ☹
Ich bin in der 8. Woche und habe mir die Entscheidung hoffentlich gut durchdacht. Habe trotzdem Angst, danach in Depressionen zu verfallen und es dennoch zu bereuen. Geht ja leider vielen Posterinnen so, wie ich hier lese! Hat vielleicht jemand Tipps, wie man sich danach tröstet?
Danke, eure Bine.

Antwort@Bine1984
gesendet am: 23/06/2009 um 0:39
von: Arielle

Hallo zurück! Ich habe letzte Woche abgetrieben und fühle mich eigentlich ganz gut. Ich habe weniger geweint, als ich erwartet hätte. Der Arzt und die Schwestern in der Klinik waren sehr geduldig und einfühlsam. Also ist so weit alles in Ordnung. Mir taten nur bis heute Mittag noch die Beine, der Po und mein Unterleib weh. Jetzt zwickt und brennt es nur noch etwas. Wie gesagt scheint alles bei mir gut zu gehen. Hab' mich gestern zwar ins Koma gesoffen, aber ich lebe ja noch. Kann demnach nicht klagen. Habe mir auch überlegt, dass eine Abtreibung wohl nicht so schlimm war, wie es eine Geburt gewesen wäre. Alles hat seine angenehmen und unangenehmen Seiten. Also sorge Dich nicht zu sehr! LG.

Antwort@Arielle
gesendet am: 23/06/2009 um 7:10
von: kreuzritter1986

Ach du Kacke! Jetzt bin ich platt. Du schreibst allen Ernstes, eine Abtreibung sei »nicht so schlimm wie eine Geburt«? Tust Du nur so cool, oder bist Du das wirklich? Ich bin irgendwie gerade ziemlich entsetzt von dir, Arielle! ☹ Wie kann man bloß einen Schwangerschaftsabbruch einer

Geburt gegenüber stellen? Was würde das denn in letzter Konsequenz bedeuten? Dass man abtreibt, um die Geburt nicht erleben zu müssen? Ehrlich, was soll man da noch sagen? 😐 Eure beiden Beiträge finde ich persönlich ziemlich daneben, Bine und Arielle. Die Anti-Trauer-Tipps, die Bine verlangt, hören sich eh schon an wie »Abnehm-Tipps«, »Frisuren-Tipps« oder all diese Titelstories der neuesten Frauenzeitschriften. Da kann ich euch nur sagen: schnelle und verlässliche Abhilfe gegen Schuldgefühle und Verlust gibt es leider nicht, schon gar nicht hier im Internet! Scheiße, denk' ich mir noch einmal. Mir fällt gerade schon der Kinnladen 'runter! ☹

Antwort@kreuzritter1986
gesendet am: 23/06/2009 um 8:20
von: Arielle

Sorry, wenn dir meine Postings nicht gefallen, aber das ist meine Meinung – und ich finde wirklich, ich habe auch ganz recht damit! Eine Abtreibung ist im Vergleich zu einer Geburt, die man bei vollem Bewusstsein erlebt, an den Schmerzen gemessen wohl eindeutig Pipifax! Von den seelischen Schmerzen natürlich abgesehen!?

Dienstag, 23.6.2009

Mein früherer Arbeitgeber hat mir endlich den verbleibenden Lohn für einige Stunden Heimarbeit überwiesen, die ich nach der Kündigung noch geleistet habe, um meine Nachfolgerin angemessen einzuarbeiten und keinen völlig unübersichtlichen Aktenberg im Büro unserer Firma zu hinterlassen. Der Vermerk auf dem Überweisungsträger lautete MIT DANK UND GUTEN WÜNSCHEN, was ich in der Betreffzeile meines Kontoauszugs unter der Kontonummer entdeckte. Eigentlich war es ja schön gewesen, dort zu arbeiten. Auch und gerade mit dem Mann, dem ich die Schuld an meiner aktuellen Misere gebe.

Misere nenne ich bestimmt nicht meine Schwangerschaft, aber die Konflikte um Sorgerecht und Unterhalt, die mich jetzt erwartet hätten, weil Johannes das Kind nicht will. Eine gemeinsame Wohnung und eine gemeinsame Kindererziehung sind für uns beide ausgeschlossen, seit sein wochenlanges Schweigen und sein undurchsichtiges Schreiben Nein zu mir und Ja zu seiner Freundin bedeuten. Ich habe mich deswegen mit niveauloser Unterhaltung betäubt, um meine rasenden Gedanken irgendwie unter Kontrolle zu bringen, denn ab morgen bin ich endgültig ein neuer Mensch. Kann es sein, dass ich einfach nur genauso kalt und kalkuliert bin wie die Mehrheit aller Frauen, die Peter früher so pauschal kritisierte?

Im Fernsehen lief heute eine dieser entsetzlichen Talksendungen, in denen echte oder gespielte Familien vor der Kamera ihre Schlammschlachten um Ehebruch und Unterhaltszahlungen austragen, was mich einmal mehr in stumme Verzweiflung über mein vaterloses Baby gestoßen hat. Eine arbeitslose Mutter mit Übergewicht berichtete vor laufender Kamera und offenem

Kühlschrank abschließend von ihrer Fresssucht und ich übergebe mich in mein Waschbecken.

Im Großen und Ganzen aber verkrafte ich solche Programmbeiträge im Privatfernsehen derzeit immer noch besser als süßliche Romanzen, die obligatorisch mit einer Hochzeitsfeier enden.

Zu sehr erinnere ich mich sonst daran, wie Lisa selig Christian heiratete und in der Tradition streng religiöser Familien in nur zwei Jahren nach der Eheschließung mit ihm ihre beiden Töchter in den Armen hielt. Ich gebe zu, dass mich das ganz gegen meinen Willen quälte, zumal ich eines Tages die Fotos von so lieben Mädchen geschickt bekam, die nun einmal nicht Christian und mir geschenkt worden waren. Böse Zungen in unserem Freundeskreis behaupteten natürlich, dass Lisa die Schwangerschaften geschickt eingesetzt habe, um sich vor unliebsamer Berufstätigkeit zu drücken. Aber ich mischte mich in diese Diskussionen lieber gar nicht erst ein, sobald ich mit einer klaffenden Wunde im Herzen im Herbst 2005 die Universität und die Stadt verlassen habe. Im Vergleich zu dem, was ich jetzt erdulden werde, ist es sowieso nicht mehr der Rede wert.

Doch wenn ich nur noch einmal vierundzwanzig Stunden warte, alles überschlafe, nachdenke und vielleicht erst übermorgen noch ganz schnell und in aller Frühe zum Abtreibungsarzt ginge, würde man mir dann von Donnerstag auf Freitag noch den Termin gewähren, bevor es zu spät ist? Eigentlich bin ich schlecht informiert, wie lange der Vorlauf für eine Abtreibung mindestens zu sein hat. Muss man denn nicht erst erneut meine Gesundheit überprüfen und sicherstellen, dass der Narkosearzt alles im Griff hat? Sonst töten sie mein Baby noch, während ich das spüre?

Ich stelle mir vor, wie es sein wird, mit entblößtem Unterleib auf einem Operationstisch zu liegen, während Ärzte und Schwestern in grünen Kitteln in meinem Unterleib stochern und schließlich einen Saugapparat aufsetzen. Es zischt und mein Kind wird herausgerissen, in tausend Stücken, zermalmt zu Brei. Ganz klein ist es noch und hat doch schon alle Glieder und alle inneren Organe. So wird das morgen sein. Was kann das Kind dafür, dass wir Erwachsenen um soviel größer und stärker sind?

Antwort@kreuzritter1986
gesendet am: 24/06/2009 um 14:12
von: mariadelmar

Hallo, da draußen! Habe gerade in der praxis von diesem blöden doktor sonstwie in unserer nähe angerufen, der auch jede woche abtreibungen macht, um einen termin zur vorbereitung der abtreibung zu vereinbaren. Zum glück muss ich nicht so weit fahren. Wir wohnen ja beinahe mitten in der stadt.

Mein termin ist schon heute nachmittag, um sechzehn uhr, weil eine andere frau spontan abgesagt hat. Ich vermute, das war eine, die angst hatte. Ich hoffe, sie kann ihr kind jetzt doch bekommen. Bei mir wird es dann, wenn ich ja sage, vielleicht schon am montag so weit kommen, dass ich zur op zugelassen bin. Oder sollte ich sagen: zur hinrichtung? Das wäre dann der 29. juni, so gegen elf uhr, sofern ich eben gesund und entschlossen bleibe. Vielleicht auch erst in der woche danach. Einerseits wäre da ja galgenfrist, aber andererseits hätte ich endlich alles hinter mir. Die frau am telefon war schon so unhöflich und stellte lauter dumme fragen. Am liebsten hätte ich ihr die wahrheit gesagt. Was ich wirklich von ihr und der abtreibungskacke halte. Ich traute mich aber nicht.

Und über den arzt kann ich nichts finden. Aber es ekelt mich irgendwie vor ihm, bevor ich ihn überhaupt gesehen habe. Ich bin unendlich traurig. Mein leben ist schon jetzt unwiderruflich zerstört, wenn ich wirklich auf meine mutter höre. Wenn es den lieben gott gibt, dann bitte ich ihn hier und jetzt ganz offiziell um eine allerletzte chance.

Eure angebote sind nett, aber meine mum rastet aus, wenn sie erfährt, dass ich mit wildfremden leuten über unser privatleben rede. Auf den ämtern war ich ja schon alleine und das ist auch nicht mehr das problem. Das problem ist, dass meine mum und mein freund trotzdem nicht zu mir stehen, auch wenn ich von keinem außer vom staat geld annehme. Und wohin sollte ich fliehen? Ich habe doch nicht einmal eine ausbildung und kenne in einer anderen stadt keinen menschen.

Die zeit läuft. Aber wer kann mir wirklich helfen??? Niemand, das befürchte ich. Niemand.

Antwort@mariadelmar
gesendet am: 24/06/2009 um 15:05
von: Diana003

Sei nicht dumm, Maria!!! Natürlich ist es grausam, wenn die eigene Verwandtschaft einen so hängen lässt, aber das passiert doch oft und in viel schlimmeren Situationen. Was denkst Du denn, wie viele alte Leute z. B. alleine und verlassen dahin vegetieren und einsam sterben müssen, weil niemand sich um sie kümmert??? Das wäre ja noch schöner, wenn das jetzt ein Grund wäre, sich und andere gleich umzubringen! Wir hier im Internet, wir halten doch alle zu Dir, das weißt Du! Vor allem Jeanne d'Arc und Rosenstolz und Leonardo und ich und alle, die auch nicht wollen, dass Du dein süßes Kind wegen Deiner kranken Familie nicht behalten kannst! Wieso bist Du so unsicher, dass es einen Weg für Dich gibt, notfalls auch ohne Freund und Eltern???

Ich schreibe Dir jetzt gleich eine private Message an Dein Profil-Postfach, damit ich Dir meine Telefonnummer und so geben kann. Ich weiß zwar nicht, wo Du wohnst, aber ich biete Dir an, jeder Zeit zu mir zu ziehen! Ich bin 36 Jahre alt und selber allein erziehend, meine kleine Tochter wird bald 8. Auch ihr Vater war sehr unentschieden vor der Geburt und jammerte, weil wir dann nicht mehr so viel Geld für Urlaub, Essengehen und Kino übrig hatten. Ein Jahr danach hat er uns beide dann endgültig wegen einer anderen Frau verlassen, die er – verflucht sei das Internet! – auch in irgendeinem Erotik-Chat oder so getroffen hat. Da müssen wir als liebende Mütter doch zusammen halten, um wenigstens unsere Kinder zu schützen, Maria. Bitte, bitte, melde Dich und sei versichert, dass Du mit Deinem Kind bei mir in den besten Händen bist! Alles Gute und bis hoffentlich bald, Deine Diana.

Mittwoch, 24.6.2009

»Ich hasse Dich«, sage ich zu meinem Baby und schaue grimmig auf meinen Bauch. Ich hoffe, dass es mich hören kann und mich genauso verachtet, damit ich einen Grund habe, mich weniger schuldig zu fühlen. »Hasse mich so viel Du willst«, tönt die Antwort aus meiner Gebärmutter, höhnisch und laut. »Du weißt genau, es ist zu spät dazu!« Vor Freude schlägt das Kind ein paar Purzelbäume. Das kann es jetzt noch, es ist klein genug, der Platz in einem Körper ist groß. Für mein Kind ist mein Bauch das ganze Universum. »Ich bin ein Astronaut und mache einen Weltraumspaziergang«, lacht das Baby, strampelt und zieht fröhlich an der Nabelschnur. Mit fließenden Bewegungen treibt es durch die Plazenta, sicher versorgt mit meiner Luft, mit meinem Blut, mit meiner Nahrung. Die Schleimhäute um es herum sehen aus wie Mondlandschaften, wenn man sie im Ultraschall betrachtet, hügelig und voller Krater. »Ein kleiner Schritt für die Evolution, aber ein großer Schritt für mich«, denke ich und seufze. Das Baby zappelt weiter, schürzt die Lippen, winkt mir zu. Sein Arm ist dünn wie ein Streichholz. Sein Kopf ist riesengroß. »Vielleicht liegt das am Astronautenanzug?«, frage ich, und mein Baby lacht wieder. »Na klar! Aber warte nur, bis ich größer bin und immer schöner! Viel schöner als Du, Du alte Schachtel! Ich sehe, Du bekommst schon Falten. Und graue Haare obendrein!« Gerade kann ich mich noch zurückhalten und strecke meinem Baby nicht die Zunge heraus, obwohl ich das gerne möchte. Es ist frech zu mir, und ich hasse es noch immer, dieses quirlige aufmüpfige Etwas, das mir Magendrücken verursacht. Beleidigt dreht sich das Baby auf die Seite, zeigt mir die kalte Schulter, wendet mir den Rücken zu.

»Das Rückgrat sieht ganz normal aus, kein offener Rücken, keine Krümmungen, keine Verwachsungen. Alles in Ordnung. Da können Sie sich freuen.« Verwundert schaue ich mich um. Dann sehe ich die Ärztin neben mir, die den Ultraschallkopf über meine Bauchdecke bewegt. Meine zwölfte Woche ist vorüber, und ich bin nicht mehr in die gynäkologische Klinik gefahren. Stattdessen sitze ich bei der Frauenärztin, bei der ich ganz zu Anfang in Behandlung gewesen bin.

»Mir geht es heute nicht so gut. Sind Sie denn bald damit fertig?«, frage ich jetzt weinerlich. Beinahe wäre ich eingeschlafen. Jedenfalls war ich ganz in Gedanken, als ich mein Kind da oben auf dem Monitor unter der Zimmerdecke beobachtet habe, mein Kind, das unabwendbar groß geworden ist. Ich schäme mich, dass ich es nicht leiden kann, aber in diesem Moment fühle ich mich ein allerletztes Mal wie von einem Parasiten befallen, von einem unliebsamen Untermieter. Was will das Kind da in meinem Bauch, dieses Kind, das ich nicht eingeladen habe? »Sehen Sie, es schaut zu uns und steckt den Daumen in den Mund! Können Sie das erkennen?« Die Ärztin ist ganz begeistert und macht keine Anstalten, mich endlich von dem verwirrenden Anblick in Schwarz-Weiß zu erlösen. Und noch immer meine ich, irgendwo in meinen Ohren die helle Stimme des Fötus zu hören. Feste reibe ich über meine Stirn und meine Wangen und hoffe, dass es vergehen wird. Aber ich weiß, das wird es nicht. Denn heute ist der Tag der Wahrheit. Ich wusste, dass schon allein dieser Untersuchungstermin bedeutet, dass ich mich entschieden habe, als ich bei der Sprechstundenhilfe anrief und mich für Mittwoch, sechzehn Uhr eintragen ließ. Doch noch einmal durchlebe ich in wenigen Sekunden die Ängste und Hoffnungen der vergangenen Wochen, wobei mir die meisten Ängste bis heute geblieben, die meisten Hoffnungen aber zerschlagen worden sind. Und dennoch bin ich heute hier und kann nicht mehr sagen, dass ich das Kind nicht will. Das Kind will mich, und ich gebe mich ab heute ein für alle Mal geschlagen. »Danke«, scheint das Kind zu sagen, als es mir zum letzten Mal zulächelt, bevor die Gynäkologin den Bildschirm ausschaltet und ich nach Hause gehen kann. »Danke«, sage ich auch zu ihr. Sobald sie sich von mir abwendet, um ihre Hände zu desinfizieren und den Schallkopf zu reinigen, komme ich aber doch nicht umhin, meinem Kind den Mittelfinger zu zeigen, bevor ich Unterhemd und Pulli über den Schwangerschaftsbauch ziehe. Dann lachen wir beide, das Kind und ich. Galgenhumor muss sein.

Draußen wartet schon Franziska, aber sie strahlt diesmal nicht. Das viele Hin und Her der vergangenen Wochen hat sie gehörig mitgenommen, vielleicht sogar mehr als mich. Sehr schnell und bestimmt kann ich ab heute allen Freunden die Antwort geben, dass ich das Kind bekommen werde, wo ich bis gestern noch meinte, das schaffe ich nie. Ich wünschte, meine Freundin könnte einfach nur spüren, wie befreiend und schön das ist. Ganz gewiss ist diese Antwort dann aus meinem Munde nicht selbstverständlich, aber eben doch selbstsicher genug, um eine Zeit sozialer Not in Kauf zu nehmen, die mir ebenfalls drohen könnte. Umso weniger ich mir bisher Sorgen um die materiellen Dinge machte, desto besser war das wohl für mich und mein Kind.

Franziska hat mich mit dem Auto abgeholt und wir beide fahren umgehend zu ihr nach Hause, danach zum Essen in die Stadt. Ich habe Hunger für zwei, nachdem mir sonst so oft der Appetit vergangen ist.

Auf der ganzen Fahrt sprechen Franziska und ich nicht. Im Restaurant stellt sie mir endlich ihre Frage, warum ich mich so plötzlich doch noch für mein Kind entschieden habe: »Ich dachte heute Morgen wirklich noch, Du würdest abtreiben wollen, so wie das im Grunde geplant war. Ich hatte mich damit abgefunden. Einfach so! Vielleicht sah ich selbst auf einmal die Probleme mit den Augen der Betroffenen. Vielleicht will ich selbst gar keine Kinder mehr; ebenso wenig wie einen Mann, weil mich ja sowieso keiner mehr will. Warum aber tust Du es ausgerechnet nicht, obwohl Du sogar in der Klinik gewesen bist?«

Ich zucke mit den Schultern. Eine rationale Erklärung gibt es dafür nicht, weder für das eine, noch für das andere. Erst die kommenden Wochen werden mir in vollem Umfang offenbaren, worauf ich mich jetzt eingelassen habe. Vielleicht werde ich dankbar sein, den Wust von Anträgen, Anfragen und Telefongesprächen nicht vorher erahnt zu haben?

Hoffentlich, so schießt es mir durch den Kopf, entscheidet sich wenigstens Maria del Mar genauso wie ich, damit sich auch die Sorgen um sie gelohnt haben. Mit Franziska bin ich ins Internet gegangen und habe ihr alles gezeigt, die langen Korrespondenzen der vergangenen Wochen und alle bösen Kommentare, die eben auch darunter waren.

Meine Freundin und ich waren danach doppelt ernst; aber irgendwann kam der Punkt, an dem wir einfach lachen mussten im Laufe des fast zweistündigen Gesprächs. Und zwischen uns entstand nach all der Ratlosigkeit wieder dieses ganz besondere Schweigen, das es nur in einer wirklich tiefen Freundschaft geben kann. In einer Beziehung und Liebe über den Tod hinaus, die wunderbar erfüllt ist. Und manchmal glaube ich, es sind diese besonderen Momente so makaber es klingen mag – für die es sich wirklich lohnt zu leben, weil sie uns so grausam auf das Existentielle zurückwerfen, um uns die innere Gewissheit zu geben: es fängt eigentlich erst an!

Meine Zukunft ist nach vielerlei Maßstäben ja endgültig ruiniert, könnte man sagen. Ich habe in mancher Nacht bestimmt nicht viel geschlafen. Aber das Leben meines Kindes ist ein Leben; und selten bin ich seiner Würde vielleicht so nahe gewesen.

Antwort@Diana003
gesendet am: 25/06/2009 um 17:00
von: mariadelmar

Liebe Diana und ihr alle! Tut mir sehr leid, dass ich nicht auf eure angebote eingehen kann, aber ich habe angst, dass ich nachher so tief im schlamm stecke, dass ich nicht mehr herausfinde. Und wer kann mir wirklich versprechen, dass ich mich auf ihn verlassen darf, wenn ich das nicht einmal daheim erfahren habe? Ich habe echt schiss, dass ihr mir hier hilfe versprecht und dann klappt es nicht. Außerdem würde ich leben wie eine verfolgte, denn meine mum und wohl auch die familie von meinem freund würden toben, wenn ich sie da so hintergehe. Ich bin 17, vergesst das nicht. Und ich möchte doch nicht einfach so weg von meiner schule und von meinen freunden und mit dem kind an das andere ende von deutschland ziehen! Ja, ich habe mich heute definitiv für den Abbruch entschieden. Er ist am montag gleich in der früh. Ich weiß nicht, ob das jetzt doch meine schuld ist, oder nicht. Vielleicht wollte gott, wenn es ihn gibt, mir ja durch euch helfen. Aber meine kraft reichte nicht. Falls ihr gläubig seid, möchte ich gerne, dass ihr für mich betet und für das kind. Ich glaube nicht an den himmel, aber natürlich möchte ich, dass mein kind da sein wird, wenn es stirbt. Ich möchte mir das gerne so vorstellen. Und dass es da engel gibt, mit goldenen flügeln. Ich habe so einen kleinen engel aus keramik gekauft, der auf einem herz schläft. Der soll mich an das kind erinnern. Ich komme mir gerade sehr kaltherzig vor, aber vielleicht schütze ich mich schon damit? Die briefchen, die ich neulich in die kirche zu den kerzen gelegt hatte, waren heute mittag jedenfalls weg, als ich noch einmal dort war. Ich hatte ja keinen namen und keine adresse hinterlassen, weil ich angst hatte, jemand würde sie doch der polizei geben oder so. Aber es wäre gut, wenn der pfarrer sie gefunden hat. Der kann sie dann ja beerdigen, das würde mich trösten. So mit segen und allem, was die so machen, die katholiken. Das habe ich schon mal gesehen und fand das ziemlich schön, vor allem die blumen und die feierlichen gewänder. Das lenkt mich davon ab, dass ich auch die schlimmen bilder von den abtreibungen kenne. Mein kind wird danach in den müll geworfen, das weiß ich. Mein gott, wie schlimm!!! Mir wird übel, wenn ich daran denke, was für eine mutter ich bin. Aber ... ich habe das nun so entschieden. An ein zurück ist ab sofort nicht mehr zu denken. Die, die hier schreibt, das bin nicht ich, das ist seit heute eine fremde.

Antwort@mariadelmar

gesendet am: 25/06/2009 um 17:50

von: Agnes0408

Mein Gott, das ist ja wirklich der reinste Schauerroman hier. Und dann soviel Tränen und Gejammer wie in einem schlechten Hollywoodfilm. Tja, liebe Mädels, da müsst ihr alle durch! Ihr habt doch selber Schuld, wenn ihr euch für die Abbrüche entscheidet. Tztztzt! Und dann noch hier solche Ergüsse in das Internet stellen??? Ich würde mich an eurer Stelle schämen. Man wird ja schließlich aufgeklärt, was so passiert mit einem selbst und mit dem Baby. Man kann auch während so einer Behandlung sterben! Oder unfruchtbar werden oder sonst was. Doch das wisst ihr vermutlich alle schon selber, jedenfalls hoffe ich das. Aber dann heulen, wie schlimm das alles ist und dass niemand euch unterstützt. Recht hat er doch, der liebe Gott, wenn er Menschen wie euch verlässt! Pech gehabt! Gott wollte es dann wohl so. Die Unfruchtbarkeit oder das seelische Leiden, das sollte jeder Frau passieren, die ihr Kind ermorden lässt. Gleich am besten weg mit der! Schade eben, dass ihre Eltern sie nicht abgetrieben haben. Das wäre für alle das Beste gewesen!

Antwort@Agnes0408

gesendet am: 25/06/2009 um 18:34

von: Francesco

Voll daneben, Agnes0408! Hast du noch alle Tassen im Schrank?! Was suchst du hier im Forum, wenn du dich gar nicht mit den armen Frauen auseinander setzen willst? Halte dich aus den Themen hier in Zukunft bitte ganz heraus, wenn du nichts anderes als Beleidigungen dazu beitragen willst! Wenn du gegen Schwangerschaftsabbrüche bist, dann würde ich an deiner Stelle lieber in eine fundamentalistische Partei oder so etwas gehen. Da darf man so etwas vielleicht sagen, aber doch bitte nicht hier. Und was fällt dir ein, Gott so für deine Privatmeinungen zu beanspruchen? Ich glaube nämlich, dass er, wenn es ihn gibt, viel mehr Mitleid hat mit den Unsicheren und Ängstlichen als Du. Deine Sätze zu lesen trifft einen ja wie ein Steinschlag, auch wenn man selbst nicht abgetrieben hat oder abtreiben will. Auch ich bin bestimmt nicht ohne weiteres für Abtreibungen zu haben, aber niemand darf sich anmaßen, jemanden in solch schäbiger, geschmackloser Art und Weise anzugreifen. So sehe ich das als allein erziehender Vater von zwei Söhnen im Alter von sechs und neun Jahren. Ich habe mich der väterlichen Verantwortung genau so gern gestellt, wie ich damals die Kids »gemacht« habe. Dennoch bin ich ein mitfühlender Mensch auch mit »gescheiterten Existenzen« wie Maria und all den anderen.

Ich bin froh, dass du nicht zu meinem Freundeskreis gehörst, denn dann würde ich mich für DICH schämen. ☹

Freitag, 26.6.2009

Zum ersten Mal war ich mit meinem Kind am See ohne sofort daran zu denken, wie ich es loswerden könnte. Ich habe am Ufer Blumen gepflückt und sie für Maria vor der nahe gelegenen Friedhofskapelle aufgestellt. Ich sollte mich glücklich schätzen, dass mir ihr Schicksal nun erspart geblieben ist. Aber ich schäme mich vielmehr sehr, dass wir, die Erwachsenen, es nicht verhindern konnten, dass nun mit siebzehn Jahren schon ihr junges Leben ein Tränental geworden ist, das sie vielleicht nie wieder ganz verlässt.

Seit der letzten Begegnung mit Johannes sind nun knapp über dreißig Tage vergangen, in denen ich dieses Tagebuch geschrieben habe, aber es scheint alles schon eine halbe Ewigkeit in meiner Vergangenheit zu liegen. Wenn ich mich frage, warum, dann liegt das wohl vor allen Dingen daran, wie viel Neues momentan auf mich einstürzt und jeden Tag meine Erinnerungen überlagert. Dreißig Tage kommen mir da vor wie dreißig Lebensjahre. Und vor allem von den ersten wirklich guten dreidimensionalen Ultraschallaufnahmen meines Kindes, die man mir in der Praxis mit der neuesten Gerätetechnik angeboten hat, war ich neulich ganz begeistert. Ich fühlte mich wie in eine frisch entdeckte Welt versetzt, in der ich die alte getrost vergaß.

Mittlerweile steht immerhin fest, dass das Kind ein Junge werden wird, und Franziska leitet alles in die Wege, um mir blaue Babykleidung, blaue Babybettwäsche, eine blaue Babybadewanne und eine blaue Wickelunterlage zu besorgen, damit er stilecht in sein neues Zuhause einziehen kann. Auch die Frage nach einem Namen stellt sich mir da erstmals ganz gezielt, und ich gebe zu, dass ich mich in dieser Sache immer wieder besonders schmerzlich an Johannes erinnert fühle, dessen Namen ich gerne gewählt hätte, aber wohl nicht wählen kann, um mir in meinem Kind nicht jeden Tag selbst das Ende einer unglücklichen Beziehung vor Augen zu halten.

Was mir besonders wichtig erscheint ist, dem Kind einen hoffnungsvollen Namen zu geben, der nicht mit schlimmen Assoziationen belastet ist. Nicht unbedingt den Namen eines Stars oder von mir verehrten Vorbildes. Und schon gar nicht den Namen eines verflossenen Liebhabers, sondern einen Namen, der das Kind nur es selbst sein lässt und bedeutet, dass ich bereit war, mein Kind um seiner Selbst willen freizulassen, wenn es das braucht.

Wussten meine Eltern eigentlich, was mein Name bedeutet, als sie ihn für mich ausgewählt haben?

In manchen Kulturen hat man Kindern erst einen Namen gegeben, wenn sie ein paar Jahre alt waren, oder die Menschen haben ihre Namen im Lauf des Lebens gewechselt. Der Name sollte passen. Und ich muss dennoch einen Namen schon sehr bald in das Abstammungsregister des Standesamtes eintragen lassen, am Tag der Geburt meines Kindes.

Den besten Hinweis dazu, wie das gehen könnte, habe ich in der Tradition des Judentums gefunden, und gerade deshalb wäre mir unter normalen Umständen auch ein biblischer Name wie eben Johannes doppelt lieb gewesen.

Doch zum Glück bietet die Geschichte Israels dazu eine schöne Alternative in der unfruchtbaren Hannah und ihrem Sohn Samuel, die ganz am Anfang der Berichte von der Königszeit der Juden stehen. Immer mehr glaube ich nämlich, dass ich mit dieser zweiten Frau des Elkanah, die von der ersten Ehefrau Penninah verspottet und erniedrigt wird, weil sie dem Mann keine Kinder schenken kann, einiges gemeinsam habe und mich gut in ihre wortlosen Klagen im Tempel hinein versetze. Wo andere sie verurteilen, lässt sie sich nicht in ihren Wünschen und ihrem Hoffen auf Veränderung beirren und bittet immerfort, anstatt zu resignieren.

Sobald ihr Traum von einem Sohn, der ihr Ansehen und Ruhm vor den Menschen einbringen könnte, in Erfüllung geht, vergisst sie nicht, welch unverdientes Geschenk alles Leben ist. Und so entlässt sie Samuel schon früh aus ihrer Fürsorge, um ihm im Tempel ihrem Gott zurückzugeben, dem er noch weit vor ihr gehört, weil schon sein Name sagt: »Ich bat den Herrn um ihn!«

Also habe ich mich entschieden, meinen Sohn in Anlehnung an diese Geschichte Samuel zu nennen, und jeden Tag spreche ich ihn schon mit diesem Namen an, weil ich hoffe, dass er den Klang in meinem Mutterleib wahrnehmen und von allen anderen Geräuschen dort drinnen unterscheiden kann. Manchmal glaube ich auch, dass ich mich doch noch taufen lassen sollte. Und auch Samuel, obwohl ich ihn nicht zwingen möchte meine Wege mitzugehen und ihn unabhängig lassen möchte von dem Mann, dem ich ihn manchmal ganz besonders gerne ähnlich sehen würde.

Neues Thema
gesendet am: 29/06/2009 um 23:30
von: mariadelmar

Hallo an euch alle! Nachdem beim letzten beitrag schon so viele rückmeldungen für mich kamen, schreibe ich gleich einen neuen. Ich hatte jetzt meinen termin für meinen schwangerschaftsabbruch. Es war sehr schwer, dass ich das so zu ende bringen musste. Weder meine mutter noch mein freund waren dabei. Aber alle in der praxis haben auf mich eingeredet und sich sorgen gemacht, weil sie wollten, dass ich es mir noch einmal überlege. Sie sagten, ich bin doch eine gesunde junge frau. Und sie sagten, dass sie sehen, dass ich es eigentlich behalten möchte, mein kind. Erst 17 jahre? Naja, das ist doch alles kein alter, meinten sie. »Reden sie noch mal mit ihrem freund! Wenn sie unter druck gesetzt und bedroht werden, können sie auch anzeige erstatten!« Das war ihr rat. Sie bemühten da meinetwegen das volle programm. Aber ich habe sie nur gefragt, warum sie das alles nicht direkt meiner mum sagen. Ich habe nur auf EIN wort gewartet ... aber nein. Nun ist mein kind nicht mehr und ich hatte noch nicht mal die möglichkeit, es irgendwo beisetzen zu lassen, da sie seine überreste noch zu einer histologischen untersuchung schicken. Ich weiß nicht einmal, was das eigentlich ist. Und was soll das noch, die leichenteile meines kindes zu analysieren? Es ist doch sowieso schon so tot, dass man nichts mehr für uns tun kann. Wir sind nicht mehr zu retten. Körperlich geht es mir ganz gut, habe keine schmerzen, bin auch nicht müde. Aber ich bin sehr unruhig, weiß nichts mehr mit mir anzufangen. Ich fühle mich traurig und leer. Das alles kann ich gar nicht beschreiben. Macht es erst mal gut, ihr da draußen. Ich danke allen, die es wirklich gut mit mir gemeint haben. Vielen dank für eure anteilnahme. Eure Maria del Mar.

Antwort@mariadelmar
gesendet am: 30/06/2009 um 0:23
von: Catharina1979

Hallo! Ich habe Deine Geschichte schon lange intensiv verfolgt, lese mich schon seit Wochen schweigend hier durch's Forum, habe nicht einmal einen Freund oder Mann ... und bin dennoch selber in der 13. Woche schwanger. Erst letzte Woche habe ich mich für mein Kind entschieden. Wäre das nicht der Fall gewesen, dann hätte ich wohl kaum die Kraft, Dir jetzt zu schreiben. Denn ich weiß von meiner Mutter, wie schwer es ist, ein Kind abzutreiben, zumal wenn man sich eigentlich nicht in Not und dennoch gottverlassen fühlt, weil der Vater des Kindes es nicht will.

Auch als Tochter habe ich sehr gelitten, als ich erfahren habe, dass es da noch »den Tod« in meiner Familie gibt. Leider versteht mein Vater bis heute nicht, warum das mein Verhältnis zu ihm enorm belastet hat. Dann hieß es immer, es sei ja nur zu meinem Vorteil geschehen, weil mein lebender Bruder und ich dann mehr Geld bekommen konnten bzw. tollere Geschenke und eine bessere Ausbildung. Ich war 12, als ich das alles erfahren habe, und es war so schrecklich, dass es mein Vertrauen zu meinen Eltern ziemlich gestört hat. Ich hatte danach auch oft Selbstmordgedanken oder hätte gerne mit den toten Kindern getauscht, weil ich dachte, ich würde auf ihre Kosten leben.

Wenn ich also hier viele Beiträge von Frauen lese, die abgetrieben haben, aber davor oder danach auch schon Mama waren oder noch werden, dann frage ich mich auch: Sagt ihr das eines Tages euren Kindern, und wenn ja, wie wollt ihr das machen?

Dir, liebe Maria, kann ich in Deiner Lage jedenfalls nur raten, das zu tun, was meine Mum leider NIE getan hat: dringend persönliche Beratung und direkten Kontakt zu anderen Betroffenen suchen, z. B. in einer Selbsthilfegruppe!!! Gerade wenn man mit dem Partner nicht darüber reden kann, ist das total wichtig, um nicht verschlossen und einsam und »gefühlskalt« zu werden. Die Ehe meiner Eltern hat den stummen Konflikt NACH der Abtreibung jedenfalls nicht überlebt. Ich denke, wenn meine Mum einen Ort für echte Trauer und Trost gefunden hätte, wäre das anders gewesen. Bestimmt gibt es auch in Deiner Nähe eine Gruppe, die sich mit dem Thema »Abtreibung« oder »Kindstod« befasst. Wichtig ist vielleicht gar nicht, dass Du sagst, dass Du abgetrieben hast, bzw. WARUM Dein Kind nicht mehr lebt. Da musst Du bei niemandem eine Beichte ablegen. Aber Du sollst Deine Gefühle äußern und die Leere in Dir wieder füllen dürfen. Oft werden dann auch kleine »Rituale« angeboten, um sich zu verabschieden oder dem Kind einen neuen Platz im Leben zu geben: geistiger Weise. Wenn Du religiös bist, kann ich Dir auch die Angebote der Kirchen sehr empfehlen. Und keine Angst vor den vermeintlichen

»Moralaposteln«! Meistens sind die Leute dort selbst alle so leidgeprüft und »fehlbar«, dass sie gar nicht auf die Idee kommen, andere zu verurteilen! Bin selbst nicht engagiert in der Kirche, habe aber Freunde, die Christen sind. Das sind eigentlich keine »Fanatiker«. Der Weg des Lebens ist für uns alle eben kein Weg des »Perfektseins«, sondern ein mühsamer Weg der Heilung. Suche doch einfach mal im Branchenbuch oder auf der Website Deiner Stadt nach karitativen oder sozialen Angeboten. Da findest Du bestimmt etwas, wo Dir geholfen wird, und wo Du mit Deiner Erfahrung auch anderen helfen kannst. Ich glaube, ein positives Selbstbild und eine erfüllende Aufgabe unter Menschen ist für Dich jetzt nämlich ein ganz großes Anliegen, wenn ich Deinen Beitrag richtig einschätze. Und eines wollte ich Dir noch sagen, obwohl es sinnlos und dumm in Deinen Sorgen klingen mag: Wenn Du nicht gewesen wärst, hier in diesem Forum, mit Deiner traurigen Geschichte und Deiner großen Liebe, dann hätte ich mich vielleicht genau wie Du gegen mein Baby entschieden. Und ich hoffe, dass noch viele Frauen Deine Berichte lesen werden, bevor sie endgültig aufgeben und NEIN sagen. Ganz fest in Gedanken mit Dir verbunden, Deine Catharina.

Dienstag, 30.6.2009

In den vergangenen Tagen, in denen ich mir noch ein letztes Mal die Zeit zum Nachdenken genommen habe, habe ich auch ab und an überlegt, wie es wäre, die Schreibhefte und alles, was sie enthalten, einfach zu verbrennen, auszulöschen und schließlich sogar eines Tages zu vergessen.

Ich dachte mir, wie es wäre einfach Nein zu sagen und so wie bisher zu leben, auch wenn man das nicht immer »leben« nennen kann. Ich dachte mir, wie sehr ich mich für alles schäme, und wie gerne ich sagen könnte, es sei nicht wert, erwähnt zu werden.

Aber dann dachte ich auch an das Kind, das ich bald gebären werde, an einen Mann, einen zukünftigen Beruf, an Menschen, die ich treffen könnte, jeden Tag, hier oder anderswo. Und ich dachte mir plötzlich, wie verantwortungslos es doch ist, nicht jetzt sofort etwas zu unternehmen, um das zu werden, was ich mir schon seit jeher gewünscht habe: ein kleines bisschen normal.

Meine Freunde aus dem Ingenieurbüro, für das ich ab Mai übersetzt habe, haben mittlerweile außerdem alle Details meiner konfliktreichen Schwangerschaft erfahren. Und sie haben mir angeboten, aus meinen vollen Heften und Einzelblättern ein Buch zu machen. Sie sagen, ich kann das drucken lassen, bei einem kleinen Verlag, weil das, was ich erlebt habe, so große Relevanz für uns alle hat. »Es ist ein Lebensthema«, sagen sie, und das sei das einzige, was zählt. »Muss nichts besonderes sein, als Erstlingswerk, nur vom Herzen weg geschrieben!« Denn immerhin ist es eine menschliche Geschichte menschlicher Fehler, die ich zu erzählen habe – nichts weiter und doch so viel.

Weil mir das Privileg gegeben ist, Autorin meiner eigenen Vita geworden zu sein, bitte ich meine Leser auch darum, nicht allem, was ich schreibe, sofort ihren Glauben zu schenken und trotzdem in die Aufrichtigkeit meiner Berichte zu vertrauen. Alles, was ich schreibe, ist genauso passiert, doch eben nur in meinen Augen. Die Namen und Orte habe ich selbstredend geändert, falls dieses Buch in falsche Hände gelangen sollte. Denn es geht nicht darum Menschen persönlich bloß zu stellen. Ich möchte lediglich nicht vergessen und verdrängen, dass auch die kleinste Seele lebt, das bin ich meiner Familie schuldig. Auch deshalb hat meine Geschichte nicht einmal ein echtes Ende, selbst wenn ich eines Tages tot und begraben bin. In vielen namenlosen Unbekannten wird sie ihre vielstimmige Fortsetzung finden. In erster Linie ist wohl jeder von uns nur ein Kind, das seine Eltern ganz genauso schuldlos schuldig in das Leben geworfen haben wie meine Eltern mich.

Als Letztes habe ich jetzt meine Handtasche aufgeräumt und dabei auch den Beratungsschein vom 24. Mai gefunden. Ich zerreiße ihn, so wie mein Kind zerrissen worden wäre, und ich weine. Meine Trauer ist unerklärlich groß und allumfassend und betäubt mich in allen Gliedern. Mein Kopf ist leer. Weine ich um das Kind oder weine ich um mich, weil ich das alles aushalten muss, ganz ohne Johannes, ganz ohne Familie, ganz alleine? So leicht kann ich mich mit meiner Schwangerschaft und dem Abschied von Johannes sicher nicht abfinden. Es werden Nächte folgen, in denen ich furchtbare Träume habe, Tage, an denen ich immer nur negative Gedanken von der Zukunft in mir trage. Nach einem Jahr wird, wenn ich Glück habe, der größte Hass und die größte Enttäuschung überwunden sein. Vielleicht kann mein Kind dann wieder den Kontakt zu meiner Familie knüpfen, den ich aus Not unterbinden musste? Zuletzt ermögliche ich auch dem Vater hoffentlich doch eines Tages seinen Sohn zu sehen. Nicht seinetwegen, sondern meinem Kind zuliebe, damit es weiß, dass es nicht nur ein Teil von mir, seiner miserablen Mutter, ist.